ALLES HAT SEINE ZEIT
ICH HABE KEINE ZEIT

ALLES HAT SEINE ZEIT
ICH HABE KEINE ZEIT

Herausgegeben von
Heinz Rothbucher,
Rudolf Seitz,
Rosemarie Donnenberg

OTTO MÜLLER VERLAG

Veröffentlichung der
Salzburger Internationalen Werktagungen:
Tagungsbericht der 43. Tagung 1994

Band XLIX

Veranstalter der Tagung:
Katholisches Bildungswerk Salzburg
Kapitelplatz 6, A–5020 Salzburg

Gedruckt mit Unterstützung des
Bundesministeriums für Unterricht und Kunst

ISBN 3-7013-0907-8
© 1995 Otto Müller Verlag, Salzburg/Wien
Satz: Typomedia, Neunkirchen
Druck: Druckerei Roser, Salzburg

INHALT

1. VORWORT   8

2. HAUPTREFERATE

Harry Pross   11
Umgangsform Zeit

Gerd B. Achenbach   24
Alles – auch »die Zeit« – hat seine Zeit

Helmut Heid   39
Schule und Zeit
Über Zwecke und Effekte knapper Zeitbemessung

Marianne Krüll   53
Frauenzeit – Männerzeit

Ilse Plattner   69
Zeitstreß – ein Phänomen unserer Zeit

Lothar Krappmann   82
Zeit der Kinder – Kinder der Zeit

Hartmut Steffen   97
Lebenszyklen – Lebensalter – Übergänge

Henri Boulad SJ   110
Der Mensch und das Mysterium der Zeit

3. WERKKREISE

Felicitas Betz   122
Zeiterfahrung meditativ, erarbeitet an einem Südseemärchen

Sylvia Blanke 126
(K)eine Zeit für Dich – (k)eine Zeit für mich?

Anton A. Bucher 129
Der Kairos in der religiösen Erziehung

Josef Donnenberg 133
Zeiterfahrung in der Literatur

Günter Funke 138
Gelassenheit

Susanne Jaeger-Gerlach 142
Zeit-Erfahrung als Selbsterfahrung

Dorothée Kreusch-Jacob 146
Der fliegende Trommler. Eine musikalische Zeitreise

Marianne Krüll 149
Frauenzeiten – Die Suche nach unseren Lebensrhythmen

Wolfgang Liegle 152
Zeit zum Schauen. Zeit zum Erleben. Zeit zum Gestalten
Die hundert Sprachen der Kinder im Lichte der »Reggiopädagogik«

Wolfgang Löscher 155
Musik für Leute, die Zeit haben

Michaela Nagel-Moratelli 158
Autogenes Training bei Schulkindern

Ilse Plattner 163
Läßt sich gegen den Zeitstreß etwas tun?

Rudolf Seitz 166
Kunst für Leute, die Zeit haben

Anne Schaeffer 169
Atemlose Zeit. Haste-Zeit

Johanna Stadler 173
Wahrnehmungsauffälligkeiten im Vorschulalter

Gisela Walter 177
Zeit für die Natur – Zeit in der Natur

Maria – Gabriele Wosien 179
Tanz als Gebet
Tanzpädagogischer Werkkreis

Herausgeber/in, Autoren/innen 184

Das Manuskript von Dr. Camhy, Graz ist bei uns leider nicht eingelangt.

VORWORT

Vor Ihnen liegt der Berichtband der 43. Internationalen Pädagogischen Werktagung, die sich unter den verschiedensten Perspektiven mit dem Thema »Zeit« beschäftigte. Insofern dem menschlichen Dasein durch die Zeit Grenzen gesetzt sind, innerhalb denen es möglich wird, »zeitliche Räume« für sinnvolles Leben zu schaffen, schließt die diesjährige Tagung inhaltlich an das Thema der letztjährigen an, die sich mit den verschiedenen Dimensionen von »Grenzen setzen – Räume schaffen« befaßte; Viktor Frankl betont, daß es gerade diese zeitliche Begrenztheit ist, die dem einzelnen Menschen sinnvolles Leben ermöglicht.

Zeit ist in »unserer Zeit« zu einem zentralen Problem geworden. Zwar »sparen« – distanziert gesehen – viele technische Neuerungen Zeit. Das führte zu dem an sich unlogischen Phänomen, daß wir alle keine Zeit mehr zu haben scheinen, trotzdem sind Streß und Burnout Fakten, die unser Leben fest im Griff haben. Zugleich wächst die Sehnsucht nach Entspannung, nach Identität mit sich selbst und seinem Rhythmus, nach erfüllter Zeit. In 9 Hauptreferaten versuchten sich Philosophen, Pädagogen, Psychologen und Theologen dem Thema anzunähern. Achtzehn Werkkreise verfolgten spezielle Facetten weiter und vertieften sie. Es war eine Werktagung voller Gespräche und Überlegungen. Es blieb »nur« die Frage, wie man das Dilemma für die eigene Person auflösen könne. Ist es überhaupt möglich? Wie soll es geschehen? Vermutlich spürten alle Teilnehmerinnen und Teilnehmer diesen Zwiespalt, der für einen selbst nur mit großem Energieaufwand zugunsten eines intensiveren und bewußteren Lebens aufgelöst werden kann.

Bevor man sich auf das sich immer rascher drehende Rad unserer Zeit flechten läßt, ist Widerstand angesagt. Nüchtern und fast unromantisch wird man die Aufmüpfigkeit planen müssen. Es ist nicht notwendig, zu allem Ja zu sagen. Auf weite Strecken bestimmen wir selbst, ob wir »time managing« wollen, um besser zu funktionieren. Die deutsche Sprache hat viele Ausdrücke, die den Umgang mit Zeit beschreiben: »Zeit finden, sich Zeit gönnen, sich Zeit lassen, sich Zeit nehmen, u.s.w.«, aber auch »Zeit verlieren, Zeit vergeuden, Zeit totschlagen, jemandem Zeit stehlen.« Man sollte sich Bedeutung und Konsequenzen dieser Benennungen einmal genauer anschauen. Vielleicht ließe sich für einen selbst, aber auch für die Arbeit mit Kindern, für den Umgang mit anderen eine Zeitplanung entwickeln, das *humaner* ist. Wir haben gelernt, uns und andere Menschen nach beobachtbaren, meßbaren, leistungsorientierten Interaktionen und Verhaltensweisen zu bewerten. Erst in Krisen – und je länger sie dauern, umso schmerzlicher – spüren wir, daß wir auf tiefere Erfahrungsebenen vergessen haben. Bei näherem Hinschauen auf unsere Biographie ahnen wir, daß wir uns zu oft zu Ängsten und dem »Üblichen«, von Bedürfnissen und äußeren Anforderungen, haben treiben lassen und dabei die wesentliche Motivation des Menschen nicht beachtet haben, »nämlich jenen Grund, aus dem heraus die Zustimmung zu seinem Handeln erwächst« (Längle). Erst diese »innere Stimmigkeit« aber befähigt uns, im »Hier und jetzt« unsere Möglichkeiten zu leben, bisher »ungelebtes Leben« zu unse-

rem Leben zu machen – oder anders gesagt, die anonyme Zeit zu *unserer* Zeit werden zu lassen.
In diesem Sinne könnte man auch den »Kleinen Prinzen« interpretieren:
»Guten Tag«, sagte der kleine Prinz.
»Guten Tag«, sagte der Händler.
Er handelte mit höchst wirksamen, durststillenden Pillen. Man schluckt jede Woche eine und spürt überhaupt kein Bedürfnis mehr, zu trinken.
»Warum verkaufst Du das?« sagte der kleine Prinz.
»Das ist eine große Zeitersparnis« sagte der Händler. »Die Sachverständigen haben Berechnungen angestellt. Man erspart dreiundfünfzig Minuten in der Woche«.
»Und was macht man mit den dreiundfünfzig Minuten?«
»Man macht, was man will...«
»Wenn ich dreiundfünfzig Minuten übrig hätte«, sagte der kleine Prinz, »würde ich ganz gemütlich zu einem Brunnen laufen...«

Die Herausgeber

HAUPTREFERATE

UMGANGSFORM ZEIT

Harry Pross, Weiler

Wir haben uns zahlreich versammelt, um das Thema »Zeit« zu besprechen. Für viele ist zum Thema geworden »Alles hat seine Zeit. Ich habe keine Zeit.« So ist den Veranstaltern im voraus zu danken, daß sie denen, die Zeit haben, sich hier zu versammeln, Gelegenheit geben, diesen Widerspruch in Rede und Gegenrede zu verdeutlichen.

Vom Widerspruch hat der Basler Philosoph Arnold Künzli behauptet, er habe sich »aus einem disziplinierten Soldaten des Absoluten verwandelt in den mündigen Citoyen einer von den Menschen autonom zu verantwortenden Geschichte. Der Widerspruch ist mündig geworden.«[1]

Der Widerspruch, den das Thema dieser Tagung formuliert, zeigt aber, daß es mit der Autonomie des Citoyen und dessen Mündigkeit nicht so weit her sein kann. Wenn ich keine Zeit habe, habe ich auch keine Zeit zu widersprechen, und wenn Mündigkeit etwas mit dem Mundaufmachen zu tun hat, braucht sie jemanden, der Zeit hat, der Ansprache zuzuhören. Von Kindes Beinen aber hören wir das abwehrende »Ich habe keine Zeit« und »ich habe jetzt keine Zeit«. Wenn aber nicht jetzt, wann dann?

Also ist Mündigkeit eine Zeitfrage im elementaren Umgang wie im gesellschaftlichen Verkehr. Die Versammlung verbindet beide auf Zeit. Deshalb heißt sie Tagung. Sie dauert ein paar Tage, nicht Monate und Jahre; aber sie ist auch keine »Stundung«, sondern verlangt, daß jede und jeder »jetzt« bei-trägt, und nicht hinterher einen stummen Monolog darüber hält, was er Gescheites hätte sagen können, wenn sie/er mündig gewesen wäre und den Mund aufgemacht hätte. Dazu gehört freilich, die vorgeschriebenen Redezeiten einzuhalten, denn »jedes Ding unter dem Himmel hat seine Zeit« (Prediger 3,1–8)

Ich teile die mir zugeteilte Zeit nach dieser Vorbemerkung in fünf thematische Abschnitte. Erstens spreche ich von der biologischen Zeit des menschlichen Organismus, zweitens von der soziologischen Zeit, die mit kalendarischer Zeitrechnung, mit Ritualen die Organismen synchronisiert. Drittens kommt die mediatisierte Zeit zur Sprache, der Aspekt der Mediengesellschaft also. Daran schließt logischerweise die Frage nach der Diätetik an. Sie verweist uns gegen Ende auf die Selbstverantwortung im Umgang mit der uns gegebenen Lebenszeit zurück. »Auch das schönste Auto fährt nicht, hat man ihm keinen Motor eingebaut« sagt Künzli vom Widerspruch.[2]

Ich möchte den Satz umdeuten, auch die schönste Zeit bewegt nichts, wenn die und der einzelne nichts damit anzufangen weiß. Die Betonung liegt auf an-fangen und verweist damit auf Zukunft.

Die Umgangsform Zeit vergegenständlicht innere Vorstellungen in äußeren Handlungen. Wie wir mit »unserer« Lebenszeit umgehen, zeigt den »Zeitgenossen« wie wir in »ihrer« sozialen Zeitrechnung uns bewegen. Sie macht anderen wahrnehmbar, wes Geistes Kind wir sind: offen, verschlossen, geduldig, unleidlich, gelassen, zugewandt, abwehrend. Diese Wahrnehmungen ermöglichen ihnen, sich mit sich zu vergleichen und zu erkennen, »was los ist«. Mit anderen Worten, was sie von uns zu erwarten haben, wenn es »los geht« und darauf ankommt.

Zukunft können wir nur aus Gegenwart und Vergangenheit erschließen. Wir kennen sie nicht. Gegenwart aber heißt, räumlich gegenüber sein, womit wir wieder beim Widerspruch unseres Themas sind und der Aufforderung, mit-einander darüber zu sprechen. Die erste Schwierigkeit ist, daß wir Zeitvorstellungen in Worte kleiden, die räumliche Verhältnisse bezeichnen, wie *vor, nach, gehen, vergehen, -kunft* und *kommen, gegen* und *-wart*. *Früher* hat etwas mit *vorne* zu tun und *später* mit dem lateinischen *spatium = Raum*.

Biologische Zeit

»Unsere Natur ist in der Bewegung« schrieb ein Vordenker der Moderne, Blaise Pascal, im 17. Jahrhundert, *»Völlige Ruhe ist der Tod«*. (Pensées, 129). Pascal (1623–1662) hat durch arithmetische und physikalische Forschungen Ruhm gewonnen (Kegelschnitt, Rechenmaschine, Kommunizierende Röhren); aber seine religionsgeschichtlichen Studien über das Elend des Menschen ohne Gott wirken unmittelbar in unser Thema hinein. Die nach seinem Tod, 1670, zum ersten Mal gedruckten Aphorismen über Religion (Pensées)[3)] haben das Mißverhältnis des Menschen in einem Universum ohne Anfang und Ende zum Gegenstand. Die Vernunft erkennt aus sich selber ihre Unzulänglichkeit, und die Zeitlichkeit des Menschen zwischen Nichts und All macht ihn der arithmetischen Null vergleichbar: *»Nichts hält uns zuliebe an. Das ist der Zustand, der uns natürlich ist, und der gegensätzlichste unserer Wünsche; wir brennen vor Gier, einen festen Platz, einen wirklich beständigen Grund zu haben, um dort einen Turm zu bauen, der bis in das Unendliche ragt; aber alle Fundamente zerbrechen, und die Erde öffnet sich zu den Abgründen.«* (72)

Daß unsere Natur in Bewegung ist und nichts anhält, begründet innere Unruhe wie äußere Rastlosigkeit: *»Nichts ist dem Menschen unerträglicher als völlige Untätigkeit, als ohne Leidenschaften, ohne Geschäfte, ohne Aufgabe zu sein. Dann spürt er sein Nichts, seine Verlassenheit, seine Abhängigkeit, seine Unmacht, seine Leere. Alsogleich wird dem Grund seiner Seele Langeweile entsteigen, und die Trauer, der Kummer, der Verdruß, die Verzweiflung.«* (131). Die Unendlichkeit des Kosmos und die eigene Endlichkeit sind schwer zu verkraften. Um die Langeweile zu fliehen, verlangen wir nach Kurzweil und Zerstreuung; aber auch sie hält nicht an, sondern vergeht mit der Spannung, die das Suchen erregt.

Pascal spricht hier die materiellen und die ideellen, die physischen und metaphysischen Bedingungen des Menschen zugleich an: »*Er braucht Raum, den er erfüllt, Zeit um zu dauern, Bewegung, um zu leben, Elemente, die ihn aufbauen, Wärme und Nahrung, die ihn ernähren, Luft, um zu atmen; er sieht das Licht, er fühlt die Körper; kurz alles ist ihm verbunden.*« (72). Als der Philosoph des 17. Jahrhunderts dem Herzen ein eigenes Wissen und die Kenntnis der Grundprinzipien zuschrieb (282), traf er den Sachverhalt. Psychologen und Biologen des 20. Jahrhunderts nennen das Herz eine rhythmisch arbeitende Zeitmaschine, die aus dem Takt geraten kann wie die Regelmäßigkeiten des menschlichen Umgangs.

Der biologische Ursprung wird als ein Fließgleichgewicht beschrieben, das durch Auf- und Abbauvorgänge im Organismus immer neu hergestellt werden muß. Dabei sind Mangel und Bedürfen der Grund zur Kommunikation.[4] Ein- und Ausatmen, Nahrungsverarbeitung und Exkrementierung sorgen für die Unruhe, in der des Menschen Natur ist. Den Eltern, Pädagogen wie Medizinern sind der Zappelphillpp wie der »faule Stinker« wohlbekannt. Sie geben jedesmal sowohl körperliche wie geistige Fragen auf, die nicht nur von einer wissenschaftlichen Disziplin beantwortet werden können, sondern unter verschiedenen Aspekten betrachtet werden müssen.

Der Mensch lebt seine Zeit als Ganzes. Er entwickelt sich vor und zurück. Was von diesen Entwicklungen nach außen wahrnehmbar wird, sind Symptome innerer Abläufe, die sowohl organische wie seelisch-geistige Mängel oder Übersättigung zur Ursache haben können. Der Ausgleich dieser Zustände beansprucht Zeit, ob sie von selber *vergehen* oder von außen *beeinflußt* werden. Hunger und Durst werden gestillt, heißt, der Körper hat etwas zu tun, bis das Gefühl der Sättigung nach einer Zigarette und einem Espresso verlangt. Neue Bedürfnisse kündigen an, daß die innere Uhr weiter tickt. Das erreichte Gleichgewicht erzeugt neuen Mangel. Der medizinische Anthropologe Dieter Wyss (1923–1994) nannte ihn *unspezifisch* und das spezifizierte Bedürfen eine Ursache »*weiterer Spezifizierung zu besonderer Kommunikation.*«[5]

Die leib-seelische Einheit von Mangel, Bedürfen und neuem Mangel wäre demnach eine Ursache des Verlangens nach zeitlicher Abstimmung des Organismus mit anderen, zunächst aber des Verlangens nach Regelmäßigkeit der inneren Ordnung. Sie garantiert die Abläufe des Blutkreislaufs, des Sauerstoffverbrauchs. Erhöhter Puls, Körpertemperatur sind Zeitphänomene; aber sie sind – ähnlich wie die *lange* oder *kurze* Leitung der Wahrnehmung zur gedanklichen Verarbeitung – relativ zu den Sinnesdaten und deren Empfänger. Die langsamen und die schnellen Re-aktionen auf äußere Reize hängen von biologisch-physiologischen Unterschieden der jeweiligen Organismen ab.

Man kann aus einem Mops keinen Windhund machen, pflegte mein Lateinlehrer zu sagen, als alle Hitlerjungen *flink wie die Windhunde* sein sollten. *Mops* wurde zum Schimpfwort, unter dem die Langsamen zu leiden hatten; aber auch unter den *flinken Windhunden* ergab der Wettlauf um Sekunden und Minuten erheblich unterschiedliche *Leistungen*. Heute wird im Leistungssport mit Zehntel-, Hundertstel und Tau-

sendstel-Sekunden gerechnet, und die Rechnung ergibt noch immer zwei sensationelle Erkenntnisse, daß nämlich einer schneller ist als ein anderer, ferner, daß jemand, der schnell laufen kann, nicht auch im Kopf rasch beweglich sein muß.
Das Zusammenspiel der verschiedenen inneren Uhren, die geistige, seelische und körperliche Abläufe regeln, untersucht die Chronobiologie. Seit Hyppokrates haben Ärzte die guten und die schlechten Tage der Patienten zu beachten gesucht. In unserem Jahrhundert haben Wilhelm Fließ und Hermann Swoboda Grundrhythmen von 23 Tagen für den Körper und 28 für die Seele aus Krankengeschichten rekonstruiert, danach Alfred Teltscher aus Schüleruntersuchungen einen 33tägigen Intelligenzrhythmus von Innsbrucker Gymnasiasten. Die Ergebnisse sind umstritten; aber ohne Zweifel befördert die Beschleunigung der sozialen Kommunikation in unserer temposüchtigen Gesellschaft auch das Interesse an Schlaf-Wach-Rhythmen, rhythmischen Funktionen im Nervensystem und den zyklischen Intervallen im menschlichen Organismus. Die Beschleunigungen des Luftverkehrs über die Zeitzonen hinweg erzwingen, die psychosomatischen Folgen für die geschwinden Reisenden zu untersuchen.
Jedes Ding unter dem Himmel hat seine Zeit, sagt die Bibel in Prediger 3,1–8. Man gewöhnt sich, im Zeitalter technischer Mobilität, dem Himmel mit Ozonloch und den Strahlen der Sonne, auch das organische Leben wieder wörtlich zu nehmen. Die sonnigen Monate gelten als ein *Geschenk des Himmels* weil wir uns wohler fühlen als in den sonnenarmen, bis wir im *Stau* stecken und warten müssen. Der November ist der Monat der Melancholie. Doch *nichts hält uns zuliebe an,* auch die Lebenszeit nicht. Als Kindheit rechnen die ersten zwölf Lebensjahre, dann folgen die Kalamitäten von Pubertät und Adoleszenz aus hormonalen Umstellungen. Endlich ist der Mensch erwachsen. Mit dem siebten Jahrzehnt tritt er in unserer Gesellschaft wiederum aufgrund von chemischen und physikalischen Zeitverschiebungen im Organismus ins Greisenalter. Die Veränderungen der Umwelt haben kein geringes Verdienst daran, daß wir heute mehr Jahre zählen, bis wir wieder kindisch werden. Noch vor zweihundert Jahren wurde der Philosoph Immanuel Kant zu seinem 50. Geburtstag als *ehrwürdiger Greis* angesprochen, was sich heute jeder flotte 50er, der eben die so genannte *midlife-crisis* hinter sich hat, verbitten würde.
Mit erhöhter Lebenserwartung hat sich auch die Wertschätzung des Alters geändert. Die Alten sind keine Ausnahme mehr. Sie sind in Mengen vorhanden. Die Jüngeren können es im Kampf um die rar werdenden Arbeitsplätze kaum noch abwarten, bis die Älteren aus der von reichlich bezahlten Profisportlern täglich mythologisierten Konkurrenz ausscheiden. Die Überzahl der Alten macht primitive Aussetzungspraktiken wieder honorig. Die Zurechnung der Ethik zur Politik, wie sie Aristoteles vorgenommen hatte, erweist sich in den Rechnungen mit der Lebenszeit als zutreffend.
Den Menschen ihre Tätigkeiten wegzunehmen und damit Millionen Verdruß und Kummer aufzunötigen, heißt Arbeitskräfte *freistellen.* Den Nachwuchs aus der Konkurrenz herauszuhalten, nennt man *notwendige Einsparungen im Bildungswesen,* von *Geburtenregelung* zu schweigen. Dagegen regt sich Protest. Erhöhte Lebenserwar-

tung scheint jedoch am Höchstalter nichts zu ändern. Wenn wir von 90jährigen, 100jährigen und älteren Zeitgenossen erfahren, sind das Ausnahmefälle. Untersuchungen des amerikanischen Mikrobiologen Leonard Hayflick deuten darauf hin, daß die Körperzellen aller Lebewesen auch ihre Zeit haben. Sie sterben, indem sie aufhören, sich zu teilen.[7]
Es bleibt also dabei, daß die biologische Zeit unwiderbringlich fließt. Dabei stellt sich der Organismus als eine komplizierte Mechanik zeitlich geregelter Abläufe dar. Sie so gut wie möglich zu kennen, erleichtert den sozialen Umgang, denn die Wahl des biologisch richtigen Moments, der richtigen Stunde, des Tages und der Jahreszeit hilft in der Auseinandersetzung mit der Umwelt.

Soziologische Zeit

Sigmund Freud hat dem Menschen einen animalischen Bemächtigungsdrang zugeschrieben, den er auch als Freßgier bezeichnet. Wie jedes Lebewesen muß der Mensch die nötige Nahrung in sich einführen, sie verdauen und wieder ausscheiden. Dabei ist er für die Dauer des Vorgangs infolge des Wechsels von Mangel, Bedürfen und Sättigung auf Artgenossen angewiesen. Nach dem Bemächtigungsdrang richtet sich die Urteilsfunktion, die wiederum zur Realitätsprüfung unerläßlich ist. Die soziale Opposition von Hungrigen und Satten, Reichen und Armen mit unterschiedlichen Bedürfnissen bleibt ungelöst: Dies will ich in mich einführen, das lieber ausspucken, jenes will ich umarmen und küssen, jenen anspucken und nicht mehr sehen und hören, wenigstens nicht jetzt, nicht morgen, auf lange Zeit nicht und überhaupt nicht (mehr). Lieb ist mir, wonach ich verlange. Es ist mir willkommen in der Zukunft, ich giere danach und kann es kaum erwarten, vom Unwillkommenen will ich absehen. Es soll mir nicht unter die Augen kommen, mir meine kostbare Zeit nicht nehmen.[8]
Tatsächlich beginnt die Macht von Menschen über Menschen mit dem Zugriff auf die unwiderbringliche Lebenszeit anderer. Zeit ist ein Machtfaktor. Die Macht sei die Königin der Welt, sagt Pascal (303), nicht die Meinung. Doch bleibt sie nur Königin, solange Menschen ihre Lebenszeit für sie geben, solange sie meinen, daß sie die Macht sei und weil sie ihre Lebenszeit unterwerfen. Anerkennen Kinder die Eltern nicht mehr als Macht, indem sie ihre Zeit anderen Menschen und Dingen zuwenden, sind diese entthront. So verhält es sich mit Vereinen, denen die Mitglieder, mit Gemeinden, denen die Gläubigen, mit Parteien, denen die Wähler, und mit Staaten, denen die Bürger ihre Lebenszeit entziehen.
Macht hat, wer die Lebenszeit vieler auf sich vereinigt. Sie ist eine Mehrheitsfrage schon in Zeiten gewesen, in denen die Regierungsperioden nicht durch Wahlen auf Zeit vergeben wurden. Wer viele Menschen versammeln, viele Lakaien um sich herumschwänzeln lassen konnte, viele Bauern für sich fronen lassen, viele Soldaten für

sich töten und sterben lassen konnte, hatte Macht in allen Kulturen. Und da sich dieser Tage der prominenteste von vierzig fehlgeschlagenen Anschlägen auf das Leben des Diktators Adolf Hitler am 20. Juli 1944 zum fünfzigsten Mal jährt, ist auch daran zu erinnern, daß mehrfach Veränderungen Hitlerscher Zeitpläne das Timing der Attentäter ins Leere laufen ließ und sie ihr Leben kostete.

Unser barocker Gewährsmann Pascal, der lange genug im absolutistischen Paris sich vergnügt hatte, fand es erstaunlich, »*einem Mann, der in Brokat gekleidet, den sieben oder acht Lakaien begleiten, keine Achtung zu erweisen. Wozu? Er wird mich schlagen lassen, wenn ich ihn nicht grüße; dies Kleid ist eine Macht...*« (315)[9] Ähnliches dürfte der chinesische Ministerpräsident erwartet haben, als er bei seinem Staatsbesuch auf den Protest von Menschenrechtlern traf, die ein großes Polizeiaufgebot nicht von ihrer Meinung abbringen konnte. Die soziologischen Uhren in Menschenrechtsstaaten gehen anders, auch wenn die elektronischen Verbindungen zu Tyranneien simultan über Satelliten erfolgen. »*Natürlich*«, sagte der deutsche Bundespräsident, der Jurist Roman Herzog, der »*Stuttgarter Zeitung*« »*darf man auch einen ausländischen Staatsgast kritisieren.*«[10]

Die Menschenrechtsproblematik zeigt sich hier am Schnittpunkt der Kulturen trotz gemeinsamer kommerzieller Interessen und gleicher materialistischer Grundauffassung vom Primat der Ökonomie. Ein Beweis der kulturellen Ungleichzeitigkeit des kalendarisch Gleichzeitigen. Der minutiöse Terminplan diplomatischer Protokolle und die kalendarische Fixierung von Stunden, Tagen, Woche und Jahr kann solche Ungleichzeitigkeit nicht überbrücken, weil sich die Partner nicht über die *Bewertung der Lebenszeit* der einzelnen Menschen und deren Verfügbarkeit einig sind, also über den Machtfaktor Zeit.

Der Staatschef über 1,2 Milliarden Chinesen und 50 Nationalitäten wird darüber anders denken als Westeuropäer, die 200 Jahre Zeit hatten, sich an das Postulat der Menschenrechte zu gewöhnen und immer noch im Lernstadium sind. Die Verabsolutierung ihres Lernzieles scheint indessen dem Irrtum anzuhängen, daß kulturelle Bewegungen dem mechanischen *Zeitpfeil* folgen, während doch alles darauf hindeutet, daß sie sich im Kreis, allenfalls in Spiralen um die Zeiterfahrungen von Generationen drehen. Sie tradieren in Sitten und Bräuchen, was diese zur Bemächtigung ihrer Umwelt ideell und materiell brauchen. Brauch kommt von brauchen und jeder Mensch braucht Mittel des Stoffwechsel und gemeinsame Symbole des Wiedererkennens um das Übermaß der Welt sinnlich wahrnehmbar zu machen[11].

Bertrand Russell hat das *Jetzt* als Gleichzeitigkeit mit einem Sinnesdatum definiert, bezogen auf ein Objekt der Aufmerksamkeit[12]. Einen Staatsbesuch darf man ein Objekt der Aufmerksamkeit nennen, das vorkommt und vergeht. Vorzeitiger Abbruch droht, wenn die gemeinsame An-wesenheit von Gastgebern und Gast die mitgebrachten Zeitvorstellungen nicht überdauert. Oft genug offenbart gerade räumliches und zeitliches Miteinander im *Jetzt* die Relativität der Kulturen im Zeitempfinden der Personen.

Umgangsform Zeit

Dann haben wir den Salat *früherer* und *späterer* Auffassungen als Stoff unlösbarer Konflikte. In diesem Falle waren die beiden materialistischen Philosophien des Kapitalismus und des Kommunismus über den gemeinsamen Nutzwert sofortiger Kooperation einig. Sie repräsentierten aber unterschiedliche Symbolwerte. Es zeigte sich, daß die immense Beschleunigung der Warenproduktion der westlichen Gesellschaft sie zwingt, um der materiellen Nutzeffekte wegen ihre Symbolwerte zurückzustellen und sie rascher zu verschleissen. Organischer Streß, technologischer Fortschritt und die Verschleuderung von Symbolwerten stehen in zeitlicher Relation[13].

Mediatisierte Zeit

In der Musik heißt der Mittelteil der Tonika und der darauf errichtete Dreiklang die *Mediante*. Im alten Reich vor 1806 waren die nicht reichsunmittelbaren Stände die *Mediatisierten*. In unserer elektrifizierten Industriegesellschaft aus über 90 % Lohnabhängigen ist der Arbeitsritus die Mediante, der alle unterworfen sind.

Die gegenwärtige Auseinandersetzung um zeitliche Mittelwerte und Terminierungen verlangt nach neuen Zeitordnungen. Eine *Ökologie der Zeit*[13] steht auf der Tagesordnung, *jetzt* und *sofort* soll sie der Schnellebigkeit unserer Zeit Einhalt gebieten. Es könnte sein, daß der Mensch seinem Untergang entgegeneilt.[14] Den Mobilitätswahn als *Tödliche Eile* zu bezeichnen[15] hat statistische Ursachen, doch ist die Klage nicht neu. Das antike Paradox von Achill, der die Schildkröte nicht überholen konnte[16], die Diogenes-Legende, wie Pascals Sorge um das rechte Maß warnen samt und sonders vor zu großer Eile. »*Sorglos eilen wir in den Abgrund, nachdem wir etwas vor uns aufgebaut, was uns hindert, ihn zu sehen.*« (Pensées 183)

Autoraser gewinnen mehr Raum, aber nicht Zeit. Oft genug verkürzen sie ihre Lebenszeit, weil sie Geschwindigkeit mit Zeitgewinn verwechseln. *Fast food, Quicky, Blitzkriege* an allen Fronten. Rekorde purzeln schneller, als daß man sich ihrer erinnern könnte. Wie auf Land-, Luft- und Seewegen staut sich der Funkverkehr im Äther und der Überfluß an Reizen in den Sinnen.

Die Steuerung erfolgt über den elektronischen Zugriff auf die organische Lebenszeit der Mediatisierten. Der elektronische Kalender zeigt Stunden, Minuten und Sekunden in Laufbildern an. Der Bildschirm ist das Tachometer der Flucht vor der Langeweile in die ritualisierte Zerstreuung. Das Programm macht ein kaufmännisch kalkuliertes An-gebot nach den Zuschauerdaten des Vortages und verstrickt damit Publikum und Produzenten in das immer enger werdende Netz schon gesehener ikonologischer Muster[17]

Je größer die Zahl der Abnehmer, desto größer der Gewinn für die Programmierer. Wer sich mit seiner Botschaft in kürzester Frist über weiteste Räume der Lebenszeit der größten Zahl bemächtigen kann, hat das technische Signal am besten genutzt. Nicht die Inhalte, sondern diese Signalökonomie, die Gedanken und Gefühle physi-

kalisch wahrnehmbar macht, gibt Minderheiten die Macht, die Mehrheit zu *bewirtschaften*.[18]
Vereinfachte, leicht wiedererkennbare ikonologische Muster, wie die Oppositionen von hell und dunkel, oben und unten, innen und außen sind ökonomisch am vorteilhaftesten, weil sie von jedermann ohne Konzentration abgenommen werden. Oft genug werden sie garnicht richtig wahrgenommen und dringen doch in die Seelen, weil sie physiologische Vorgänge auslösen.
Die Lebenszeit, die den Abnehmern tatsächlich abgenommen wird, summiert sich bei den An-gebietern zum Gewinn. Sie gewinnen zumindest an ihrer Lebenszeit, was die Massendistribution der Einzelmitteilung gegenüber der Mitteilung an einzelne einspart. Der synergetische Effekt der Versammlung begründet den Kampf der Interessengruppen um die Zugänglichkeit der Technik, die man *Medienpolitik* nennt.
Ob die Betreiber *thematisch* etwas für ihre Botschaft gewinnen, ergibt freilich erst die betriebswirtschaftliche Abrechnung. Periodische Medien sind kein Nürnberger Trichter, wie nicht zuletzt jahrzehntelange Erfahrungen von Medienpädagogen belegen. Jede Botschaft hat Hürden zu nehmen, ehe sie ankommt. Das Befinden der Abnehmer und der Zustand ihrer Umwelt sind zeitlich ungewiß, weil nicht die ganze Gegenwart zeitgleich ist. Die Formulierung kann zu rasch oder zu langsam sein, das zuviel oder zu wenig Pascals transportieren. Die Psychologin Hertha Sturm hat mit ihren Untersuchungen experimentell nachgewiesen, daß beim Fernsehen oft die Halbsekunde in der Bildabfolge fehlt, die zur Wahrnehmung und innerlichen Benennung des Gesehenen unerläßlich ist.[19]
Die Signalökonomie drängt zur Verknappung, ein soziologisch scheinbar unaufhaltsamer Prozeß mit absehbaren Folgen für die Gesamtkultur. Flüchtigkeit der Aussagen verringert die Bereitschaft ihrer Abnehmer, ausführlichere Mitteilungen zur Kenntnis zu nehmen. Sie langweilen, weil sie Konzentration erfordern. Der menschliche Wahrnehmungsapparat empfängt nicht mit allen Sinnen zugleich, sondern in zeitlich regulierter Arbeitsteilung. Die Wahrheit aber braucht Zeit. Sie ist nicht kurzweilig, und die Urteilsfindung auch nicht. Auf Schlagworte und *Schlagbilder*[20] verkürzte Botschaften verstärken deshalb biologische Abwehrkräfte gegen das Übermaß an Mitteilungen zu Ungunsten der Realitätsprüfung. Das Angebot wird dem militärischen Gebot, dem Kommando, vergleichbar, und die Urteilsfunktion steht stramm.
Diese trübsinnige Aussicht bestätigt sich in den gezählten Gewaltdarstellungen des Fernsehens.[21] Dann transportiert das von Aby Warburg schon auf Flugblättern des 15. Jahrhunderts massenhaft entdeckte *Schlagbild* Schlagzeilen. Sie ist überhaupt nicht auf negative Eindrücke beschränkt. Den Effekt der *Schrecksekunde* sucht der Werbespot mit dramaturgischen Mitteln in gleichzeitiger Verknappung zu erreichen. Untersuchungen von Kloepfer und Landbeck[22] erweisen ihn als *Symptom neuer Macht* und die Werbefachleute müssen sich immer neue Taktiken ausdenken, um Kaufanreize zu wecken. Wo Nutzwerte im Überfluß vorhanden sind, müssen Symbolwerte auf den Markt, damit der Umsatz wächst der herrschenden Wachstumsideo-

logie gemäß.²³⁾ Der Theologe Harvey Cox diagnostiziert eine Konsumreligion samt Bilderwelt.²⁴⁾
Als ihre Mediatoren kann man flinke Zungen telegener Vermittler bezeichnen. Sie unterhalten die Mediatisierten und sind vielseitig verwendbar, um inhaltlich unterschiedliche Botschaften verschiedener Geschäftszweige *rasch mal rüberzubringen.* Sie verbinden die im Tagesablauf terminierbare größtmögliche Zahl von Mediatisierten rund um die Uhr über die Empfindungen, die sie ausstrahlen, mit dem Wirtschaftszweck. Selbstverständlich sind auch Spitzenfiguren aus der Sportarena zur synästhetischen Konsumsteigerung brauchbar.
Das Star- und Heldenwesen ist für eine konsumorientierte Wirtschaft unverzichtbar. Ablenkung der Angst vor dem Nichts (Langeweile) in den Konsum von Waren, Dienstleistungen, Autoritäten und Verhaltensweisen (Moden) durch ein Trommelfeuer kurzfristiger Anschläge auf *Zielgruppen(!).* Kurzweil summiert sich zum ökonomischen Gewinn der Betreiber, je mehr davon im Programm untergebracht werden kann. Apologeten behaupten, kommerzielle Werbung diene nur aufbauenden, friedlichen Zwecken; aber das *Wie* der Präsentation unterscheidet sich nicht von der Spannungssteigerung, die Hermann Broch vor fünfundvierzig Jahren als *Spannungsindustrie* diagnostiziert hat.²⁵⁾

Diätetische Zeit

Spanne wird als Längenmaß auf die Entfernung gewöhnlich zwischen Daumen und Zeigefinger angewendet. Zeitlich wird es *spannend,* wenn sich Entfernungen verknappen. Die Psychologie der Jagd und des Wettrennens – immer *der Erste zu sein und vorzutreten vor andern* (Homer/Ilias) – gründet auf der Erwartung, daß räumliche Abstände sich verringern und daß rivalisierende Organismen sich als schneller oder langsamer erweisen. Hobbes *race of life* wie Darwins *Evolutionstheorie* beinhalten Zeitkonkurrenzen. In der Jagd nach dem Dollar im Anschluß an Adam Smith' *Welfare of Nations* wurde *pursuit of happiness* zur Sozialreligion. Welfare wie pursuit bezeichnen Bewegungsabläufe, die Wohlfahrt, die Verfolgung. *Unser Leben ist in der Bewegung,* doch die Räume, in denen wir uns bewegen, sind allemal voller Hindernisse. Raum, Zeit und Beweglichkeit geben das Maß individueller Wahrnehmungskapazitäten ab. »*Wer seine Gedanken prüft, wird sie alle mit der Vergangenheit und der Zukunft beschäftigt finden. Kaum denken wir je an die Gegenwart, und denken wir an sie, so nur um hier das Licht anzuzünden, über das wir in der Zukunft verfügen wollen. Niemals*« – so Pascal (172) – »*ist die Gegenwart Ziel, Vergangenheit und Gegenwart sind Mittel, die Zukunft allein ist unser Ziel. So leben wir nie, sondern hoffen zu leben, und so ist es unvermeidlich, daß wir in der Bereitschaft, glücklich zu sein, es niemals sind.*«
Die subjektive Relativität unserer Zeiterfahrung läßt Zweifel an dieser Behauptung

aufkommen, jedoch spricht gegen sie, daß unsere Sprache das räumlich Gegenwärtige zum Maßstab macht: vor-her, nach-her, hinter-her. Der Berg kommt aus den Wolken. Er kommt gar nicht, sondern bleibt wo er ist; aber die Wolken bewegen sich oder der Beobachter.

Der soziologische Beschleunigungsvorgang hat vor fünfhundert Jahren mit Giroverkehr, Postregal, Flugblättern und Zeitungsrelationen begonnen. Inzwischen ist die zum Wirtschaften nötige Arbeitszeit der Industrie von 60 Wochenstunden (1900) auf 38 Wochenstunden verkürzt. Somit erhebt sich die Frage, wie Freizeit *zu freier* Zeit gemacht werden kann. Untätigkeit erträgt der Mensch nicht. Defaitisten flüchten aus dieser Not mit Hilfe von Drogen in Traumwelten eigener Zeitrechnung. Den Mediatisierten nimmt die elektronische Missionsindustrie die gewonnene Lebenszeit wieder ab. Die *Gesellschaft ohne Zeit*[26] braucht neue Zeitordnungen. Sie müssen zunächst die zwanghaften Synchronisationen von Arbeitszeit- und Ferienordnungen korrigieren, die den Menschen ihre Gegenwart entfremdet und sie zu Unterworfenen des Beschleunigungswahns gemacht haben.

Die Griechen nannten Diätetik die Kunst der gesunden Lebensweise. Diätetische Zeit wäre dann gesunder Zeitverbrauch. Er wird von allen Hochreligionen mit Ruhepausen verordnet. Die Mißachtung von Gegenwart hat dann vergessen lassen, daß jegliche Kunst in eben dieser Gegenwart geübt werden muß. Es gibt zwar frühere und spätere Kunstwerke in Folge; aber jede ist das Produkt einer jeweiligen Lebensweise, einer zeitlichen *Selbstorganisation* und insofern nur sie selber. Da aber die organische Lebenszeit unerbittlich abläuft, besteht die Kunst darin, den Tag zu pflücken, die Oppositionen zur Garbe zu bündeln (Prediger 3,1–8).

Hermann Broch hat die *Spannungsindustrie* als Symptom des intensiven Kapitalismus verstanden. Tatsächlich ist die Unfähigkeit zu entspannen systemimmanent. Die Epoche der Rekorde ist auch die der Nervosität. Einem *Zeitalter der atomaren Abschreckung* kürzlich entkommen, kann der Mensch von heute kaum den guten Mut in all seiner Arbeit aufbringen, den der Prediger Salomo (3,13,22) fordert. Pausenlose Sinnesreizung stört den Organismus. Selbst unser Immunsystem arbeitet rhythmisch, wenn aber Intervalle fehlen, der Tag- und Nachtrhythmus durcheinander gerät, kann von Erholung nicht mehr die Rede sein. Dauernde Reize verengen die Leute auf Vergeblichkeit in Permanenz.

Verantwortlicher Umgang mit der Zeit

Der simultane Gebrauch von biologischer und soziologischer Zeit ist lehr- und lernbar, wenn vorausgesetzt wird, daß kein Mensch Anspruch auf die unersetzliche Lebenszeit anderer hat über gemeinsam vereinbarte Fristen hinaus.

»Ein jegliches hat seine Zeit, und alles Vornehmen unter dem Himmel hat seine Stunde« (Prediger 3,1) Das verlangt auch, die Lebenszeit seiner Mitmenschen zu achten,

ihnen keine Zeit zu stehlen und sie ihnen nicht zu verweigern, wenn sie ihrer bedürfen. Freund sein, heißt Zeit haben und gegenwärtig sein, wenn Zeit gebraucht wird. Lebenszeit zu geben, ist das kostbarste aller Geschenke, weil sie unersetzlich ist.[27)]
Die Verdrängung der Gegenwart durch die soziologische Zeitrechnung verstellt zwischenmenschliche Mitteilungen, die oft genug nur *jetzt* und nicht *später* gemacht werden können. Zu spät und zu früh verfehlen ihr Maß. Das rechte Zeitmaß zu finden, ist hohe Lebenskunst.

Eine Schweizer Versicherungsgesellschaft erließ im Jahre 1883 folgende Büroordnung, die damals als großzügig galt:
»Zur Beachtung des Personals
1. Gottesfurcht, Sauberkeit und Pünktlichkeit sind die Voraussetzung für ein ordentliches Geschäft.
2. Das Personal braucht jetzt nur noch an Wochentagen zwischen sechs Uhr vormittags und sechs Uhr nachmittags anwesend zu sein. Der Sonntag dient dem Kirchgang. Jeden Morgen wird im Hauptbüro das Gebet gesprochen.
3. Es wird von jedermann die Ableistung von Überstunden erwartet, wenn das Geschäft sie begründet erscheinen läßt.
4. Der dienstälteste Angestellte ist für die Sauberkeit des Büros verantwortlich. Alle Jungen und Junioren melden sich bei ihm 40 Minuten vor dem Gebet und bleiben auch nach Arbeitsschluß zur Verfügung.
5. Einfache Kleidung ist Vorschrift. Das Personal darf sich nicht in hellschimmernden Farben bewegen und ordentliche Strümpfe tragen. Überschuhe und Mäntel dürfen im Büro nicht getragen werden, da dem Personal ein Ofen zur Verfügung steht. Ausgenommen sind bei schlechtem Wetter Halstücher und Hüte. Außerdem wird empfohlen, in Winterszeiten täglich vier Pfund Kohle pro Personalmitglied mitzubringen.
6. Während der Bürostunden darf nicht gesprochen werden. Ein Angestellter, der Zigarren raucht, Alkohol in irgendwelcher Form zu sich nimmt, Billardsäle und politische Lokale aufsucht, gibt Anlaß, seihe Ehre, Gesinnung, Rechtschaffenheit und Redlichkeit anzuzweifeln.
7. Die Einnahme von Nahrung ist zwischen 11.30 und 12 Uhr erlaubt. Jedoch darf die Arbeit dabei nicht eingestellt werden.
8. Der Kundschaft und Mitgliedern der Geschäftsleitung nebst den Angehörigen der Presseabteilung ist mit Ehrerbietung und Bescheidenheit zu begegnen.
9. Jedes Personalmitglied hat die Pflicht, für die Erhaltung seiner Gesundheit Sorge zu tragen, im Krankheitsfall wird die Lohnzahlung eingestellt. Es wird daher dringend empfohlen, daß jedermann von seinem Lohn eine hübsche Summe für einen solchen Fall wie auch für die alten Tage beiseitelegt, damit er bei Arbeitsunvermögen und bei abnehmender Schaffenskraft nicht der Allgemeinheit zur Last fällt.
10. Zum Abschluß sei die Großzügigkeit dieser neuen Büro-Ordnung betont. Zum Ausgleich wird eine wesentliche Steigerung der Arbeit erwartet.«

Wenn es wahr ist, daß uns zuliebe nichts anhält, sind Gelassenheit und Geduld, Wartenkönnen und Zeittoleranz zu üben, damit die Umgangsform Zeit die Lebensart in dieser Gesellschaft verbessern kann, die der Zeit ihre Zeit nicht läßt.
Menschen sind, wie sie miteinander umgehen, und die Gesellschaft kann nicht menschlicher sein als die Umgangsformen ihrer Menschen.

Anmerkungen

1) Künzli, A.: Notizen zum Widerspruch. In: Wege des Widerspruchs. Festschrift f. Prof. Hermann Levin Goldschmidt zum 70. Geburtstag/ W. Goetschel...(Hg), Bern/Stuttgart 1984, S. 95
2) ebenda
3) Alle Zitate nach der Ausgabe Blaise Pascal: Über die Religion und über einige andere Gegenstände. Pensées. 3., verbesserte und vermehrte Auflage, übertragen und hrs. v. Ewald Wasmuth, Heidelberg 1946
4) Buytendijk, F. J.: Prolegomena einer anthropologischen Physiologie, Salzburg 1967, S. 153 u. a.
5) Wyss, D.: Mitteilung und Antwort. Untersuchungen zur Biologie, Psychologie und Psychopathologie von Kommunikation, Göttingen 1976, S. 40ff. aufgrund von Brand, G.: Die Lebenswelt. Eine Philosophie des konkreten Apriori, Berlin 1971
6) zitiert nach Rose, K. J.: Die menschliche Uhr. Von der Geburt bis zum Tod – die Abläufe in unserem Körper, dtv Sachbuch 1994, S. 174ff.
7) vgl. Brose/Wohlrab/Sahr/Carsten: Soziale Zeit und Biographie. Über die Gestaltung von Alltagszeit und Lebenszeit, Opladen 1993, sowie die fortgesetzte Diskussion zu den Themen Nervosität und Mobilität, neuerdings Schwerpunkt »Überforderungen« im Juniheft 1994 der »Zeitschrift für interdisziplinäre Wissenschaft Universitas«, Stuttgart Nr. 576
8) Freud, S.: Die Verneinung (1925). In: Studienausgabe Bd III, S. 371
9) Pascal polemisiert gegen Montaigne, der sich auf seinen anarchistischen Freund, E. de la Boetie, »Die freiwillige Knechtschaft des Menschen«, stützt.
10) Stuttgarter Ztg, 9. 7. 94, S. 3. Für den »Fundamentalismus« der Menschenrechte vgl. Pross, H.: Protestgesellschaft. Von der Wirksamkeit des Widerspruchs, Zürich/München/Frankfurt, S. 240ff.
11) »Kulturbewegung« vs. Zivilisationsprozeß in der Kultursoziologie von Alfred Weber (1869–1956), Ernst Cassirers (1874–1946) »Philosophie der symbolischen Formen« u. a.
12) Russell, B. (1915): zitiert nach Zimmerli/Sandbothe (H): Klassiker der modernen Zeitphilosophie, Darmstadt 1993, S. 87ff.
13) Held, M. / Geißler K. A.: Ökologie der Zeit. Vom Finden der rechten Zeitmaße, Stuttgart 1993. In der rapiden Beschleunigung kommt eben alles »zu kurz«: Zärtlichkeitsbedürfnisse, wie Streitkultur, der sprachliche Diskurs, wie die simultane Präsentation des Bildes. Die Frustration des Unerledigten (Zeigarnik-Effekt) führt in allgemeine Depressionen.
14) Publizistische Symptome ähneln denen zu Beginn der Gutenberg-Ära, wie sie Aby Warburg u. a. beschrieben haben. vgl. Pross, H.: Im Zeitalter des Blitzes. In: Petri /Zepf /Hg): Geht uns die Zeit verloren? Beiträge zum Zeitbewußtsein. Bochum 1982 (Schriftenreihe prakt. Psychologie Bd IX) S. 96ff. Ders.: »Die Medien« – Ritualismus als Droge. In: Voigt, R. /Hg): Politik der Symbole – Symbole der Politik, Opladen 1989, S. 55ff.
15) Bastian, T.: Tödliche Eile. Ein Essay über die neue Religion von Tempo und Beschleunigung. Oberursel/Ts 1993
16) Lamprecht, H.: Achill und die Schildkröte. Essay. Anthropologische Aspekte zur Kulturgeschichte der Geschwindigkeit mit einem Nachwort v. Günter Kunert, Hauzenberg/By 1988
17) Pross. H.: Fernsehen als Symbolsystem. In: Symbolon – Jahrbuch f. Symbolforschung Nf Bd. 7. Köln 1985, S. 153ff.
18) »bewirtschaften« heißt nach der soziologischen Theorie Franz Oppenheimers (1864–1943) die unentgoltene Aneignung eines möglichst großen Anteils des Arbeitsertrages einer Untergruppe bei mög-

lichst geringem Aufwand der Obergruppe in der Rechtsinstitution Staat. Die »Verwaltung« der Lebenszeit der Mediatisierten bedingt demnach ausgeklügelte Zeitbudgets der Medieninhaber, wie sie auf den Salzburger Sitzungen der Publizistikwissenschaftler 1990 verhandelt worden sind. Vgl. Hömberg, W. / Schmolke M. (Hg): Zeit, Raum, Kommunikation = Schriftenreihe DGPuK Bd 18, München 1992
19) Sturm, H. u. a.: Fernsehdiktate: Die Veränderung von Gedanken und Gefühlen. Ergebnisse und Folgerungen für eine rezipientenorientierte Mediendramaturgie, Gütersloh 1991
20) Groebel, J. m. U. Gleich: Gewaltprofil des deutschen Fernsehprogramms. Eine Analyse des Angebots privater und öffentlich-rechtlicher Sender, Opladen 1993 = Schriftenreihe Medienforschung d. Landesanstalt für Rundfunk NRW Bd 6. Kloepfer, R. / Landbeck, H.: Ästhetik der Werbung. Der Fernsehspot in Europa als Symptom neuer Macht. Frankfurt/M. 1991
21) Karmasin, H.: Psychologie des Wohlstandes. In: Werbeforschung & Praxis, Wien/Bonn Nr. 4/91 S. 129ff. Cox, H.: Konsumreligion und Bilderwelt. In: v. Kortzfleisch, S. / Cornehl, P. (Hg): Medienkult – Medienkultur, Berlin/Hamburg 1993 = Hamburger Beiträge z. öff. Wissenschaft, Bd 12
22) Broch, H.: GW. Massenpsychologie. Schriften aus dem Nachlaß, Zürich 1959, S. 383ff.
23) Rinderspacher, J.P.: Gesellschaft ohne Zeit. Individuelle Zeitverwendung und soziale Organisation der Arbeit = Schriften des Wissenschaftszentrums Berlin. Int. Inst. f. Vgl. Gesellschaftforschung/Arbeitspolitik. Den Zeitwandel gibt am besten ein Vergleich mit einer Arbeitsordnung von 1883 wieder, die damals als fortschrittlich gegolten haben soll. Zeit als Machtfaktor.

ALLES - AUCH »DIE ZEIT« - HAT SEINE ZEIT

Gerd B. Achenbach, Bergisch Gladbach

Der Ihnen bevorstehende Vortrag hat zwei Teile. Der erste Teil entwickelt einige nicht allzu anstößige Überlegungen: wenigstens der Anfang soll harmonisch ausfallen. Dann, im zweiten Teil, werde ich Ihren Widerspruch riskieren, indem ich Ihnen für gewohnte und vertraute Ein drücke ungewohnte und von üblichen Einschätzungen schroff abweichende Erklärungen vor schlage. Rücksichtsvollerweise wird dieser zweite Teil kürzer sein als der erste.
Soviel zum Aufbau, und nun zum Programm: *Ich möchte versuchen, zum Verständnis »unserer Zeit« beizutragen.*
Dazu werde ich zunächst - im ersten Teil - zeigen, was es heißt, daß unsere, die moderne, die neuzeitliche Zeit *im Zeichen der Zeit* steht, daß die moderne Zeit *die* Zeit ist, die *von* der Zeit beherrscht wird - oder [ganz kurz]:

Die These lautet, daß die Moderne die Zeit der Zeit ist.

Darauf spielt übrigens der Titel meines Vortrages an: »Alles - auch ›die Zeit‹ - hat seine Zeit«, und zwar als eine Formel oder Losung, die auf ein notwendiges, kommendes, notwendig bevorstehendes Ende der Moderne anspielt; auf ein Ende allerdings, das noch aussteht, das zwar ab zusehen, nicht aber schon zu sehen ist.
Der zweite Teil wird eine - Ihnen vermutlich zuerst verrückt anmutende - These entwickeln, die mir mittlerweile zur Gewißheit und Einsicht wurde. Die These lautet in schroffer Kürze:

Wir modernen Menschen leben in einem ›verrückten Verhältnis zur Zeit‹ oder: Die Zeit beherrscht uns, indem wir sie verkennen.

Und nun ahnen Sie gewiß, worauf das Ganze hinaussoll: Die Einsicht in jene Verkennung der Zeit soll mithelfen, ihrer Tyrannei zu entkommen. Dann, eines fernen Tages, wird gelten: Auch die Zeit hatte ihre Zeit.
Und damit zur Entwicklung des Gedankens Schritt für Schritt.
Ich wollte versuchen, zum Verständnis »unserer Zeit« beizutragen, hatte ich gesagt. - Ist Ihnen bei Gelegenheit schon einmal aufgefallen, daß wir ohne weiteres, wenn wir unsere Welt meinen, von *unserer Zeit* reden? Daß also unserem Bewußtsein »unsere Zeit« »unsere Welt« und »unsere Welt« »unsere Zeit« ist? So daß wir, ohne Anstoß daran zu nehmen, das eine für das andere eintreten lassen? Diese merkwürdige Identität ist *zeittypisch und modernitätsspezifisch*. Um nur ein Indiz anzuführen, so wurde

- seit Beginn der Neuzeit - das Bemühen, sich vor allem über die Zeit ins Bild zu setzen, zum primären Pensum der Philosophie. Nach Hegels berühmter Bestimmung ist sie »*ihre Zeit in Gedanken erfaßt*«.[1]
Und wirklich hat die Neuzeit - wie keine Epoche zuvor - unausgesetzt nach sich selber gefragt, also versucht, sich selbst zu bestimmen und ihre Identität zu finden, und dementsprechend ist seither eine beispiellose Flut von Zeitbestimmungsversuchen über uns hereingeschwappt:
Das Zeitalter der Aufklärung wurde diagnostiziert, des Fortschritts, der Säkularisation, der Emanzipation, die Zeit wurde als der Aufbruch der Völker und Nationen ausgerufen, vom Zeit alter der Wissenschaft war die Rede, von der Epoche des Nihilismus, Schlüsselbegriffe wie Atomzeitalter, Revolutionszeitalter, Industriezeitalter waren als Identifikatoren im Umlauf - und dazu eine schlichtweg unübersehbare Fülle kleinkarierterer, modisch kurzlebiger Auslegungsversuche: Maschinenzeitalter, Computerzeitalter, Medienzeitalter, Informationszeitalter, in den Feuilletons ist seit Jahren von der Postmoderne die Rede - und wie alle die Etiketten sonst heißen mögen. Es wäre langweilig, die Begriffslitanei fortzusetzen.
Denn wichtig allein ist: Nicht diese oder jene Bestimmung ist von herausragend zutreffender Richtigkeit, sondern: *daß* die Moderne *die Welt ist, die sich selbst als Zeit und Epoche* versteht, in dieser Weise offenkundig zwangsläufig nach sich selber fragt und sich zu bestimmen sucht und jetzt das Entscheidende: Sie kommt damit an kein Ende.
Warum ist das so?
Indem sich die Moderne *als Zeit* auslegt, interpretiert sie sich als *vergehende* und *werdende* Welt, als eine Welt, in der nichts bleibt, was es eben noch ist, als *andauernde Veränderung* und als *endlosen Prozeß*. »Die Zeit«, hat ein Kranker bemerkt, den Karl Jaspers gelegentlich zitierte, »hat etwas *Verschwinderisches*«. Das ist ein weises Wort. Und so nimmt die moderne Welt sich selber wahr: als *unaufhaltsame Bewegung* und als *permanentes Verschwinden* - mit einem Begriff, der seine Bedeutung freilich der vormodernen Welt verdankt, kann ich auch sagen: *als alles erfassende Vergänglichkeit*.
Das besagt: Was immer ist, es bleibt nicht. Was überhaupt ist, gehört der Zeit an. Weil so gedacht wird, ist *die Moderne die Zeit, die der Zeit verfallen ist, ist sie die Zeit der Zeit. Sie ist der Herrschaft der Zeit unterworfen, denn sie vermag sich nichts zu denken, was der Herrschaft der Zeit nicht unterworfen wäre. Das bedeutet: Sie hat die Ewigkeit verloren, sie ist der Zeitlichkeit anheimgefallen.* (Was übrigens eine neuzeitlich unangemessene Redeweise ist, da sie sich noch einmal des Vokabulars der Metaphysik bedient, die ihr abhanden kam ...)
Für den Fall jedoch, daß Sie mit geschichtsmetaphysischen Spekulationen dennoch etwas an zufangen wissen, wird Ihnen diese These des Verfallens unserer Zeit an die Zeit vielleicht durch ein Zitat plastischer werden, das ich kürzlich bei *Johann Baptist Metz* gefunden habe, in seinem »Gotteskrise« betitelten »Versuch zur 'geistigen Situation der Zeit'«:

»Nietzsches Botschaft vom Tode Gottes ist, genau besehen, eine Botschaft von der Zeit, von der Divinität der Zeit. [Die] Aufkündigung der Herrschaft Gottes ist die Ankündigung der Herrschaft der Zeit, der elementaren, der unerbittlichen und undurchdringlichen Hoheit der Zeit. Gott ist tot. Was nun in allem Vergehen bleibt, ist die Zeit selbst: ewiger als Gott, unsterblicher als alle Götter. Es ist die Zeit ohne Finale, ja - wie Nietzsche ausdrücklich betont - 'ohne Finale ins Nichts'. Es ist die Zeit, die nicht beginnt und die nicht endet, die Zeit, die keine Fristen kennt und keine Ziele, keine himmlischen Ziele und keine irdischen, keine spekulativ durchschauten wie bei Hegel und keine politisch zu verwirklichenden wie bei Marx. Es ist die Zeit, die nichts will außer sich selbst, die Zeit als die letztverbliebene Majestät, nachdem alle metaphysisch erbauten Throne gestürzt sind, die Zeit als das einzige nachmetaphysische Faszinosum. Es gehört zu den bemerkenswertesten 'Zeichen der Zeit', daß gegenwärtig über nichts so viel gerätselt und nachgedacht, so viel publiziert und gestritten wird wie über die Zeit selbst.«[2]

Lassen Sie mich diese Verfassung unserer Welt unter dem Regiment der Zeit zunächst näher schildern:
Zur Moderne gehört wesentlich dies, daß sie ein sich ständig entwickelnder Prozeß ist, daß sie also nichts Statisches hat, sondern sich in ununterbrochener Veränderung befindet. Und sie ist nicht nur überhaupt ein Prozeß und eine Bewegung und ständige Veränderung, eine Veränderung von stetig beschleunigter Veränderungsgeschwindigkeit, sondern sie ist ein wesentlich *offener* oder *unabgeschlossener* Prozeß. »Unabgeschlossen« nun aber nicht in dem einfachen Sinne, wie man etwa von einer Sache sagt, sie sei noch nicht fertig, sondern die moderne Welt ist *wesentlich* das Unabgeschlossene, das eigentlich Ziellose, und damit ein reines Sich-Weiter-Entwickeln, das nicht auf ein Telos zustrebt, also keinen Ankunftsort hat, sondern ins Unbestimmte hinausgeht.
Um ein Bild zu verwenden: Die Neuzeit wäre einem Wanderer vergleichbar, der - gefragt, wohin denn seine Reise gehe -, indem er unentwegt weiterwanderte, antworten müßte: Zum Horizont ...
Und doch ist dieses Bild nur halbrichtig - und darum vielleicht auch irritierend. Denn tatsächlich meinen ja die Menschen zu wissen, wohin es gehen soll. Eben noch - es sind seither noch keine fünfzig Jahre vergangen - waren sie unterwegs zur Stärkung und Abhärtung und eingeübten Kälte des germanischen Charakters mit flankierender Reinerhaltung von Volk und Rasse; dann haben sie die Ruinen aufgeräumt und geschafft und gespart und Häusle gebaut; dann haben sie »die Gesellschaft« entdeckt und in Gedanken das Reich »Utopia« besiedelt - die entsprechenden Aufbruchsträume und Zukunftsvisionen von einem neuen und anderen Menschen haben zumal in der Pädagogik für allerlei zwischenzeitliche Unruhe gesorgt, wie Sie sich alle erinnern, auch für Verwerfungen in den alttradierten Fundamenten jeglicher Erziehung -; wenig später wurde es schon wieder dunkel auf der spätmarxistisch ausgeleuchteten

Szene, und mit einem Male war es nicht mehr die entfremdete und darum die entfremdende Gesellschaft, in der die arbeitenden Menschen unterdrückt und ausgebeutet werden, sondern als das neue Opfer ging den Engagierten die Natur auf, die es jetzt zu retten gelte - ergo: Umweltschutz formiert die Köpfe, legitimiert Erwartungen und regelt neue normative Selbstverständlichkeiten ein.

Und so, könnte man sagen, wissen die Menschen doch immer, worum es geht, jeweils jedenfalls. Derzeit - wenn auch die Klimax der Erregung mittlerweile überschritten scheint - etwa um die Sonderrechte der Frauen, um Völkersolidarität, demnächst vielleicht verstärkt um den Exorzismus schlimmer Laster - Rauchen als die Sünde! Fleischverzehr als Frevel! -, um die Ausrottung bedenklich unkorrekter Redeweisen, die als Vergehen an der Menschheit angeprangert werden, und es wird nicht lange dauern, dann fällt den Ausrufern des jeweils gültig Geltenden wieder Anderes und Neues ein, das als Forderung des Tages den Menschen anerzogen werden muß ...

Wozu nun diese Kurzgeschichte der immer wieder ausgetauschten Glaubenssubstitute und mobilisierenden Erregungsmotive, die - jeweils zu ihrer Zeit - immerhin als »Orientierungen« dienten?

Die Skizze sollte verständlich machen, was m. E. für das Verständnis der Neuzeit und ihr Ausgeliefertsein an die Zeit entscheidend ist: für ihre niemandem verborgene Unruhe, Wechselhaftigkeit und Unübersichtlichkeit, die nicht nur als beschleunigte Veränderung der Umstände, der technischen Standards und gesellschaftlichen Einrichtungen imponiert, sondern ebenso als beschleunigte Veränderung der Einstellungen, Hoffnungen, Angriffe, Feinde, Optionen und glaubensäquivalenten Gewißheiten beschrieben werden muß - als Dauer-Veränderung der Weltanschauung kurz gesagt, also des Denkens und Empfindens, das die Menschen ergreift, ihre Köpfe formiert, ihre Herzen empfindsam macht, ihre Gewissen aufscheucht, sie solidarisiert und zu Gemeinschaften verschweißt, sie zuletzt und wenn es darauf ankommt - auch in Marsch setzt ... - entscheidend zum Verständnis dieser hochkomplexen Aufeinanderfolge motivierender Programme ist, daß sich *alle* als nicht dauerhaft erwiesen, daß ihnen ihre frische Spannkraft bald abhanden kam, ihre Feurigkeit sehr schnell erlosch - es glimmt noch eine Weile, dann ist Asche -, und der Kredit an Glauben, den man ihnen schenkte, war ganz rasch verbraucht - dann ist wieder Ebbe und die nächste Flut rollt an.

Alle diese Engagements des Geistes aber waren der Versuch, uns den Weg zu weisen, Ziele zu markieren und den Prozeß, in dem wir mitgerissen werden, gewissermaßen festzustellen, indem man ihn beim Namen nennt. Doch - das dürfte jetzt, nach dieser kurzen Übersicht unübersehbar sein -: sie verfielen alle selber dem Prozeß, den sie bestimmen wollten, verschwinden ihrerseits in der Bewegung, tauchen auf und gehen unter, ziehen eben ihre Leuchtspur und im Moment danach verpuffen sie auch schon. Sie alle behaupten sich nur eine kurze Weile und sind ohne Bestand: Was eben auftritt, versinkt im nächsten Augenblick und verfällt dem Vergessen - jedenfalls verliert es seine Geltung.

Was ist da los? Woher dieser »mephistophelische Effekt« - wie ich ihn nennen möchte -, daß alles, was entsteht, nicht mehr wert ist, als daß es untergeht?

Die Antwort scheint mir - kürzest möglich - die zu sein: Das Denken, das über die Zeit zu orientieren versucht, ist seinerseits zum *Agenten der Zeit* geworden: Es beschreibt nicht den Verlauf der Dinge, es exekutiert ihn. Indem es das Treiben analysiert, treibt es voran.

Mit andern Worten: Das neuzeitliche Denken unterrichtet nicht *über die Herrschaft der Zeit,* sondern ist selbst *der Vollstrecker ihrer Tyrannis.*

Das ist soweit nicht mehr als eine Behauptung. Es kommt nun darauf an, zu verstehen, in welcher Weise das vermeintlich denkende Orientieren über die Zeit selbst der Zeit verfallen ist.

Die weitestgehende Beantwortung dieser Frage werde ich - wie angekündigt - im zweiten Teil versuchen. Hier und zunächst schlage ich zur Erklärung vor: Das Denken ist in der Moderne der Zeit verfallen, indem es *der Gegenwart* ein auszeichnendes Vorrecht vor aller Vergangenheit einräumt, indem es das *Jetzt* gegenüber dem *Früher* privilegiert - und: Es verfällt darauf, weil ihm der metaphysische Sinn für das Geltungsvorrecht des Immer, des Zeitlos-Ewigen verloren ging.

Das will ich erläutern:

Was *vormodern* als richtig und als angemessen galt, war entweder gültig, weil es als ewige, zeitlose Geltung anerkannt war - das war die starke, metaphysische Lösung, die ich im Moment beiseite lasse -, oder aber - dies die vergleichsweise irdische, alltagspraktisch allerdings hoch wirksame Auflösung des Problems - oder aber für gültig galt, was »schon lange« in Geltung war, was also aufgrund seiner Dauer und Beständigkeit Respekt genoß. Das war übrigens eine Lösung des Verbindlichkeitsproblems, die man *weise* nennen darf - denn was gilt, *weil* es alt ist, kann nicht veralten. Veralten konnte einzig das Prinzip, Geltungen mit langer Geltungsdauer zu begründen - was, nebenbei bemerkt, auch hieß: man gründete sie auf bestandene Bewährung und lange währende Erprobung.

Diese beiden vormodernen Lösungen, *zeitbezüglich* vorgestellt, hießen also: Es galt entweder, was der Zeit enthoben, ihrem Regiment nicht unterworfen war, oder aber: was ihr lange und erfolgreich widerstanden hatte, was sie nicht vernichten konnte.

Diese Lösungen hat die moderne Welt verworfen, indem sie mit dem Anciennitäts-Prinzip selbst brach, also mit dem Grundsatz, der dem Ewigen beziehungsweise Alten ein Beachtungs- und ein Geltungs-Vorrecht vor dem Neuen eingeräumt hat. Denn die Zeit errichtet ihr Regime, indem sie allem Neuen, eben Aufgetauchten, sogar Unerprobten das Geltungsvorrecht einräumt. - So triumphiert im Namen der Zeit das jeweils Gegenwärtige über das Vergangene.

Doch die Zeit ist eine ironische Göttin: Sie richtet nur auf, um zu stürzen. Denn was sich eben als das Gegenwärtige behauptet, verschwindet schon im nächsten Augenblick seinerseits im Reiche der Vergangenheit ...

Allerdings: Die Menschen haben es noch nicht begriffen. Wer den Gesprächen unter Zeitgenossen zuhört, weiß das: Das Schema *heute* so und *früher* so ist nach wie vor das Schibboleth, um Gültiges von Ungültigem und Anerkanntes von Verworfenem zu unterscheiden. Entsprechend heißt es dann von dem, was außer Geltung ist, nicht, daß es schlecht sei oder falsch, sondern: es sei »überholt«, »veraltet«, »längst erledigt« und »vergangen« - im Jargon: es sei von »vorgestern«, nach neuestem Slogan: »mega out«. Nun sollten wir uns aber nicht damit begnügen, solches Denken modisch bloß als modisch zu belächeln oder als den *Zeitgeist* abzutun. Unter diesen netten Etiketten bliebe das verborgen, was als *Befund* verdient, ernst und gründlich reflektiert zu werden: Denn daß man *modisch zeitbeflissen* denkt und urteilt, ist nur das *Symptom,* die Außenseite eines Dramas, das sich im Tieferen und Inneren ereignet - ist die Larve der Tragödie. *Was sich in jenen tieferen Schichten aber abspielt*, läßt sich bildlich als die *Grund- und Bodenlosigkeit der gegenwärtigen Moderne* schildern: wer der Zeit verfällt, verliert den Boden unter seinen Füßen.

Ich will Ihnen dieses Bild in einer Art Exkurs verständlich machen.

Daß die Zeit herrscht heißt: Es ist die Zeit, die Vorbehalte geltend macht, in Frage stellt, Gültigkeiten stützt und stürzt. Das ist die eine Seite.

Herrschaft der Zeit heißt aber auch: Wir haben jeden festen Grund und Boden eingebüßt, von dem aus umgekehrt Fragen an die Zeit zu stellen wären, Fragen, die die Zeit, als das eigentlich Relativierende, ihrerseits relativierten. Mit andern Worten: Das Regiment der Zeit hat uns den Zugang zu allem Vor-Vorbehaltlichen, Definitiven, Ein-für-alle-Male-Gültigen versperrt - mit alter europäischer Begrifflichkeit könnte ich auch sagen: zu allem Wahren, Unbedingten, Absoluten.

Ein einziges, womöglich lächerliches, doch immerhin auch amüsantes Beispiel - aus einer gegenwärtig vorzugsweise angekurbelten und furios beschleunigten Veränderungsgeschichte - soll erläutern, was gemeint ist: ein Beispiel aus der Frauen-Emanzipationsgeschichte.

Mit welcher hellen Entrüstung müßte rechnen, wer heute noch »das Wesen der Frau« bestimmen oder enträtseln und womöglich praktische Schlüsse daraus ziehen wollte! Das hieße ja, »immer schon Gewesenes« und darum »Gültiges« wenn nicht »Verbindliches« herbeiverfügen zu wollen! Es hieße, eine »Bestimmung« anzuerkennen! Ich muß nicht erläutern, welches Entsetzen damit auszulösen wäre.

Kein Problem hingegen ist es offensichtlich, wenn eine Frauenzeitschrift - wie vor ein, zwei Jahren zu studieren war - eine Reihe großformatiger Plakate kleben läßt, auf denen jeweils irgendein hochdogmatischer Satz zu lesen war: »Die Frau von heute tut dies ...«, »Die Frau von heute tut das ...«, »... läßt sich dies nicht mehr gefallen ...«, »... hat auf jenes ein Recht ...« usw., Sie kennen ja alle dies Gerede, das anstandslos und ohne Widerspruch und Gegenrede durchgeht.

Wie aber ist es möglich, daß solche - doch offenkundig dogmatischen - Sätze keinen Anstoß erregen? Antwort: Es sind Dogmen, die bereits mit Verfallsdatum ausgegeben werden. Alle diese Sätze nämlich sind nur statthaft mit dem Zusatz: »von heute«. Das aber heißt: Es sind Geltungen und Orientierungen, deren alsbaldige Nichtgeltung und Ungültigkeit - wenn auch unbedacht - gleich mitverkündet wird: Es gilt - aber nur jetzt und heute. Morgen ist es aus damit. Das heißt: *Es gilt*, aber nicht *im Grunde. Das* haben alle Ansprüche, die von der Zeit lanciert werden, gemeinsam: Sie stehen auf keinem Fundament, buchstäblich sind sie *grundlos*.

Die Zeit duldet nichts, was auf festem, unwankendem Boden stünde - denn das widerstände ihrer Herrschaft, wäre unbotmäßig, ein Affront. Und vielleicht verrät tatsächlich sich die Tyrannei der Zeit in keiner Hinsicht gründlicher als darin, daß sie im Grunde nur noch einen Feind kennt sein Name lautet, wie bekannt: *Fundamentalismus.* Der Konsens der Zeitgenossen ist: »Es gibt kein Fundament.« Darum gilt: »Niemand darf eins haben.«

Ich könnte damit eigentlich zum andern Teil und zweiten Abschnitt übergehen, zum eingangs annoncierten Leichtsinn, mit dem ich für die jetzt geschilderte Moderne als der Zeit der Zeit eine Schlüssel-Interpretation versuchen möchte.

Doch vorher noch erlauben Sie mir einen Einschub, der die bisher vorgestellten Thesen im Rückblick nochmals illustriert und damit anschaulicher werden läßt.

Schildern möchte ich vor allem, was es in der Alltagsprosa heißt, daß die Zeit herrscht und Regie führt.

Zur Orientierung dient nicht mehr die Differenz *hier* so, *dort* so - zur Orientierung dient jetzt: *heute so, früher so und morgen wieder anders.* So war die folgenreichste Unterscheidung, an der der vormoderne Mensch sein Denken ausgerichtet hatte, der Unterschied von Erde hier und Himmel dort, des Diesseits und des Jenseits, des Zeitlichen - als Frist und Zeit-Raum - und des Ewigen, das als Jenseits aller Zeit geglaubt und anerkannt war - mit der bekannten Formel: von Ewigkeit zu Ewigkeit.

Dieser außerordentliche Perspektiven-Austausch hat sich aber nicht nur in den religiösen Hauptbelangen durchgesetzt, sondern ebenso auch in der Niederung des Alltagslebens:

Verhaltensmodi, zivilisatorisch-kulturelle Standards beispielsweise, waren landschaftlich und damit räumlich festgemacht: man unterschied sich regional, was heißt: man war anders als die Menschen anderer Regionen. - »Hier bei uns ist Usus ...« war ein Satz mit regional-lokalem Geltungsanspruch, beispielsweise landsmannschaftlicher Bedeutung. Ein gutes Beispiel ist die Tracht als regionale Kleiderordnung. Was die Menschen trugen, zeigte, *wo* sie lebten. An die Stelle der Tracht aber ist jetzt die Mode getreten. Und die unterscheidet nicht nach *hier* und *dort* - sondern nach dem Schema *Heute-Gestern-Morgen.* Wobei ihre Verordnungen übrigens nur bei solchen verfangen, die »im Grunde« nicht wissen, was sie anziehn sollen.

In diesem Kreise liegt es nahe, einen anderen zeitbezüglichen *Blick auf die Erziehung* zu werfen: Hier ist auffällig, daß für ständische, konfessionelle oder regionale Differenzen ebenfalls die Ausrichtung an Zeitgegebenheiten eingetreten ist: »Früher hat man ja die Kinder ...« - aber »heute« ... Das scheint uns selbstverständlich und ist zur Selbstverständlichkeit geworden - ich denke allerdings, mit eingeschränkter Aufgeklärtheit, was die Folgen angeht: Die Scheidelinien verlaufen nun zwischen den Generationen. Nicht mehr Alt und Jung *als Gemeinschaft* unterscheiden sich gemeinsam von Alt und Jung »hinter den Bergen«, sondern die Kinder unterscheiden sich primär von ihren Eltern. Diese temporale Differenzierung aber zerreißt die Generationenkette und hebelt die Geltungen aus, an denen orientiert die Älteren die Jungen meinen erziehen zu sollen.

Generell läßt sich sagen: *Unter der Herrschaft der Zeit ist Erziehung im Grunde nicht mehr möglich.* Von den Erwachsenen wird jetzt erwartet, daß sie von den Kindern lernen. Und das ist plausibel. Denn die Alten sind, als Alte, tendenziell erledigt, überholt, veraltet: was sie vertreten, ist längst vom Gang der Zeit revidiert und abserviert worden. Was für sie galt, gilt nicht mehr.
Ich füge an: Niemand sollte meinen, er tröste sich damit, was jetzt als Jugend auftrumpft, werde schon ein Kürze ebenso erledigt und veraltet sein, womöglich noch viel schneller - wofür die Zeit schon sorge.
Das ist kein Trost - das ist das Drama. Denn es heißt: *Was gilt, gilt nur auf Zeit* - damit steht jetzt jede Geltung unter Vorbehalt. Die Erfahrung weiß: sie ist *vergänglich*. Mit einem Wort: Was Halt versprach, erweist sich selbst als *unhaltbar*. Unter dem totalitären Regiment der Zeit ist letztlich *alles unhaltbar geworden*.
Kürzlich erwähnte eine junge Frau in der Beratung, ihre Schwiegermutter sei wahrscheinlich nicht ganz richtig. »Stellen Sie sich vor,« erläuterte Sie den Verdacht, »die geht tatsächlich jeden Sonntag in die Messe! Das ist doch auch nicht mehr so ganz normal - was?« Die sonntägliche Verhaltensweise jener Schwiegermutter geriet in den Verdacht des Schwachsinns, weil sie sich in »überholter«, »überwundener« Manier verhält. So ist das.
Als Devise ausgegeben heißt das: Paßt auf, nicht zu veralten! Haltet Schritt! Macht mit! Versäumt den Anschluß nicht! Fügt Euch in den Lauf der Dinge! Seid modern! Seid Zeitgenossen anders ist Euch nicht zu helfen!
Soviel als Einschub und Zwischenspiel und Ende des ersten Teils, und nun zum vergleichsweise spekulativen zweiten Teil.
Alles - auch »die Zeit« - hat seine Zeit, lautet der Titel, und sicherlich ist inzwischen verständlich, in welchem Sinne bisher von »der Zeit« geredet wurde: Gemeint ist die Zeit als beherrschende Macht, unter deren Botmäßigkeit die *Moderne* sich entfaltet hat. Es ist damit vom Zeitverständnis unserer Zeit die Rede - und die These lautete: Nichts bestimme unsere Zeit in so grundlegender Weise, wie eben ihr Verständnis von der Zeit.
Jetzt, im zweiten Teil, will ich zu klären versuchen, *auf welche Weise* die Moderne der Diktatur der Zeit den Weg bereitet hat.
Denn das scheint mir die eigentlich interessante und aufregende Frage zu sein, an deren Beantwortung die Chance gebunden ist, der Zeit-Tyrannis zu widerstehen, vielleicht der Unterwerfung unter ihr Diktat eine Ende zu bereiten. Denn erst dann würde gelten: Auch die Zeit habe »ihre Zeit« gehabt ...
Nun - meinen Vorschlag zur Auflösung der Frage, welches besondere - geschichtlich unvergleichliche - Verhältnis zur Zeit es ist, das dem modernen Zeitregime zur Macht verhalf, werde ich Ihnen zunächst als knappe und kurze These vortragen:

> Der moderne Mensch hat sich, ohne es zu bemerken - ja, sogar im Bewußtsein, das Gegenteil sei der Fall -, gegen die Zeit gekehrt. Im Glauben, er sei der erste, der aus Überzeugung »mit der Zeit gehe«, befin-

det er sich in Wahrheit im Aufstand gegen die Zeit.- Und: Es ist diese Rebellion, durch die er dem Diktat der Zeit verhaftet bleibt, in der er mehr und mehr ermattet und sich zuletzt erschöpft.

Ich werde diese These leidlich umständlich erläutern müssen. Und das will ich tun, indem ich erst einmal an gängigen Metaphern, eingeführten Redeweisen und gewohnten Bildern illustriere, was das moderne *Selbstverständnis* als sein Verhältnis zu der Zeit versteht.

Das Selbstverständnis des modernen Menschen ist, er »gehe mit der Zeit«. Und dabei meint er, das bedeute, »sich der Zukunft zuzuwenden«. Entsprechend glaubt er, es sei *die Zukunft,* die er *vor sich* habe, die gewissermaßen *vor ihm liege.* Infolgedessen meint er außerdem, es sei *die Vergangenheit,* die *hinter* ihm liege, die er - seinerseits der Zukunft zugewandt - *hinter sich zurückgelassen* habe.

Sie werden vermutlich bei dieser Schilderung kaum etwas auffällig gefunden haben, nicht wahr? Und doch ist das Unheimliche - das einer Deutung bedarf -, daß der neuzeitliche Mensch auf diese Weise *den Richtungssinn der Zeit* verdreht hat.

Lassen Sie mich zur Erläuterung das schlechthin berühmteste und meistzitierte Wort zur Zeit anführen, das sich bekanntlich in den »Confessiones« Augustins, im 11. Buch, im 14. Kapitel, findet.

Dort heißt es:

> »Was also ist die Zeit? Wenn niemand mich es fragt, so weiß ich es; will ich dem Fragenden es auseinandersetzen, weiß ich es nicht:« - nebenbei bemerkt: in aller Regel wird nur bis hierher zitiert ... Es folgt allerdings: »gleichwohl sagt' ich zuversichtlich, ich wisse, es gäbe keine Vergangenheit, wenn nichts vorüberginge, und wenn nichts käme, gäbe es keine Zukunft, und wenn nichts wäre, gäbe es keine Gegenwart.«[3]

Hinter jenem schönen Eingeständnis seiner Ungewißheit, hat Augustinus hier das Wesentliche das bis zum Auftritt der Moderne selbstverständlich blieb - kurz und richtig ausgesprochen: Er hat gesagt, *wohin die Zeit,* die niemals still steht, *weist,* d.h. er hat den *Richtungssinn der Zeit* so angegeben, wie er aller Zeit erschienen war: Danach ist sie die Bewegung, die, aus der Zukunft kommend, an uns vorübereilt in die Vergangenheit.

In den Sprichwörtern des Volkes drückt sich diese Selbstverständlichkeit, die galt und anerkannt war, unzweideutig aus:

> »Die Zeit entfleucht und kehrt niemals zurück.«

heißt es etwa, oder: »Die Zeit fleusst weg wie Wasser.«
Und noch heute heißt es richtig, daß die »Zeit verrinnt«. Es ist dann aber doch zu fragen: *Wohin* verrinnt sie denn? Doch nicht etwa in die »Zukunft«?

Alles – auch »die Zeit« – hat seine Zeit

Hört man übrigens in diesem Wort: »die Zukunft« - das im Deutschen erst am Beginn der Neuzeit seinen *temporalen Sinn* bekommen hat - noch heraus, das die Zukunft das »Auf-uns-Zukommende«, das »Herankommende« meint? - weshalb das Wort noch zur Zeit Luthers, ja ausnahmsweise sogar noch bei Goethe, ein Synonym für »Ankunft« war - nicht jedoch für die Ankunft, die unser Ankommen wäre, sondern als Bezeichnung dessen, was bei uns ankommt und eintrifft? Luther übersetzte dementsprechend die Geburt des Herrn als seine »Zukunft« - womit er meinte: er ist zu uns gekommen. An diesem Beispiel sehen Sie besonders deutlich, daß das Wort hier keineswegs bereits den *temporalen Sinn* hat, der ihm heute eigen ist.
Noch einige Zitate, die das Verständnis der Zeit, so wie es galt, bevor die Neuzeit ihren Richtungssinn ins Gegenteil verkehrte, deutlich machen:
In den Selbstbetrachtungen des Kaisers Marc Aurel heißt es:
»Die Zeit ist ein Fluß, ein ungestümer Strom, der alles fortreißt. Jegliches Ding, nachdem es kaum zum Vorschein gekommen, ist auch schon wieder fortgerissen, ein anderes wird herbeigetragen, aber auch das wird bald verschwinden.« (S. 45)
Und in seinem berühmten »Spruch des Konfuzius« hat Schiller dasselbe so ausgedrückt:

»Dreifach ist der Schritt der Zeit: Zögernd kommt die Zukunft hergezogen, pfeilschnell ist das Jetzt entflogen, ewig still steht die Vergangenheit.«

Und im Ödipus des Sophokles hat es geheißen:

»Nichts verschont
Das Alter und der Tod als nur die Götter.
Das andre samt und sonders stürzt die Zeit
Mit Allgewalt.«

Im selben Sinne spricht auch Shakespeares Wort vom »Zahn der Zeit«, der alles zermalme. Und im Volksmund hieß es entsprechend:

»Die Zeit frisset Berg und Tal, Eisen und Stahl.«

Oder - sehr weise:

»Die Zeit nagt und frisset das Leben, nichts frisset die Zeit.«

Die Zeit - nach allen diesen Zeugnissen, die sich der Zahl nach imposant vermehren ließen wird wahrgenommen als die unaufhaltsame Macht der Vergänglichkeit, die jedem Dinge und so auch uns Menschen das Vergehen und schließlich das Vergangensein als Ziel bestimmt, als das Ziel, das *vor uns liegt*.
Noch einmal hat in unserem Jahrhundert einer dies Verständnis von der Zeit in ein an-

schauliches Bild gefaßt. Das war Fritz Mauthner:

> »Das Bild von der Zeit, das mir nützlich scheint, ist: die Zeit strömt. (...) Ich sehe das Bild noch deutlicher: aus einem ungeheuren Vorrat, den wir nicht sehen, den wir vorlaut und ungeduldig etwa die Zukunft nennen dürfen, kommt die Zeit heran wie der Wasserfall, dessen Oberlauf wir nicht kennen; [und] unterhalb stürzt er in das Meer [...] der Vergangenheit«.[4]

Nach dieser Vorbereitung nun noch einmal die Frage - die ich, wie Sie sich erinnern, im Blick auf das Selbstverständnis des modernen Menschen stelle, der von sich meint, er »gehe mit der Zeit« -:
Wohin also, in welche Richtung weist die Zeit? Liegt im Richtungssinne der Zeit nicht alles das vor uns, was uns *vorausgegangen* ist?
Und was ist uns vorausgegangen und wohin? Ist es nicht die Fülle dessen, was sich im Reiche der Vergangenheit versammelt hat - und uns als gegenwärtige Erinnerung präsent bleibt?
So aber, für den modernen Mensch unfaßbar, ist es wirklich: Wer in Wahrheit *mit der Zeit* schaut, hat seine *Vorfahren* vor Augen, denn wo die schon sind, die *uns vorausgingen,* dorthin werden wir ihnen *folgen,* weshalb wir mit sprachlicher Richtigkeit auch *Nachfahren* heißen und die *Nachkommen* sind.
So auch - um einen weiteren klugen Wink der Sprache nicht unbeachtet zu lassen - so auch sind wir im Verhältnis zu unseren Toten die *Hinterbliebenen,* die Zurückgebliebenen, jene hingegen die uns Vorausgegangenen.
Was aber glaubt der moderne Mensch? Er meint, die Toten seien es, die er als Überlebender »zurückgelassen« habe.
Ich weiß, daß es für Zeitgenossen nicht leicht ist, die hier vorgeschlagene Korrektur der Blickrichtung nachzuvollziehen, daß es für uns, denen der Kopf verdreht wurde, schwer ist, sich vorzustellen, daß wir richtigerweise *die Vergangenheit vor Augen haben und nicht die Zukunft* und darum schlage ich Ihnen vor, sich dieses Verhältnis einmal im Blick auf eine fernere uns überschaubare Zeit klarzumachen.
Wen hatte Mozart vor sich, woran hat er sich orientiert? Nicht an Beethoven, sondern an Bach. Und Beethoven hatte nicht Gustav Mahler »vor sich«, sondern Mozart. Gustav Mahler hingegen folgte Beethoven nach. So - in diese Richtung zu sehen - heißt: *mit der Zeit* zu sehen und sich im Zeitrichtungssinne zu orientieren. Denn die Zeit weist uns voraus in die Vergangenheit dorthin, wohin uns unser Leben bringen wird, und wo sich übrigens auch aller Reichtum versammelt hat, von dem wir Menschen *als Menschen* leben: dorthin, wo Homer ist, Sokrates und Sophokles, wo Platon aufbewahrt ist, und von wo uns Shakespeare, Goethe, Hegel, Nietzsche kommen, Rousseau und Pestalozzi - kurz, sie wissen es: ich könnte jetzt beginnen aufzuzählen und käme an kein Ende.
Und jetzt der moderne Mensch - was glaubt der? Er meint, er orientiere sich an der Zukunft, er gehe der Zukunft entgegen und habe die Vergangenheit »hinter sich«. Da-

mit aber hat er sich und das ist sein Verhängnis, wie wir gleich sehen werden - *gegen die Zeit* gewandt, damit stemmt er sich dem Strom der Zeit *entgegen*.
Nun ist eine simple Frage nötig: Wenn der Zeitgenosse also meint, er gehe und sehe der Zukunft entgegen -: Was sieht er denn da? Antwort: Gar nichts. Im striktesten und schlichtesten und wahren Sinne: gar nichts. Vielmehr, was er im sogenannten Blick voraus als Zukunft sieht, sind *Vorstellungen, Bilder, die er sich selber macht* - nichts sonst.

»Man sollte zur Kenntnis nehmen,« schrieb Russel »Über die Erfahrung der Zeit«, »daß es keine Erfahrung der Zukunft gibt. [...] Die Zukunft wird [...] nur deskriptiv erkannt als 'das, was auf die Gegenwart folgt'.«[5]

So ist es. Denn grundsätzlich gilt, *daß wir nicht wissen, was wird*. Was die Zukunft *birgt*, entzieht sich dem Blick. Und was heißt das für den modernen Menschen, der gleichwohl meint, im Blick auf die Zukunft orientiere er sich? Es heißt, daß er sich am allenfalls *Wahrscheinlichen,* am *Möglichen,* an *Ahnungen* - psychologisch geredet: - daß er sich an seinen Hoffnungen und Ängsten orientiert; und so verfällt er in nie gewesener Weise der *Unsicherheit*.
Und in der Tat: Die Menschen sind beispiellos verunsichert. Und das ist kein Wunder. Denn in ihrer Verkehrung gegen die Zeit, infolge ihres blinden Blicks in die Zukunft, die sich nicht sehen läßt, nehmen sie Maß an dem, was *nicht da* ist.
Die Konsequenz und Folge ist: Sie müssen jederzeit auf Überraschungen gefaßt sein - denn erstens kommt es anders, und zweitens als man dachte. Die jüngsten historischen Entwicklungen und weltgeschichtlichen Ereignisse, die jetzt sichtbar vor uns liegen, sollten uns darüber gründlich unterrichtet haben ...
Aber, so scheint mir, noch sind wir nicht belehrt. Noch starren wir in die Zukunft voraus und sind wie solche, die sich im Nebel voranzutasten suchen: Was immer auftaucht, ist geeignet, uns zu ängstigen, denn es könnte ein Abkömmling und Sendbote des Zukünftigen sein. Was immer erscheint, gilt uns als *Indiz* für etwas, das da kommen könnte. Also wird das Deuten und Symptome-Wittern zur ersten Profession des Zeitgenossen - im Grunde mehr: zum Zwang!
Wohin er sieht, sieht er jetzt *Zeichen,* die entziffert werden müssen. Seither macht jede Schwalbe schon den ganzen Sommer, imaginieren sie in jedem Stein die »Spitze eines Eisbergs«, und drei, vier Skinheads werden ihnen zum Fanal, daß der Faschismus wiederkehrt ...
Kurz: Der Mensch, *gegen die Zeit* gewandt, ängstigt sich vor allem, was da *kommen könnte*. So findet er zu keiner Ruhe. Er wird schreckhaft. Das winzigste Detail genügt, und ihm wird angst und bange. Etwas rührt sich, und Alarm wird ausgelöst. - Es kann nicht anders sein: Aus der Zukunft kommt uns keine Sicherheit - sie raubt sie uns vielmehr, denn sie ist das Ungewisse. Und dies nicht nur zumeist und nicht bloß in der Regel, sondern prinzipiell.
Inzwischen muß ich allerdings befürchten, daß Sie nicht mehr recht sehen, was dies

alles mit der eingangs eingeführten *Dominanz der Zeit* zu tun hat, mit dem *Verfallen der Moderne an die Zeit*. Denn - scheinbar gegensätzlich - ist jetzt davon die Rede, die Moderne stehe im *Aufstand gegen die Zeit*, habe sich *gegen die Zeit* gekehrt. Womöglich meinen Sie, das sei ein Widerspruch. Und so ist es auch. Doch *es ist dieser Widerspruch, der der Zeit die Herrschaft einräumt; es ist der Aufstand gegen die Vergänglichkeit und Zeitlichkeit, der uns ihrer Macht anheimgibt* - eine böse Dialektik, mithin: ein Widerspruch tatsächlich - doch ein wirklicher - und ein Verhängnis.
Lassen Sie mich versuchen, diesen Zusammenhang mit Hilfe eines letzten Bildes zu erläutern:
Der moderne Mensch ist wie einer, der sein Leben in *Gegenrichtung* auf einem Laufband verbringt. Vielleicht besser noch: Auf einer Rolltreppe, denn schließlich geht es ihm, wie es heißt, darum, »nach oben« zu kommen, hinaufzusteigen, sich »oben zu halten«, »auf der Höhe der Zeit«, wie er sagt, und nicht »zurückzufallen«. Nicht zurückzufallen! Das ist das Schreckensbild, das dem Beobachter die Angst verrät, die antreibt: Sie ahnen, hielten sie inne, ließen sie sich treiben, trieben sie ab und es ginge abwärts mit ihnen. Und so ist es auch.
Doch die Angst ist infiziert vom Irrtum, in dem sie sich verfangen haben, der sie die Zeit verkennen läßt. Denn fallen sie zurück, ist es keineswegs die Zeit, wie sie meinen, die sie »überrollt« - die nimmt sie vielmehr mit sich wie der Fluß den Schwimmer. Nein: Sie geraten jenen unter die Füße, die den Kampf gegen die Zeit in diesem Augenblick mit mehr Erfolg bestehen, die sich noch bei Kräften wähnen und sich »oben halten« - bis auch ihnen irgendwann die Kraft versagt, und sie erschöpft sind, und sie ihrerseits jenen unter die Füße geraten, die von hinten drängen und nach »oben« wollen, »überholen« ...
Sollten Sie in diesem Bild eine Erfahrung illustriert gefunden haben, die Sie kennen - dann ist es gut. Doch meinen Sie nicht, das sei der »Lauf der Welt« - es ist vielmehr im bestimmten, auszeichnenden Sinne *das Verhängnis der Moderne unter dem Diktat der Zeit.*
Inwiefern? Und vor allem: Wie ist der Mensch in diese Bahn geraten, in der er sich verbraucht?
Jetzt ist die Gelegenheit, noch einmal auf jenes eingangs zitierte Wort des *Johann Baptist Metz* zurückzukommen, mit dem er seinerseits die Konsequenz aus *Nietzsches* epochaler Einsicht zog, daß dem modernen Menschen Gott gestorben sei. Gott ist tot - es herrscht die Zeit. Gott starb die Zeit der Zeit brach an. - Warum?
Um diese letzte Frage aufzuklären, ist der »Blick des Psychologen« nötig - wie ihn *Nietzsche* nannte -, jener Blick für größere und hintergründige Zusammenhänge, die das Schicksal des Bewußtseins lenken.
Mit dem Himmel, dem Garant der Ewigkeit, der die Relativität des Zeitlichen und des Vergänglichen, des Endlichen und Irdischen seinerseits zur Relativität herabgesetzt und überboten hatte, mit diesem Himmel, der dem modernen Menschen dunkel wurde, ist ihm nun alles, was ihm blieb als Welt und Wirklichkeit, zum Vorläufigen und Verschwindenden geworden, zum Vergehenden, Verfallenden, Veraltenden und Ster-

Alles – auch »die Zeit« – hat seine Zeit

benden. Nichts bleibt und hat Bestand, alles kommt nur, um zu gehen. *Alles hat wohl seine Zeit, doch die ist bemessen.* Denn daß alles seine Zeit hat, heißt, es läuft voran in sein bestimmtes Ende, und so lebt es sich zu Tode.

>»Wir bekommen das Leichtuch zur Windel.«

sinniert Danton in *Büchners* Stück,[6] und in der drastischeren Sprache *Samuel Becketts* philosophiert Wladimir in »Warten auf Godot«:

>»Rittlings über dem Grabe und ein schwere Geburt. Aus der Tiefe der Grube legt der Totengräber träumerisch die Zangen an.«[7]

Solcherart sind die eigentlichen Resümees, die nun fällig werden. Aber wer wird die ertragen? Nur eines blieb dem Menschen, der diesen Blick ins Bodenlose nicht erträgt: sich abwenden davon, dem Schrecklichen den Rücken kehren, den Lauf der Dinge um jeden Preis verleugnen. Er wendet sich der Zukunft zu, dem Neuen, dem, was ankommt, dem Frischen, Unverbrauchten, Jugendlichen, und läßt es fallen, bevor sich noch die Spuren seines Alters daran zeigen, um wieder Neues zu begrüßen, und während dies gerade auftritt, kündigt sich bereits ein wieder Anderes und Neues an, und so geht es immer fort ...: die immerwährende Erneuerung wird zur schlechten *Stellvertreterin verlorener Unsterblichkeit,* und der angekurbelte Prozeß zur *Farce der Ewigkeit,* die uns vergangen ist.

So sind sie dem verfallen, was sich philosophisch *falsche Rettung* nennen ließe, einem *Trugbild der Erlösung,* einer schrecklichen und gnadenlosen Göttin, unter das Diktat der unbarmherzigen Vernichterin: der Zeit - die wohl eine Göttin des Gebärens ist, doch: was sie gebärt, bringt sie auch um.

Ich habe zum Titel dieses Vortrags ein Trost- und Hoffnungswort gewählt - das nach allem nun vielleicht verständlicher geworden ist. Bestätigt werden kann es allerdings nur von letzter, höherer Instanz:

Alles - auch »die Zeit« - hat seine Zeit.

Ich füge an: Noch ist sie nicht um. Noch herrscht die Zeit der Zeit. Die Frage ist: Wie lange noch?

Anmerkungen

1 Hegel, Grundlinien der Philosophie des Rechts, TA VII, 26 (bei Hegel kursiv!)
2 J. B. Metz, »Gotteskrise. Versuch zur 'geistigen Situation der Zeit' « , in Metz (Hg.), »Diagnosen zur Zeit«, Düsseldorf 1994, S. 89
3 vgl. zur Zeittheorie Augustins neuerdings Kurt Flasch, »Was ist Zeit? Augustinus von Hippo. Das XI. Buch der Confessiones. Historisch-philosophische Studie. Text - Übersetzung - Kommentar.« Frankfurt a.M. 1993

4   Fritz Mauthner, »Wörterbuch der Philosophie«, Bd. II, 1910/11, S. 613.
Vgl. das ähnliche Bild bei John Jamieson Carswell Smart, »Der Fluss der Zeit«, in: Zimmerli/Sandbothe (Hg.), Klassiker der modernen Zeitphilosophie, Darmstadt 1993, S. 106 ff, und die Diskussion der Boltzmannschen Zeittheorie durch Karl R. Popper, »Ludwig Boltzmann und die Richtung des Zeitablaufs: Der Pfeil der Zeit«, a.a.O., S. 172 ff sowie die Erörterung der Zeitrichtung in Friedrich Cramer, »Der Zeitbaum. Grundlegung einer allgemeinen Zeittheorie«, Frankfurt/Leipzig 1993. Anzumerken bleibt: Mir geht es in meinen Erörterungen nicht um eine physikalische und damit gewissermaßen »ontologische« Theorie der Zeit, sondern um unser Bewußtsein der Zeit.
5   Bertrand Russel, »Über die Erfahrung der Zeit«, in: Klassiker der modernen Zeittheorie, a.a.O., S. 87
6   Georg Büchner, Dantons Tod, 55
7   Samuel Beckett, Warten auf Godot, II

SCHULE UND ZEIT. ÜBER ZWECKE UND EFFEKTE KNAPPER ZEITBEMESSUNG

Helmut Heid, Regensburg

Bis in die äußersten Verzweigungen unserer Sprache hinein sind unser Denken und Handeln auf so vielfältige und wesentliche Weise von Zeitlichkeit durchdrungen, daß wir von einem Schwindelgefühl ergriffen werden, wenn wir versuchen, diesen Sachverhalt zum Gegenstand ordnenden Denkens zu machen. Noch das sehr bemerkenswerte Interesse an der »Zeitlosigkeit« beispielsweise »allgemein« geltender »Naturgesetze« oder »Werte« zeugt von der Unerbittlichkeit weltlichen Wesens und Wirkens alles Zeitlichen. Es ist im Rahmen dieser Abhandlung weder möglich noch notwendig, auf die Vieldimensionalität beispielsweise physikalischer (dazu u.a. Drieschner 1981, S. 66 ff.), philosophischer (dazu u.a. Dupré 1974) oder anthropologisch-pädagogischer (dazu u.a. Lüders 1993) Thematisierungen bzw. Theorien »der Zeit« einzugehen. Stattdessen bechränke ich mich darauf, Zwecke und Effekte erziehungspraktischen Umgangs mit »der Zeit« in eher exemplarischer Weise zu analysieren. Gegenstand meiner Analyse ist dabei nicht die Zeit »als solche«, sondern die Zeit als eine Bedingung erfolgreichen Lernens. Außerdem sage ich sehr wenig darüber, wie der erziehungspraktische Umgang mit Zeit gestaltet werden sollte; mich interessiert, was tatsächlich geschieht und vor allem, welche Probleme damit für die davon Betroffenen verbunden sind. So üblich, richtig und wichtig es im Kontext pädagogischen Denkens und Handelns auch sein mag, die in einer Praxis auftretenden Probleme auf defizitäres Wissen, Wollen und Können der Akteure »zurückzuführen«, so wichtig erscheint mir überdies, die sozialstrukturellen Bedingungen individuellen Handelns in die Analyse der Funktionszusammenhänge einzubeziehen. Insofern interessieren mich im folgenden Aspekte, die in der herkömmlichen pädagogischen Betrachtungsweise eher vernachlässigt werden.
Steigt man aus den »Untiefen« naturwissenschaftlicher, philosophischer oder anthropologischer Zeittheorien an die Oberfläche pragmatischen Umgangs mit der Zeit, so stößt man zunächst auf die Feststellung, daß Zeit (gegenwärtig) als ein kulturell kostbares und ökonomisch kostspieliges (dazu u.a. Geißler 1985) Gut erfahren wird, das – bezogen auf die Lebens- und Lern-Zeit eines Menschen sowie auf ein jeweils zu bewältigendes Pensum – höchst begrenzt, also knapp bemessen ist und zu einem sparsamen Umgang nötigt. Einerseits haben Menschen in wohl jeder für ihr Leben bedeutsamen Hinsicht nicht beliebig viel Zeit. Andererseits beansprucht der Vollzug menschlicher Existenz »genügend« Zeit. Jedoch ist die Bestimmung dessen, was als »genügend« anzusehen, einzufordern oder zu gewähren ist, Gegenstand und Inhalt nicht suspendierbarer Entscheidungen. Im folgenden erörtere ich den pädagogisch bedeutsamen Umgang mit Zeit unter drei Gesichtspunkten:

1. Erfolgreiches Lernen »hat« in der Ontogenese eines Menschen optimale Zeiten, die es beispielsweise rechtfertigen, von (faktisch möglichen) »Verfrühung« oder »Verspätung« zu reden. Die oft allzu undifferenzierte These vom Erfordernis lebenslangen Lernens erscheint nicht völlig ungeeignet, diesbezügliche Versäumnisse theoretisch zu verbrämen oder gar zu rechtfertigen (dazu Heid 1988). In diesen Zusammenhang gehört auch das differenzierte Diktum Schleiermachers (1826/1957, S. 47 ff.), die Gegenwart des Kindes nicht einer – gleich wie interpretierten und bewerteten – Zukunft zu opfern.

2. Erfolgreiches Lernen »hat« auch im Kontext seiner situativen Bedingungen und Gelegenheiten »seine« Zeit, die als »Kairos« oder als »fruchtbarer Moment« beschrieben worden ist. Auch sie kann von Lehrenden wie Lernenden verfehlt werden.

3. Schließlich erfordert erfolgreiches Lernen seine Zeit, die als »Geduld« Lehrender wie Lernender interpretiert werden kann, und die mit der Gründlichkeit des Lehrens und Lernens sehr viel zu tun hat. Unter den vier Bedingungen, unter denen »Störungen der intellektuellen Leistung durch sachfremde Dynamik nachgewiesen worden sind«, nennt Bergius (1969, S. 263) in seinem Gutachten für den Deutschen Bildungsrat »Problemlösen unter Zeitdruck« an erster Stelle. (Nimmt man die drei anderen schwerwiegenden Beeinträchtigungen »intellektueller Leistungen durch sachfremde Dynamik« hinzu, nämlich: »Problemlösen in der Prüfungssituation mit erhöhter Angstbereitschaft; Problemlösen im Leistungswettbewerb; Problemlösen mit negativen sozialen Folgen bei Mißerfolg«, so kann man auf den naheliegenden Gedanken kommen, das in unserem Bildungssystem organisierte Lehren und Lernen sei die institutionalisierte Verhinderung intellektueller Leistungen.)

Erfolgsorientiertes erzieherisches Handeln hat also den ontogenetisch wie situativ richtigen Zeitpunkt für die erzieherische Ermöglichung erfolgreichen Lernens zu finden und außerdem die Zeit einzuräumen, die notwendig ist, um einsichtiges Lernen (Parreren 1966, S. 182 ff. und passim) zu ermöglichen. Welche Zeitpunkte und Zeiträume der Ermöglichung erfolgreichen Lernens als optimal anzusehen sind, läßt sich weder abstrakt noch für alle Menschen gemeinsam bestimmen. Vielmehr gehören sowohl diese Zeitpunkte als auch die individuellen Lern-Zeit-Bedarfe zu jenen Bedingungen erfolgsorientierten Lernens, hinsichtlich derer Menschen sich erheblich voneinander unterscheiden (dazu Bloom 1973; Carroll 1976; Gage/Berliner 1979, S. 555 ff.). »Für Carroll ist der wichtigste Index für die Fähigkeit eines Schülers die Zeit – die Zeit, die er braucht, um Ahnungslosigkeit in Wissen oder Unvermögen in Beherrschung zu verwandeln. Das Ausmaß, in dem ein Schüler lernt, kann als eine Funktion des Verhältnisses der Zeit, die ihm zur Verfügung steht, zu der Zeit, die er zum Lernen braucht, dargestellt werden« (Gage/Berliner 1979, S. 555). Daraus folgt nicht, daß optimale Zeitbemessungen als die einzigen Bedingungen erfolgreichen Lernens anzusehen seien. Der Erfolg einer Lernaktivität hängt von vielen Faktoren ab, nicht zuletzt von der Qualität und Intensität jener Lehraktivitäten, die in einer jeweils gegebenen Lernzeit stattfinden (vgl. dazu u.a. Helmke/Schrader 1993). Vieles spricht dafür, daß der Lernzeitbedarf Lernender in dem Maße steigt, in dem die

Schule und Zeit

Qualität des Lehrens sinkt, so daß der Lernzeitbedarf nicht nur als eine Funktion der – gleich wie bestimmbaren – Lernfähigkeit, sondern (u.a.) auch als eine Funktion der Qualität des Unterrichts anzusehen ist. Qualitätsmängel des Lehrens wirken sich also auf den Lernzeitbedarf aus und sind besonders für jene Schüler nachteilig, die im Vergleich zu anderen Schülern mehr Lernzeit benötigen, um erfolgreich zu lernen. – Lernzeitbemessungen und Lernzeitverwendungen gehören – wie schon gesagt – zu den wichtigsten Komponenten erfolgsorientierten unterrichtlichen Handelns. (Daß sie auch zu den Indikatoren einer Bestimmung der gesellschaftlichen Funktion von Schule gehören, darauf gehe ich an späterer Stelle noch ein.)

In ganz verschiedenen Zusammenhängen kann man beobachten, daß viele Lehrpersonen dazu neigen, ihre Schüler – auch in der Bemessung der Lernzeit – »gleich zu behandeln«, weil sie das für besonders gerecht halten. Sie rechtfertigen diese Praxis häufig mit dem Hinweis, daß sie keinen bevorzugen oder benachteiligen. Ich möchte an dieser Stelle nicht der Frage nachgehen, was die »Gleichbehandlung« verschiedener Individuen mit Gerechtigkeit zu tun hat. Ich beschränke mich auf die thematisch bedeutsame Feststellung, daß Lehrpersonen, die ihr erzieherisches Handeln zeitlich standardisieren, allein dadurch interpersonale Lernerfolgsdifferenzen und also Lernmißerfolge erzeugen (dazu auch Bloom 1973).

»Unsere Schulen und der in ihnen erteilte Unterricht sind in einer Weise organisiert, daß viele Schüler nicht das notwendige Maß an Zeit gewährt bekommen. Schulen verfahren gemäß einem fixierten Stundenplan, indem sie von der Annahme ausgehen, daß jeder Schüler dasselbe Maß an Zeit benötigt... Es ist daher nicht verwunderlich, daß einige Schüler nicht mehr gründlich lernen« (Carroll 1976, S. 188).

Carroll meint, daraus sei »der einleuchtende Schluß zu ziehen, daß die in einem Schuljahr zur Verfügung stehende Zeit wirksamer genutzt werden muß, und daß ferner ein Zeitausgleich erfolgen muß, um den verschiedenen Bedürfnissen der einzelnen Schüler zu entsprechen« (Carroll 1976, S. 188). Wenn und soweit dieser Schluß praktisch nicht gezogen wird, muß das Gründe haben, denen – in exemplarischer Weise – nachgegangen werden soll.

Der naheliegendste und in diesem Zusammenhang auch am häufigsten genannte Grund lautet: »Die (für langsame Lerner erforderliche) Zeit steht nicht zur Verfügung.« Ich möchte nicht ausschließen, daß für jene Bedingungen, unter denen die meisten Praktiker zu unterrichten haben, diese Aussage zutrifft. Jedoch die Verwendung von Zeit, und zwar auch die bildungspolitisch oder schuladministrativ verfügte Zeit, ist Resultat von Entscheidungen, und Entscheidungen haben die Bestimmung von Entscheidungskriterien zur Voraussetzung. Wer mitteilt, daß die zur Erfüllung einer Aufgabe wünschenswerte oder gar erforderliche Zeit und das dafür meistens außerdem erforderliche Geld knapp bzw. nicht verfügbar seien, der versäumt hinzuzufügen, daß ihm die Erfüllung dieser Aufgabe, die dafür erforderliche Zeit und das dafür erforderliche Geld nicht wert sind. Ich bin davon überzeugt – und werde durch alltägliche Erfahrungen darin bestätigt –, daß die Erfüllung einer Aufgabe, die insbesondere einem politischen Entscheidungsträger wirklich wichtig ist, noch niemals am

Geld oder an der dafür erforderlichen Zeit gescheitert ist! Ich wiederhole: die Verwendung von Zeit und Geld hat Entscheidungen, und Entscheidungen haben Entscheidungskriterien sowie politische oder normative Prioritätensetzung zur Voraussetzung!

Mit dem Wissen um die Zeitbedingtheit bzw. Zeitabhängigkeit von Lernerfolgen kovariieren die Zuständigkeit und die Verantwortung für erziehungsbedeutsame Effekte knapper Zeitbemessung. Man mag sich daran gewöhnt haben, das alltägliche Auftreten von interindividuellen Lernerfolgsdifferenzen als »üblich« und in diesem Sinne als »normal« zu interpretieren. Das Wissen um die handlungsabhängigen Bedingungen erfolgreichen Lernens ist mit der Vorstellung normaler oder gar »natürlicher« interpersonaler Lernerfolgsdifferenzen jedoch unvereinbar (dazu u.a. Bloom 1973, S. 255). Wer für Lernerfolge individuell erforderliche Lernzeiten vorenthält oder beschneidet, der verhindert Lernerfolge; mehr noch: der erzeugt Lernmißerfolge. Ich zögere zu glauben, daß Lehrpersonen die Erzeugung vermeidbarer Lernmißerfolge beabsichtigen. Aber daß diese Lernmißerfolge allzu oft und weitgehend ungeeignet sind, eine Lehrperson in Gewissenskonflikte zu bringen, dafür gibt es »objektive« Gründe. Für die Auffassung, daß Lernmißerfolge – freilich innerhalb bestimmter quantitativer und qualitativer »Toleranzgrenzen« – nicht unerwünscht sein können, dafür gibt es eine Fülle von Belegen. Das explizite Interesse an einer Verhinderung von »Überqualifikation« oder – wie gegenwärtig häufiger formuliert wird: – von Bildungs-Fehlinvestitionen richtet sich auf die Beeinflussung sowohl optimaler Lernzeitpunkte als auch hinreichender Lernzeiten. Ich gehe zunächst auf ein Beispiel für die strategische Bestimmung von Lernzeitpunkten ein.

Ein führender Bildungspolitiker der Bundesrepublik Deutschland vertrat in einer öffentlichen Diskussion die Auffassung, man solle (ontogenetisch) möglichst frühzeitig auslesen, weil es schlimmer für einen Menschen sei, eine durch Lernerfolge vielleicht mühsam erworbene Studien-Berechtigung (etwa nach Einführung eines numerus clausus) nicht wahrnehmen zu dürfen, als gar nicht erst studieren zu können (vgl. dazu auch: Wider die »inflationäre Vermehrung der Studienberechtigten«). Bei der Analyse und Beurteilung solcher Auffassungen fällt zunächst die Sorglosigkeit auf, mit der Beweise für die in der These enthaltenen Behauptungen (und Bewertungen) suspendiert werden:

1. Was ist das normative Kriterium für die Bewertung »schlimmer«? Im zitierten Bericht der Presseagentur Reuter ist sogar die Rede davon, daß nicht frühzeitig Ausgelesene »weit schwerer geschädigt« seien. Wer ist das Subjekt der (impliziten) Kriterienbestimmung? Auf welche Informationen stützt sich die in der (mitgeteilten oder vorgenommenen) Wertung enthaltene Behauptung?
2. Bildungserfolge in weiterführenden Bildungsgängen werden (implizit) durchaus als erstrebenswerte, vergleichsweise günstigere Bildungsformen und -stufen anerkannt. Davon zeugen nicht zuletzt die Vokabeln »dürfen« und »können«.
3. Der Kontext der zitierten Aussage enthält das Postulat, bildungsökonomische Probleme durch bildungsorganisatorische und pädagogische Maßnahmen zu lösen, und

zwar ohne Berücksichtigung dessen, was man über die psychologische und pädagogische Problematik der vorgeschlagenen Praxis empirisch abgesichert weiß (dazu u.a. Undeutsch 1969, S. 377 ff., 379, 381 f. und passim).
4. Die mitgeteilte Auffassung enthält bereits in bildungsprogrammatischer und -legitimatorischer Hinsicht eine sehr bemerkenswerte Definition des Problems. Es geht nicht nur um eine möglichst frühe Plazierung von Selektionsentscheidungen auf der Grundlage personexogener Instanzen und Kriterien einer Regulierung des Bildungsanspruchs Betroffener. Es geht auch um einen symptomatischen und erstaunlich unverhüllten Austausch von Kategorien zur Legitimation der Empfehlung: Wer nicht studieren »darf«, der kann nach Begründungen, nach Zuständigkeiten und Zuständigen, nach Zweck und Funktion von Entscheidungen und Handlungen fragen, die eine Anerkennung erworbener Anspruchsberechtigungen verweigern. Das sind politisch unbequeme Leute, die sich auf das Leistungsprinzip berufen (können). Demgegenüber schließt ein »Nicht-Können« derartige Erwägungen, Erwartungen und Ansprüche von vornherein aus. Demjenigen, der nicht kann, bleibt am Ende nichts anderes übrig, als sich den (scheinbar) »objektiven« Fakten zu beugen.
Ein besonders prominenter und einflußreicher Vorläufer der Befürworter früher Auslese war vor etwa 160 Jahren Ludolph von Beckedorff (vgl. dazu Schweim 1966, S. 222 ff.). Die Schule müsse »vor allem die Bildungsmöglichkeiten der 'niederen Stände' so beschränken, daß sie in ihrem angestammten Berufs- und Lebenshorizont fest verankert bleiben. Gesellschaftliche Stabilität durch standesgemäße Bildungsbeschränkung – so läßt sich das volkspädagogische Programm Ludolph von Beckedorffs formelhaft zusammenfassen« (Herrlitz u.a. 1981, S. 46 ff.; vgl. auch Husen 1978, S. 133; Blankertz 1982, S. 134 ff.; v. Friedeburg 1989, S. 70 ff.).
Die Vermutung, daß (insbesondere die frühe) Auslese etwas mit dem Zweck zu tun habe, den gesellschaftlichen und ökonomischen Bedarf an vertikaler Ungleichheit unter den Menschen zu decken, wurde und wird u.a. mit Hinweis auf unbeeinflußbare Begabungsdifferenzen zwischen den Menschen zu kritisieren oder zu relativieren versucht. Es gelte – so eine bis heute verbreitete These – natürliche Begabungsgrenzen zu respektieren, um eine Überforderung Lernender zu verhindern. Wenn es stimmt, daß naturgegebene Grenzen menschlicher Lernfähigkeit aus logischen und anthropologischen Gründen überhaupt nicht identifizierbar sind (dazu Heid 1985), wird jede Argumentation, die sich darauf stützt, überaus zweifelhaft. Was als »Grenze (individueller) Lernfähigkeit« bezeichnet oder »sichtbar« wird – nicht aber auch schon beweisbar ist –, von dem läßt sich eines nur mit Sicherheit sagen: Mit jeweils bereitgestellten Lerngelegenheiten – und dazu gehören vor allem auch Lernzeiten – ist es nicht gelungen, Lehrerfolge zu erzielen, und zwar bezogen auf ein stets entscheidungsabhängiges, sozial durchgesetztes und nicht selten beschäftigungspolitisch legitimiertes Erfolgs-Kriterium. Wer aus der Erfolglosigkeit bisherigen Lehrens die Konsequenz zieht, Lernende durch Auslese von weiteren, günstigeren Lerngelegenheiten auszuschließen, der schließt sie damit zugleich von der einzigen Möglichkeit aus, irgend etwas über andere bzw. günstigere Bedingungen erfolgreichen Lernens zu erfahren.

Erlauben Sie zu diesem wichtigen Sachverhalt noch eine grundsätzliche Bemerkung: Menschliche Lernfähigkeit als eine Bedingung der Möglichkeit, überhaupt zu lernen, gibt es nicht an sich. Lernfähigkeit ist immer nur im Hinblick auf jenes Wozu identifizierbar, bei dessen Bestimmung personexogene Kriterien und Instanzen eine wesentliche Rolle spielen. Das vermeintlich rein anthropologisch-pädagogische Postulat, einen Menschen entsprechend seinen Fähigkeiten zu fördern, verdeckt die unhintergehbare Tatsache, daß Fähigkeiten nur in Abhängigkeit von Art und Niveau eines definierten Anspruchs ermittelt werden (können). Im bildungspolitischen und bildungspraktischen Alltag bedeutet das u.a.: Der Punkt, bis zu dem ein Schüler in einem selektiven Bildungssystem (im Vergleich zu anderen Schülern) noch als lernfähig oder bildsam gilt (!), das heißt: bis zu dem es als vertretbar gilt, durch zusätzliche Investitionen von finanziellen Mitteln, Anstrengungen und Zeit in Lehraktivitäten weitere Lernerfolge zu ermöglichen, kann nicht unabhängig vom quantitativen und qualitativen Bedarf an Qualifikationen bzw. Qualifizierten auf den verschiedenen Stufen der Qualifikationshierarchie und auch nicht unabhängig von politischen und ökonomischen Entscheidungen darüber bestimmt werden, wieviel den jeweiligen Entscheidungsträgern zusätzliche Investitionen noch wert sind.

Kritiker jener Orientierung schulischer Praxis, die auf die ökonomische Verwertbarkeit des Gelernten abzielt, machen demgegenüber häufig geltend, daß Schule und Unterricht sich an den (Lern-) Bedürfnissen Lernender zu orientieren hätten. Hinsichtlich der Frage, wo solche Bedürfnisse eigentlich »herkommen«, sind die erwähnten Kritiker häufig ratlos. Sie projizieren ihre Bildungsideale oder (impliziten) Qualifikationsverwertungseinschätzungen in vermeintliche Bildungsbedürfnisse Lernender hinein. Sie neigen dazu zu übersehen, daß Lernende im Kontext ihrer gesellschaftlichen Praxis geradezu »gezwungen« sind, bei der Entwicklung und Aktualisierung ihrer konkret-inhaltlichen Lernbedürfnisse Einschätzungen absehbarer Möglichkeiten einer Bildungs- bzw. Qualifikations-Verwertung in Betracht zu ziehen. Schon in der primären Sozialisation, aber auch in unserem Bildungssystem lernen Heranwachsende sich an jenen Kriterien für den Erfolg ihrer Bemühungen zu orientieren, die stets external – zunächst von den Eltern, dann von den Lehrern und nicht zuletzt von einem überaus subtilen und differenzierten sozialen Sanktionssystem definiert und konkretisiert werden!

Nun ist die frühe Auslese – und damit die Verfrühung einer pädagogisch verantwortbaren Maßnahme zur Ermöglichung von Lernerfolg – nur eine Strategie der »Erfolgsmanipulation«. Von größerer Bedeutung erscheint mir jene Standardisierung der Lernzeit, die alle Schüler benachteiligt, die im Vergleich zu anderen Schülern mehr Zeit benötigen bzw. langsamer lernen.

Ich habe schon erwähnt, daß »Zeitknappheit« keine ausreichende Erklärung für die Tatsache ist, daß durch die Standardisierung der Lernzeit Lernerfolgsdifferenzen und damit auch Lernmißerfolge erzeugt werden.

Die Geschichte des Bildungswesens ist voller Beispiele dafür, daß – je nach gesellschaftspolitischem Differenzierungs- und beschäftigungspolitischem Qualifikations-

Schule und Zeit

bedarf – »entsprechende« Raten schulischen Lernmißerfolgs nicht unerwünscht sein können (vgl. dazu u.a. Ortmann 1976, S. 120 ff.; Herrlitz u.a. 1981, S. 45 ff.; Blankertz 1982, S. 56 ff.; Schmidt 1984, S. 120; v. Friedeburg 1989, S. 70 ff.). Eine »'Überqualifizierung', die zu Unzufriedenheit und Problemen auf dem Arbeitsmarkt führe« bezeichnete ein besonders einflußreicher Politiker der Bundesrepublik als entscheidenden Fehler einer von ihm so genannten »Bildungsexplosion« (Franz Josef Strauß ...).

Wer Überqualifizierung kritisiert, zugleich aber – wie es bei vielen Kritikern üblich ist – gott- oder naturgegebene Grenzen menschlicher Lernfähigkeit unterstellt, der fordert eine Begrenzung der Ermöglichung von Lernerfolgen diesseits einer von der Natur (oder von Gott) gesetzten Grenze. Denn über das durch Gottes- oder Naturgaben im Menschen gesetzte Maß hinaus kann der Mensch (dieser Auffassung zufolge) ohnehin nicht qualifiziert werden. Ein »Über«, ein »Zuviel« ist also nicht auf die Lernfähigkeit des Individuums, sondern auf einen tatsächlichen oder behaupteten ökonomischen und gesellschaftlichen Bedarf an Qualifizierten bzw. an Minderqualifizierten bezogen. Im Hinblick auf diesen Bedarf wird also (zumindest implizit) gefordert, Lerngelegenheiten vorzuenthalten, für die individuelle Lernvoraussetzungen gegeben wären. Denn es wäre absurd, etwas verhindern zu wollen, was überhaupt nicht möglich ist, nämlich eine Qualifizierung über vermeintlich unbeeinflußbare, naturgegebene Begabungsgrenzen hinaus. Eine Bestätigung findet diese Interpretation im zitierten Hinweis auf Arbeitsmarktprobleme.

Wenn gegenwärtig gelegentlich der Eindruck geäußert wird, die Kritik an »Überqualifikation« gehöre der Vergangenheit an und das sei ein Beweis für eine wesentlich erziehungsfreundlichere Entwicklung, dann wird dabei zweierlei übersehen: Erstens war und ist die bildungspolitische und insbesondere die beschäftigungspolitische Kritik an Leistungen des Schulwesens niemals unabhängig von dem jeweiligen Bedarf einer Gesellschaft an Qualifizierten versus Minderqualifizierten. Zweitens werden auch gegenwärtig Leistungen des Bildungssystems und vor allem das Schulwahlverhalten Heranwachsender bzw. deren Eltern unter Bezugnahme auf Anforderungen des Beschäftigungssystems kritisiert oder legitimiert, so problematisch das in logischer, methodologischer, gesellschaftspolitischer und pädagogischer Hinsicht auch ist.

Die Erwägung, die skizzierten Sachverhalte seien »außerpädagogischer«, nämlich gesellschafts- und wirtschaftspolitischer Natur und könnten deshalb vernachlässigt werden, impliziert eine (wenn ich das einmal so wertend sagen darf:) Verharmlosung des Problems. Was ich damit meine, möchte ich an einem Beispiel erläutern:

Wenn unter Fachleuten pädagogischen Denkens und Handelns die Frage erörtert wird: »Was ist eine gute Schule?«, dann geht die Suche nach der richtigen Antwort immer in die gleiche Richtung: Schüler sollen erfolgreich lernen (vgl. »Gute Schule« 1987). Nun gibt es aber eine Vielzahl vor allem bildungspolitischer Urteile über die Qualität »der Schule«, die mit dieser Einschätzung unvereinbar sind. In einem Leserbrief an die Mittelbayerische Zeitung in Regensburg vom 12. 06. 1985 beklagt ein

Lehrer, daß »die Schulnoten ... immer besser (werden)«. Er fährt fort: »In unseren ... Schulen wird keine Auslese mehr betrieben. Zigtausende von Schülern werden in Klassen und Schultypen mitgezogen, in denen sie aufgrund ihrer natürlichen Begabung und mangelnden Leistungsbereitschaft fehl am Platz sind ... Quantität ist gefragt, nicht Qualität ... Die Notenstufe sechs ist in der Schulordnung noch vorgesehen, in den Notenlisten aber schlicht und einfach verschwunden. Die Note fünf wird nur noch äußerst selten erteilt ...«.

Der Personalrat eines Gymnasiums aus der Region antwortet dem Leserbriefschreiber u.a. folgendes: »Ihr ... Leserbrief (wurde) am Schwarzen Brett unseres Lehrerzimmers ausgehängt ... (Lesenswerte Zeitungsartikel ... werden bei uns üblicherweise per Anschlag dem Kollegium zugänglich gemacht.) Viele unserer Kollegen haben Ihre Zeilen mit Genugtuung gelesen, weil Ihre Argumentation den eigenen Erfahrungen mit einer zunehmend überspannter werdenden Anspruchshaltung von Schülern und Schülereltern in bezug auf die Notengebung entspricht. Zu überlegen wäre, wie diesem Trend – etwa auf Verbandsebene – wirksam zu begegnen wäre. Nötig wäre wohl auch mehr aktive Solidarität zwischen solchen Lehrern, die schon aus Gründen der Selbstachtung nicht bereit sind, sich dem Druck zu beugen, gegenüber jenem 'Heer bequemlichkeitsliebender Opportunisten' und ihrer penetranten Klientel. Dieser Brief ist als Zeichen dieser Solidarität gedacht.«

Aus der Antwort des ersten Leserbriefschreibers zitiere ich nur einige Sätze: »Ihr Brief hat mich sehr gefreut ... Alle Reaktionen waren positiv, außer die einer 18jährigen Schülerin ... Sie können sich glücklich schätzen, wenn viele Ihrer Kollegen meine Zeilen mit Genugtuung gelesen haben ... Vier meiner 18 Kollegen ... erteilen ausschließlich gute Noten. Die übrigen Kollegen sind rückgratlose Mitläufer, die sich bei Schülern ... beliebt machen wollen. Dies gelingt ihnen am besten mit guten Noten ... Heuer sind übrigens an meiner Schule ein Viertel der Prüflinge durchgefallen, so viele wie noch nie. Der Grund war nicht eine bessere Einsicht meiner Kollegen, sondern die Tatsache, daß unsere Schüler im Laufe der Jahre immer schlechter wurden und noch schlechter werden ...«.

Was ist an diesem Schriftwechsel bemerkenswert?

1. Die Briefschreiber sind Lehrer – in diesem Sinne Pädagogen und keine Gesellschafts- oder Wirtschaftspolitiker, die berufsmäßig über den sparsamen Umgang mit knappen Ressourcen nachzudenken pflegen.2. Die Briefschreiber sind mit ihrer Auffassung keine Außenseiter; sie finden auch unter Fachkollegen bemerkenswerte Resonanz.

3. Die Klage darüber, daß die Noten immer besser werden, wird in Kenntnis der sehr bemerkenswerten Tatsache geführt, daß immerhin ein Viertel der Prüflinge durchgefallen ist.

4. Die Korrespondenten beteiligen sich an der Verbreitung des Vorurteils, daß die

größere Quantität der Bildungsbeteiligung stets zu Lasten der Qualität, d.h. des Bildungsniveaus gehen müsse. Bereits Udo Undeutsch (1969, S. 398 ff.) referierte das Ergebnis international vergleichender Forschung, »daß der Glaube, die Elite setze ein Hinwegsieben des Durchschnitts voraus, sich als falsch herausgestellt hat« (s. auch Roeder u.a., S. 25).
5. Die Behauptung, daß die Schüler immer schlechter geworden sind (»und noch schlechter werden«) wird durch methodenkritische Untersuchungen überzeugend in Zweifel gezogen. Ingenkamp (1986, S. 23) kommt zu dem Ergebnis, daß »fast alle überprüften Untersuchungen ... die Standards empirischer sozialwissenschaftlicher Forschung in so schwerem Umfang (verletzen), daß sie nahezu wertlos sind«. In einer Untersuchung, die geltende Lehrpläne (und nicht Meinungen der »Abnehmer« von Absolventen des Bildungssystems) zur Grundlage des Leistungsvergleichs hat, kommt Westphalen (1987) zu dem »Fazit, daß einer klar erhöhten Lernbeanspruchung eine insgesamt gesteigerte Schulleistungsfähigkeit gegenübersteht ...«.
6. Unübersehbar ist auch die geradezu moralische Diskriminierung jener Lehrer, die – aus welchen Gründen auch immer! – (zu viele) gute Noten für Schülerleistungen vergeben. Daß diese Diskriminierung durch eine differenzierte, stichhaltige und hinreichende Begründung fundiert wäre, wird auch der wohlwollendste Leser der zitierten Sätze nicht finden können.
7. Bemerkenswert erscheint schließlich jene Passage, in der das Versagen immerhin eines Viertels der Prüflinge festgestellt wird: »Der Grund war nicht eine bessere Einsicht meiner Kollegen, sondern die Tatsache, daß unsere Schüler ... immer schlechter wurden und ... werden«. Es scheint also keineswegs zu genügen, daß ein Schüler »schlecht« ist, um schlechte Zensuren zu erhalten; eine geheimnisvolle »bessere Einsicht« scheint dabei eine noch wichtigere Rolle zu spielen. Außerdem betätigt der Briefschreiber sich als »Hellseher« in seiner Einschätzung dessen, was zukünftig der Fall sein wird.
Was hier an einem einzigen Beispiel exemplifiziert wurde, ließe sich mit weiterem Material umfangreich belegen (dazu u.a. Heid 1989, S. 10 f.).
Mir geht es in diesem Zusammenhang nicht um die Frage, ob es wirklich überzeugende Gründe für die Auffassung gibt oder geben kann, daß eine Schule bzw. die in ihr geleistete Arbeit nicht »gut« sein können, wenn weniger als 25% der Schüler scheitern. Stattdessen interessieren mich die Kriterien und Zwecke der Qualitätsbewertung von Schule und Unterricht sowie die damit korrespondierenden Sachverhaltsinterpretationen.
Wenn man abstrakt und weit (genug) entfernt von alltäglicher Praxis schulischen Lehrens und Lernens nach dem Kriterium für eine »gute Schule« fragt, erhält man die schon erwähnte Antwort. Analysiert man jedoch die Praxis selbst, dann fällt das Urteil anders aus.
Dabei muß ein weit verbreiteter Fehler vermieden werden: Man darf sich nicht auf subjektive Einschätzungen einzelner Akteure unterrichtlicher Praxis beschränken, sondern muß »tiefer« fragen, und zwar nach den Gründen, die das Denken, Wollen

und Handeln dieser Akteure bestimmen, oder – zumindest – beeinflussen. Ich gehe wieder beispielhaft vor: Was ist eigentlich ein guter Schüler? Ein solcher, der in der Lage ist, schwierige Aufgaben zu lösen. Und was ist eine schwierige Aufgabe? Eine solche, die nur von wenigen Schülern gelöst werden kann. Diese Antwort stimmt mit den Aussagen jener klassischen Testtheorie überein, die der im allgemeinen praktizierten Lernerfolgsbeurteilung zugrunde liegt (dazu Lienert 1967, S. 39 f., 87 ff.). Was bedeutet das unterrichtspraktisch? Ein Schüler kann nur so gut sein, wie andere schlecht sind, so daß »gute Zensuren ... mehr mit schlechten Zensuren zu tun (haben) als beispielsweise mit Bildung« (Luhmann 1986, S. 165). Der Erfolg (weniger) ist an die Bedingung des Mißerfolgs (vieler) anderer gebunden.

Zur Geltung und Anwendung dieses Prinzips tragen Lernende und deren Eltern selbst wesentlich bei: Insbesondere die »guten« Schüler »müssen« darauf bedacht sein, daß es möglichst viele Erfolglose gibt, weil die »1« umso mehr »wert« ist, je seltener sie vergeben wird. Dadurch werden Mitschüler zu Konkurrenten, die den eigenen Erfolg bedrohen. Im Bestreben um Erfolg ist jeder andere (wie es im Sport zutreffend heißt:) »Gegner«. Der Mensch ist dem Menschen nicht ein Partner, ein Gehilfe, ein Freund; er ist ihm Gegner, zu Besiegender, in der Konkurrenz Auszuschaltender.

Bei dieser Orientierung gerät das Interesse am Inhalt unterrichtlichen Handelns immer stärker in den Hintergrund. »Die Sache« ist längst zum Mittel für Zwecke des Vergleichs, der Ausscheidung geworden (Rumpf 1966, S. 20 ff.). Je schärfer der Wettbewerb im Bildungswesen (unter gegebenen beschäftigungspolitischen Bedingungen) ist, desto weniger können Schüler sich den Luxus leisten, vor allem an den Inhalten des Lernens interessiert zu sein. Sie müssen sich darauf konzentrieren, gute Noten zu erzielen – nahezu gleichgültig, um welchen Preis.

Das einfachste und am wenigsten in Zweifel gezogene Verfahren, interpersonale Lernerfolgsdifferenzen zu erzeugen – und also das Risiko des Scheiterns den jeweiligen gesellschaftlichen Selektions-«Erfordernissen« entsprechend zu »dosieren« –, ist die knappe Bemessung der Zeit, die für die Bearbeitung einer (Prüfungs-) Aufgabe zur Verfügung gestellt wird.

Nun werden Sie vielleicht fragen »Wer trägt Verantwortung für die skizzierte Praxis?« – Viele haben sehr rasch die Antwort: »Die Gesellschaft!« Aber wer ist das »die Gesellschaft?« Wo ist sie in Schule und Unterricht? Hier sind doch zunächst nur Schüler und Lehrer – aber doch nicht »die Gesellschaft«.

Fragen wir also weiter: Was ist ein guter Lehrer? »Rein theoretisch« und wiederum weit genug entfernt von der pädagogischen Praxis dürfte die Antwort lauten: »Ein solcher, bei dem die Schüler möglichst viel lernen!« Findet diese Antwort in der pädagogischen Praxis eine Bestätigung? Wie wird ein Lehrer – insbesondere ein noch junger Lehrer – beurteilt, bei dem alle Schüler gute und sehr gute Noten erzielen? »Eigentlich« müßte ein solcher Lehrer begeistert sein; denn er hat den deklarierten Zweck seines Unterrichts optimal erfüllt. Aber was passiert tatsächlich? Mir fällt auf, daß – zumindest seit etwa Ende der 70er Jahre unter gegebenen gesellschafts- und beschäftigungspolitischen Bedingungen – in allen Systemen organisierten Lehrens und

Schule und Zeit

Lernens beispielsweise auf die Veröffentlichung von Beurteilungsstatistiken in ähnlicher Weise reagiert wird, und zwar mit der mehr oder minder ausgeprägten Besorgnis, daß »die Noten« zu gut seien. Die zitierten Leserbriefe sind dafür kennzeichnend und geradezu repräsentativ.
Was ist der Grund dafür? Lehrer sind doch keine Sadisten! In makroanalytischer Betrachtung mag – so könnte man erwägen – ein (vielfältig zu differenzierender!) Zusammenhang zwischen Bildungs- und Beschäftigungssystem erweisbar sein. Aber wie kommt diese Orientierung in die Köpfe von Lehrpersonen und in die Praxis konkreter Unterrichtsarbeit? Keine Lehrperson denkt doch bei der Beurteilung einer Schülerleistung an die Verteilung seiner Schüler auf die Hierarchie gesellschaftlicher oder beruflicher Positionen. Wie läßt sich erklären, daß dies aber dennoch geschieht? Es gibt meines Wissens keine rechtliche Regelung, die eine bestimmte Notenverteilung vorschreibt. Aber es gibt diesbezügliche Handlungsregeln, auf deren Einhaltung – vielleicht nicht überall, aber doch – an vielen Schulen großer Wert gelegt wird. Diese Handlungsregeln fallen nicht vom Himmel, sie sind vielmehr Resultat und Inhalt überaus komplexer und zugleich subtiler Prozesse sozialer Urteilsbildung und Handlungsregulierung. In diesen Prozessen kommen die Interessen der Repräsentanten jener Systeme gesellschaftlicher Praxis in besonderer Weise zur Geltung, in denen schulisch erworbene Qualifikationen verwertet werden. Erinnert sei in diesem Zusammenhang auch an die Prinzipien, die in jener Praxis der Lernerfolgsbeurteilung wirksam sind, der die klassische Testtheorie zugrunde liegt. Vor allem daraus läßt sich erklären, daß unter gegebenen gesellschaftlichen Bedingungen das soziale Prestige einer Bildungseinrichtung, eines Unterrichtsfaches, einer Lehrperson oder auch einer konkreten Unterrichtsmaßnahme – freilich innerhalb bestimmter Grenzwerte – tendenziell umso größer ist, je »schlechter« die dabei jeweils erzielten Durchschnittsnoten sind.
Dafür werden pädagogische ad hoc-Erklärungen bzw. Rationalisierungen erzeugt, in denen von »Anspruch«, »Niveau«, »Leistung« – also von »Qualität« die Rede ist. Aufschlußreicher erscheint mir jedoch ein historisch- und international vergleichender Blick auf Ergebnisse der Bildungsforschung. Die Frage, ob eher hohe oder eher niedrige Durchschnittsnoten einer Schülerpopulation als Indikator für die Qualität der Leistungen des Bildungssystems interpretiert bzw. bewertet werden, ist nicht unabhängig vom nachweislichen Interesse insbesondere des Beschäftigungssystems an einer Qualifikationsstruktur derer, die in dieses Beschäftigungssystem eintreten. Die Konkretisierung dieses Interesses erfolgt in Verlautbarungen von Repräsentanten »der Wirtschaft« sowie vor allem in den Rekrutierungs- und Beförderungskriterien der Betriebe des Beschäftigungssystems und in den Selektionspraktiken konkreter Arbeitsmärkte. Gegenwärtig ist zwar sehr viel die Rede davon, daß das Beschäftigungssystem permanent höhere Qualifikationsanforderungen stellt, die u.a. einen Ausbau des Weiterbildungssystems notwendig machten. Aber im System weiterführender Bildung besteht dennoch hoher Selektionsbedarf, so daß insbesondere dort der erwähnte »Prestige«-Mechanismus prinzipiell fortbesteht.

Ich beschließe diesen Abschnitt mit einem Beispiel, das ich selbst erlebt habe: Der Klassenlehrer soeben eingeschulter Gymnasiasten – ein Religionslehrer – traf unmittelbar nach seiner Begrüßung der Neuankömmlinge und deren Eltern die Feststellung: »Religion ist ein Fach, in dem man auch durchfallen kann!« Kaum einer der anwesenden Schüler oder Schülereltern dürfte in dieser Aussage etwas Ungewöhnliches gesehen haben. In ihr wird die Wirklichkeit schulischer Praxis prinzipiell und auch speziell zutreffend beschrieben. Wir haben uns daran gewöhnt! Uns entgeht die alles andere als selbstverständliche Tatsache, daß ein Religionslehrer Veranlassung hat, auf genau diesen Tatbestand besonders hinzuweisen. Mindestens ebenso bemerkenswert erscheint mir, daß dieser Hinweis als notwendig oder zumindest geeignet erachtet wurde, für die Bedeutung dieses Faches »zu werben«. Man stelle sich in Analogie dazu vor, ein Chirurg würde die Tatsache, daß einer seiner Patienten nicht aus der Narkose aufwachen kann, als Beweis für die Qualität oder das Anspruchsniveau seiner Arbeit veröffentlichen ... Im Kontext der Qualitätsbewertung von Bildung herrscht also offensichtlich der wahrscheinlich nicht reflektierte Eindruck: ein Unterricht sei tendenziell umso besser, je mehr er – nach Ausweis der Schülernoten – seinen pädagogisch apostrophierten Zweck, nämlich optimalen Lernerfolg zu ermöglichen, verfehlt!

Sie werden fragen, was hat das alles mit »Zeit« zu tun. – Außerordentlich viel und doch auch wieder nicht.

Alles, was ich zur Anregung Ihrer Nachdenklichkeit geschildert habe, sind keine Naturereignisse, sondern Resultate gesellschaftlicher Praxis. Die analysierten Tatbestände erwecken den Anschein der »Naturwüchsigkeit«, weil gesellschaftliches Handeln einerseits relativ überdauernde und andererseits doch stets ihrer Zeit verhaftete Traditionen, Strukturen und Institutionen ausgebildet hat und ausbildet. Insofern hat alles das, was ich zur Diskussion stelle, etwas mit der geistigen, gesellschaftlichen, politischen, ökonomischen Situation unserer Zeit, mit dem also zu tun, was wir sehr pauschal und abstrakt den »Zeitgeist« nennen.

Andererseits besitzt die Zeit im Kontext pädagogischen Denkens und Handelns keine grundsätzliche oder gar inhaltlich-substantielle Bedeutung, sondern allenfalls den »Status eines Mittels zur Verwirklichung bestimmter Zwecke ... So ist die zeitliche Normierung der Schule, insbesondere eine einheitliche Terminierung und Befristung der Schul-, Ausbildungs- und Unterrichtszeiten, ein Mittel und zugleich eine Bedingung für die Konstitution der öffentlichen Erziehung« (Lüders 1993, S. 4).

Wer jemals Anlaß zu der Feststellung hat, daß »die Zeit« nicht ausreiche oder »richtig gewählt« sei, um eine jeweilige Erziehungs-Aufgabe zu erfüllen, der gesteht ein, daß er etwas tut oder unterläßt, was vermeidbar wäre. Zeit, die man sich für etwas nimmt oder die man für etwas einräumt, ist Ausdruck der Wertschätzung dessen, für das diese Zeit verwendet wird. Knappe Zeitbemessung ist Ausdruck entsprechender Geringschätzung!

Dafür gibt es Gründe, über die man wenig erfährt, wenn man bildungspolitische Wahlreden oder bildungstheoretische Festvorträge anhört oder analysiert. Man muß –

wie so häufig im Leben – die Wirklichkeit anschauen und sich dabei vor allem für das Schicksal der »Opfer« dieser Wirklichkeit interessieren und engagieren!
Ich wollte keine Lösungsvorschläge unterbreiten, frage aber dennoch ganz kurz und fragmentarisch: Was kann man tun?
1. So differenziert und ursachenbezogen wie eben möglich die vorfindliche Wirklichkeit analysieren,
2. (ideologische) Rechtfertigungen dieser Wirklichkeit, Wunschprojektionen und wirklichkeitsenthobene Programme mit der gebotenen Skepsis betrachten,
3. eigene Handlungsspielräume ausloten, die Überwindung pädagogisch unverantwortbarer Handlungsrestriktionen in Angriff nehmen, die Begründung einer pädagogisch verantwortbaren Praxis so seriös, selbstkritisch und realistisch wie möglich fundieren,
4. dazu muß eine der gravierendsten Schwächen des Bildungssystems überwunden werden: nämlich die mangelnde Solidarität zwischen den Lehrenden, zwischen den Lernenden und zwischen den Lehrenden und Lernenden.
Erziehungswissenschaft hat es mit der Beschreibung und Erklärung von Wirklichkeit zu tun; sie hat die Autonomie, Kompetenz und Verantwortung ihrer Adressaten, nämlich der Erziehungspraktiker, zu respektieren. Das ist der entscheidende Grund, warum ich mein Hauptaugenmerk auf eine Analyse dessen gerichtet habe, was der Fall ist. Es ist keine Bescheidenheit, wenn ich Sie von Empfehlungen verschone, was sein oder getan werden sollte. Es ist vielmehr die nüchterne Einsicht in die Tatsache, daß Sie nur wollen und tun werden, wovon Sie selbst überzeugt sind. Wenn es mir gelungen sein sollte, überkommene Überzeugungen zu irritieren und Sie für eine differnziertere Betrachtung der Wirklichkeit zu sensibilisieren, dann hat dieser Vortrag auch »praktisch« seinen Zweck erfüllt. Dann werden Sie nämlich nicht mehr (bedenkenlos) tun (wollen), was der kritischen Beurteilung nicht standhält.

Literatur

Bergius, R., Analyse der »Begabung«: Die Bedingungen des intelligenten Verhaltens. In: Begabung und Lernen. Hg.v. Roth, H., Stuttgart 1969, S. 229 – 268
Blankertz, H., Die Geschichte der Pädagogik. Von der Aufklärung bis zur Gegenwart, Wetzlar 1982
Bloom, B.S., Individuelle Unterschiede in der Schulleistung: ein überholtes Problem? In: Bedingungen des Bildungsprozesses. Hg.v. Edelstein, W.; Hopf, D., Stuttgart 1973, S. 251 – 270
Carroll, J.B., Lernerfolg für alle. In: Schulische Selektion in der Diskussion. Hg.v. Biermann, R., Bad Heilbrunn 1976, S. 185 – 194
Dupré, W., Zeit. In: Handbuch philosophischer Grundbegriffe. Hg.v. Krings, H. u.a., Bd. 6, München 1974, S. 1799 – 1817
Drieschner, M., Einführung in die Naturphilosophie, Darmstadt 1981
Franz Josef Strauß spricht von »kultureller Entartung«. In: Frankfurter Rundschau vom 31. 01. 1983, S. 1 (Reuter/AP–Meldung)
Friedeburg, L.v., Bildungsreform in Deutschland, Frankfurt/M. 1989

Gage, N.L.; Berliner, D.C., Pädagogische Psychologie, Bd. 2, München/Wien/Baltimore 1979
Geißler, K.A., Zeit leben, Weinheim/Basel 1985
»Gute Schule« – Was ist das? Aufgaben und Möglichkeiten der Lehrerfortbildung. Loccumer Protokolle 17/1986. Hg.v. K. Ermert, Rehburg–Loccum 1987
Heid, H., Über die Entscheidbarkeit der Annahme erbbedingter Begabungsgrenzen. In: Die Deutsche Schule 77, 1985, 2, S. 101 – 109
Heid, H., Über Informationsgehalt und Stichhaltigkeit von Argumenten, mit denen die Aktualität von Weiterbildung begründet wird. In: Bildung und Erziehung 41, 1988, Nr. 4, S. 459 – 476
Heid, H., Lernerfolg von Schülern – ein Indikator für die Qualität des Lehrens? In: Der gute Lehrer. Hg.v. Bäuerle, S., Stuttgart 1989, S. 8 – 20
Helmke, A.; Schrader, F.-W., Was macht erfolgreichen Unterricht aus? In: Praxis Schule 5– 10, H. 1/1993, S. 11 – 13
Herrlitz, H.-G.; Hopf, W.; Titze, H., Deutsche Schulgeschichte von 1800 bis zur Gegenwart, Königstein/Ts. 1981
Husén, T., Strategien zur Bildungsgleichheit. In: OECD-Bericht: Bildung, Ungleichheit und Lebenschancen. Hg.v. Hüfner, K., Frankfurt/M. 1978
Ingenkamp, K., Zur Diskussion über die Leistung unserer Berufs- und Studienanfänger ... In: Z.f.Päd. 32, 1986, 1, S. 1 – 29
Lienert, G.A., Testaufbau und Testanalyse, Weinheim/Berlin 1967
Lüders, M., Zeit, Subjektivität und Bildung. Die Bedeutung des Zeitbegriffs für die Pädagogik. Phil.-Diss., Frankfurt/M. 1993
Luhmann, N., Codierung und Programmierung. Bildung und Selektion im Erziehungssystem. In: Allgemeine Bildung. Hg.v. Tenorth, E., München/Weinheim 1986, S. 154 - 182
Ortmann, H., Überlegungen zum Begriff Chancengleichheit. In: Gesamtschule: Bilanz ihrer Praxis. Hg.v. Keim, W., Hamburg 1976, S. 115 - 128
Parrerén, C.F.v., Lernprozeß und Lernerfolg, Braunschweig 1966
Roeder, P.M. u.a., Expansion des Gymnasiums und Leistungsentwicklung. MPI-Manuskript o.O., o.J.
Rumpf, H., Die administrative Verstörung der Schule, Essen 1966
Schleiermacher, F., Pädagogische Schriften. Unter Mitw. v. T. Schulze hg. v. E. Weniger, 1. Bd.: Vorlesungen aus dem Jahre 1826, Düsseldorf/München 1957
Schmidt, K.-D., Arbeitsmarkt und Bildungspolitik, Tübingen 1984
Schweim, L. (Hg.), Schulreform in Preußen 1809 - 1919, Weinheim 1966
Undeutsch, U., Zum Problem der begabungsgerechten Auslese beim Eintritt in die Höhere Schule und während der Schulzeit. In: Begabung und Lernen. Hg.v. Roth, H., Stuttgart 1969, S. 377 - 405
Westphalen, K., Lernbeanspruchung und Schülerleistung. In: Begabung - Lernen - Schulqualität. Soester Symposion 1987. Hg.v. Landesinstitut für Schule und Weiterbildung, Soest 1987, S. 50 ff.
Wider die »inflationäre Vermehrung der Studienberechtigten«. In: Frankfurter Rundschau vom 11.12.1982, S. 1 (Meldung der Agentur Reuter)

FRAUENZEIT – MÄNNERZEIT

Marianne Krüll, Bonn

»Die guten Männer reden uns ein, wir lebten unter ihrer Herrschaft wie im Paradiese. Vergebens rufen wir uns heiser, daß wir vom Baum der Erkenntnis gegessen haben und des Paradieses nicht mehr würdig seien. Wie der Engel im Paradies hält der Mann das flammende Schwert in den Händen, aber ... nicht, um uns auszutreiben, sondern um uns gewaltsam gegen unsern Willen darin festzuhalten!«
Hedwig Dohm: Was die Pastoren denken. Berlin 1872. Neuaufl. Zürich 1977, S. 95.

Während seines langen Lebens als Schriftsteller sah Thomas Manns Arbeitstag folgendermaßen aus: Nach dem Frühstück schrieb er von neun Uhr morgens bis zwölf Uhr mittags. Pünktlich um halb eins stand das Mittagessen auf dem Tisch. Danach machte er einen Spaziergang, von vier bis fünf Uhr nachmittags eine Siesta. Am Abend Lektüre, Diktate von Briefen und häufig Geselligkeit oder Ausgehen. Die Kinder mußten während der Arbeits- oder Ruhezeiten des Vaters mucksmäuschenstill sein, wie sich Klaus Mann in seinen Memoiren erinnerte.
Über den Arbeitstag der Mutter Katia Mann schrieb er: »Mutter Mielein leistete Arbeit nicht nur von neun bis 12, sondern den ganzen Tag und jeden Tag aufs neue... Eine Energie, die aus Liebe kommt. ... Lebensgefährtin eines schwierig-schöpferischen Mannes, Mutter von 6 Kindern ... Ihre Pflichten sind ohne Zahl, zahllos die Opfer, die sie bringen muß. ... Nur für andere da, denkt sie kaum an sich selber.« Katia sagte im Alter: »Ich habe in meinem Leben nie tun können, was ich hätte tun wollen.« (Krüll 1993, S. 423ff.)
(Nebenbemerkt: Ich als - über Thomas Mann - schreibende Familienfrau habe seine idealen Arbeitsbedingungen neidvoll betrachtet. Ich hatte immer das Gefühl, mir fürs Schreiben die Zeit stehlen zu müssen, die »eigentlich« der Familie, d.h. den Kindern und dem Ehemann gehörte.)
Nun, Thomas und Katia Mann sind Menschen des Großbürgertums des Anfangs dieses Jahrhunderts. Fast 100 Jahre später hat sich die Welt grundlegend verändert. Können wir auch heute noch von einem solchen Unterschied in der Alltagszeit und der Lebenszeit / dem Lebensentwurf zwischen Frauen und Männern ausgehen? Gibt es auch in unserer gegenwärtigen Gesellschaft noch immer ähnliche typische Muster

von gelebter - oder zum mindesten als Leitbild fortbestehender - Frauen- und Männerzeit?

Ich werde diese Fragen anhand der Alltagszeit sowie der Lebenszeit von Frauen und Männern zu beantworten versuchen und dann einige Gedanken darauf verwenden, was gesellschaftliche Zeitstrukturen mit dem Geschlechterverhältnis zu tun haben, wie also ganze Zeitalter oder Epochen als »männlich« oder »weiblich« gekennzeichnet werden können.

Die eingefügten Comics sollen meine Ausführungen illustrieren. Bei vielen sehr ernsten Themen ist es ja oft so, daß man darüber die besten Witze machen kann!

Betrachten wir zunächst die Alltagszeit, die wir in »öffentliche« und »private« Zeitunterscheiden können:

ALLTAGSZEIT

ÖFFENTLICHE ZEIT vorherrschende »Normal«-Zeit	*PRIVATE ZEIT* weitgehend unsichtbar
(Uhr-Zeit, Kalender-Zeit, »Termin«-Zeit, eindeutig teilbar, lineares Zeitmaß (Ursache-Wirkung), planbar, kontinuierlich, marktförmig meßbar, unpersönlich.)	(unberechenbar, nicht meßbar, spontan, fragmentiert, sich zyklisch-wiederholend, nicht planbar, intensiv, auf Menschen bezogen)

BEREICHE:
– Das eigene Berufs-/Erwerbsleben
– Dienstleistungen / öffentliche Institutionen wie
  – Schule, Kindergarten
  – Verkehr (Bahnen, Busse usw.)
  – Handel (Geschäfte)
  – Verwaltung
  – Gesundheitsinstitutionen (Sozialbereich, Arzt, Krankenhaus)
– ...
	BEREICHE:
	– »Reproduktion«: Neues Leben schaffen: Kinderbetreuung/-versorgung
	– »Reproduktion«: Lebensnotwendige Versorgung aller Familienmitglieder (essen, ausruhen, entspannen, spielen)
	– »Beziehungsarbeit« (in Familie, Verwandtschaft, Nachbarschaft)
	– Haushaltsmanagement
	– Transport
	– Ehrenamtliche Tätigkeiten
	– ...

Öffentliche Zeit (Erwerbsleben) wird bezahlt, bzw. muß »gekauft« werden (Dienstleistungen).	Private Zeit wird nicht bezahlt, sondern »aus Liebe« geschenkt!

Frauenzeit – Männerzeit

1. Alltagszeit

Die öffentliche Zeit ist unsere vorherrschende »Normal«-Zeit, von der auf dieser Tagung in erster Linie die Rede ist. Sie ist die Uhr-Zeit, die Kalender-Zeit, die eindeutig gemessen und quantifiziert werden kann. Sie ist linear und wird nach Sekunden, Minuten, Stunden, Jahren berechnet. Sie ist Zeit, die von der Person ablösbar ist. Sie liegt dem Ursache-Wirkungs-Prinzip zugrunde.
Die »öffentliche« Zeit bestimmt das Erwerbsleben von Männern und Frauen. Alle Bereiche der Öffentlichkeit (Dienstleistungen wie Schule, Verkehr, Handel, Verwaltung usw.) sind durch die öffentliche Zeit strukturiert. In ihr sind Frauen und Männer tätig, bzw. sie müssen sich nach diesen Zeitstrukturen richten.
Für die öffentliche Zeit wird als Entlohnung für geleistete Arbeit Geld gezahlt und für sie muß als Konsumgut Geld bezahlt werden. Sie ist ver- oder gekaufte Zeit.

Private Zeit ist dagegen nicht eindeutig meßbar. Sie ist zyklisch, nicht planbar, folgt nicht kalkulierbaren, sondern spontanen Rhythmen. Sie ist auf Menschen bezogen, intensiv, sie ist unberechenbar.
In der privaten Zeit wird Leben »produziert«, denn hier wird die nächste Generation sozialisiert. Dies wird allerdings ökonomisch nicht als »Produktion«, sondern als »Reproduktion« bezeichnet, zu der auch die »Reproduktion« der Arbeitskraft der Erwachsenen gehört. Die materielle Versorgung der Familienmitglieder mit Nahrung, Kleidung, Reinigung usw. ist jedoch nicht alles. In der privaten Zeit wird »Beziehungsarbeit« für die Familienmitglieder, aber auch für Verwandte, Freunde geleistet, die Wohlbefinden durch persönliche Zuwendung schafft. Hier findet auch Entspannung, Spiel, Ausruhen statt. Die private Zeit dient den intimen Beziehungen. Sie ist als »Zeit« weitgehend unsichtbar.
Für private Zeit wird kein Geld gezahlt, sie wird »aus Liebe« geschenkt.

Was hat die Unterscheidung zwischen öffentlicher und privater Zeit nun mit dem Geschlechterverhältnis zu tun?
Der typische, erwerbstätige Familienmann verbringt seine Arbeitszeit vorwiegend in der öffentlichen Zeitstruktur. Die Arbeitszeit von Frauen findet dagegen primär in der privaten Zeitstruktur statt, und zwar auch wenn sie erwerbstätig sind.
Der »Normal-Mann« (als statistische Mehrheit) kann seine Arbeitszeit und seine Freizeit säuberlich trennen. Denn daheim fallen ihm zwar ein paar Pflichten im Haushalt und mit den Kindern zu, vor allem aber darf er sich dort von der Arbeit erholen. Wie Untersuchungen belegen, beteiligen sich Familienmänner nur in sehr geringem Maß an der Versorgung der Kinder, der Haushaltsführung (einkaufen, kochen, putzen, waschen usw.). Familienmänner - so heißt es - haben für diese Dinge keine Zeit, sie müssen ja das Geld verdienen.

Die Familienfrau dagegen muß für diese Arbeiten Zeit haben. Sie arbeitet unterver-

brochen vom Aufstehen bis zum Schlafengehen. Freizeit, wie der Mann sie hat, muß sie sich stehlen. Sie leistet die »Beziehungsarbeit«, die keine festen Zeiten kennt. Ihre Zeit ist daher einem fragmentierten, unplanbaren Rhythmus unterworfen und jederzeit von anderen Personen - vor allem den Kindern und dem Mann und auch von pflegebedürftigen Verwandten - abrufbar.

Vor allem aber: Die Arbeitszeit der Frau in der Familie wird nicht bezahlt, sie leistet sie »aus Liebe« (auch wenn die Liebe längst verflogen ist!). Die überwiegend von Frauen geleistete private Arbeit wird im Alltagsverständnis als »unbezahlbar« definiert, weil sie aus »Liebe« geleistet wird. Und wenn es nicht mehr »Liebe« ist, dann muß die »Natur« oder das »Wesen« der Frau herhalten, um ihre Ausbeutung zu rechtfertigen!

Wie auch immer begründet, Familienarbeit ist für die Frau ein Muß, das sie auch meist selbst akzeptiert. Viele Frauen meinen daher, ihrem Mann dankbar dafür sein zu müssen, daß er ihr neben dem Haushaltsgeld ein »Taschengeld« zahlt. (Sie sollte ihm stattdessen einmal vorrechnen, was es kosten würde, wenn ihre Arbeit von einer bezahlten Kraft erledigt würde!)

Ist die Familienfrau erwerbstätig, vermehren sich die Probleme ihrer Alltagszeit um ein Vielfaches: Zum einen ist ihre Zeit von der »linearen«, nach der Uhr gemessenen Arbeitszeit im Berufsleben bestimmt, zum anderen von der unplanbaren Zeit für ihre Aufgaben in der Familie, die ihr - auch bei Vollerwerbstätigkeit - nur in äußerst geringem Umfang vom Ehemann abgenommen werden.
Frauen müssen damit fertig werden, zwei gegensätzliche, nicht vereinbare Zeitstrukturen (öffentliche und private) in Einklang zu bringen. Sind Kinder da, muß die erwerbstätige Mutter auch für die Organisation der Kinderbetreuung während ihrer Erwerbstätigkeit, vor allem im Falle von Erkrankung der Kinder sorgen. Von der Öffentlichkeit bekommt sie dabei kaum Unterstützung, möglicherweise gar noch Hindernisse in den Weg gelegt (Schulzeiten, Öffnungszeiten von Kindergärten, fehlende Kindergarten-, Krippenplätze). Sie muß ihre Zeitplanung auf die öffentlichen Zeitstrukturen abstellen, muß die Zeitkoordination für alle Familienmitglieder bewältigen.
Auch muß sie für ihre eigene »Reproduktion« sorgen, denn ihre Arbeitskraft wird nicht von einer anderen Person wiederhergestellt, wie es der erwerbstätige Ehemann selbstverständlich erwarten kann.
Die Technisierung des Haushalts hat zwar erhebliche Zeitersparnis mit sich gebracht, doch wird dies durch mehr Aufwand (häufiger waschen, putzen, wohlbedachter Einkauf usw.) vielfach wieder aufgefressen. Hausfrauenzeit ist dehnbar, nicht planbar!
Die Lösung der Zeitprobleme in der Familie lastet auf ihren Schultern, kostet ihre Zeit. Der Familienmann kann sich immer darauf verlassen, daß sie alles auf sich nimmt, da ja niemand sonst dafür Zeit hat - er am wenigsten, weil er schließlich draußen mehr Geld verdienen kann als sie!
Dazu kommt, daß immer mehr Bereiche der öffentlichen Zeit in den Bereich der privaten Zeit abgedrängt werden, so daß Frauen die Beteiligung am Erwerbsleben erschwert wird (dazu gleich noch mehr).
Nicht zu vergessen ist auch, daß zur privaten, weitgehend von Frauen geleisteten Arbeit auch ehrenamtliche Tätigkeiten, vorwiegend im sozialen Bereich, gehören. Auch hier sind zu 80 % Frauen tätig. Der volkswirtschaftliche Wert wird auf 2 bis 3 Milliarden DM pro Jahr geschätzt.
Zusammenfassend hier ein Schema, das die Geschlechtsgebundenheit der öffentlichen und privaten Zeit darstellt:

> *»Männerzeit«:* Öffentliche Zeit = Arbeitszeit
> Private Zeit = Freizeit
>
> *»Frauenzeit«:* (bei Erwerbstätigkeit):
> Öffentliche und private Zeit = Arbeitszeit:
> – UNVEREINBARKEIT beider Zeitstrukturen
> – Öffentliche Zeit greift über auf private Arbeitszeit
> – Keine Freizeit
>
> *»Frauenzeit«:* (bei Nur-Hausfrauen-Arbeit):
> Private Zeit = Arbeitszeit
> – Öffentliche Zeit greift über auf private Arbeitszeit
> – Keine Freizeit

Doch vergessen wir nicht das Positive:
Die Notwendigkeit, in beiden Zeitstrukturen tätig zu sein, hat für Frauen auch einen Gewinn, nämlich unsere Flexibilität. Es ist die Fähigkeit, sich auf verschiedenste Dinge, oft gleichzeitig, einstellen zu können.
Dadurch haben wir Frauen auch eine andere Einstellung zur Erwerbstätigkeit: Wir wollen im Berufsleben nicht nur Geld verdienen, sondern auch auf andere Weise, z.B. durch soziale Beziehungen uns bereichern. Die »doppelte Sozialisation« von Frauen bringt mit sich, daß wir den Wert der privaten Arbeitszeit-Strukturen zu schätzen wissen. Wir wollen mehr Zeit, mehr »Eigenzeit«, nicht nur mehr »Freizeit«.
Auch im Falle von Erwerbslosigkeit entwickeln Frauen, die »zurück ins Haus« müssen, häufig mehr Kreativität als Männer, die oft verzweifelt sind und nichts mit sich anzufangen wissen, bis hin zum Verlust von Identität.

2. Lebenszeit

Die Lebenszeit - als Lebensentwurf und als Biographie - ist für Frauen und Männer ebenfalls grundsätzlich verschieden.
Von früher Kindheit an wird »Zeit« gelernt, werden geschlechtsspezifische Zeitstrukturen wahrgenommen. Mädchen und Jungen erleben Mutter, Vater, sowie andere Frauen und Männer in ihren unterschiedlichen Zeit-Welten und ordnen sich selbst entsprechend ein, bzw. setzen sich damit auseinander (sei es in Opposition, Protest oder in Anpassung).
Daraus entsteht der für Frauen und Männer unterschiedliche Lebensentwurf. Er ist heute vielfach gebrochen, aber als Ideal doch noch in den tradierten Formen vorhanden, nicht zuletzt auch, weil die von der Gesellschaft vorgegebenen geschlechtsspezifischen Zeitstrukturen einen starken Druck ausüben (siehe dazu den nächsten Abschnitt).

Frauenzeit – Männerzeit

Ich habe das selbst an mir in früheren Zeiten nicht gesehen, weil ich als Akademikerin keinen »typisch weiblichen« Beruf gewählt habe. Und dennoch: Meine männlichen Studienkollegen machten in den 70er Jahren eine schnurgerade Karriere. Ich dagegen hatte eine acht Jahre während Kinderphase eingeschoben. Es war eine scheinbar »freiwillige« Entscheidung, mein eigener Wunsch. Doch wäre damals mein Mann nie auf die Idee gekommen, auszusetzen (obwohl er damals sogar weniger verdiente als ich). Obwohl ich in meinem Lebensentwurf die volle Gleichberechtigung mit meinem Partner anstrebte, war meine gelebte Biographie letztlich doch »typisch weiblich«!

Auch hierzu wieder ein Schema:

LEBENSENTWURF MÄNNER	LEBENSENTWURF FRAUEN
(»Normalbiographie«):	(»Normalbiographie«):
Jugend / frühes Erwachsenenleben: - Ausbildung bezogen auf volle Erwerbstätigkeit - volle Erwerbstätigkeit	*Jugend / frühes Erwachsenenleben:* - Ausbildung bezogen auf Vereinbarkeit mit Ehe/Familie - Volle Erwerbstätigkeit
Erwachsenenleben: - Volle Erwerbstätigkeit - Keine oder minimale Familienarbeit	*Erwachsenenleben:* - Familienarbeit »Hauptberuf«! - Aufgabe oder Reduktion der Berufstätigkeit in Familienphase - evtl. Rückkehr in volle Erwerbstätigkeit
Alter: - Rentnerleben mit Partnerin	*Alter:* - Rentnerinnenleben mit Partner - Rentnerinnenleben allein

Für *Männer* - als Arbeiter, Beamte, Angestellte, Freiberufler/Selbständige - ist der Normal-Lebensentwurf auf den Beruf bezogen. Ehe und Familie sind der Berufslebenszeit nachgeordnet, bzw. stützen das Berufsleben. Ein Mann plant das Leben auf den Beruf (Karriere) hin. Die Ehefrau muß dazu passen, bzw. sich anpassen (Ortswechsel, Fortbildung). (Paßt sie nicht mehr, findet er meist schnell eine andere!) Eine Berufskarriere ist für einen Mann nur dann möglich, wenn er eine Ehefrau hat, die die private Arbeit für ihn erledigt. Es braucht also zwei oder ein-einhalb Personen, um eine Berufskarriere zu verwirklichen. Damit sind Familie und Kinder für die Berufslaufbahn eines Mannes förderlich, denn er muß ja nun für alle Geld verdienen.

Für *Frauen* ist der Lebensentwurf primär auf Ehe/Familie bezogen, der Beruf ist nachgeordnet. Die lebenslange Versorgung von anderen, Kinder, Ehemann, alte Eltern/Schwiegereltern, hat Vorrang in der »normalen« Lebens-Zeit-Planung von Frauen.
Frauen wollen zwar auch beides, Erwerbstätigkeit und Familie, doch können sie die private Arbeitszeit nicht delegieren, müssen sie für sich und den Ehemann / die Kinder bewältigen. Frauenbiographien sind daher durch Brüche gekennzeichnet: »Familienphasen« unterbrechen Erwerbstätigkeit. Bis zur Ehe oder zum ersten Kind wird Erwerbstätigkeit voll ausgeübt, dann erfolgt die Umstellung auf Teilzeit-Arbeit oder auf das Nur-Hausfrauen-Dasein, dann - wenn möglich - Rückkehr in die Erwerbstätigkeit, allerdings meist in weniger qualifizierte Tätigkeiten, da die Berufspraxis fehlt.
Dieses Drei-Phasen-Modell war für Frauen meiner Generation noch mehr oder weni-

Frauenzeit – Männerzeit

ger der einzig denkbare Lebensentwurf. Heutige junge Frauen haben die Hoffnung, daß ihre Partner zu den »neuen« Männern zählen, die bereit sind, die Privatarbeit in der Familie mit ihnen zu teilen. Doch zeigen Untersuchungen (Gisela Notz), daß sich die jungen Männer nicht grundsätzlich anders verhalten als früher. Ungebrochen erwarten sie von ihrer Partnerin, daß sie ihnen die Last der privaten Arbeit abnimmt, daß ihre Erwerbstätigkeit Vorrang hat.

Immer impliziert der Lebensentwurf von Frauen einen Karriereverzicht, denn eine Höherqualifikation wie Männer sie erreichen können, ist wegen der doppelten Arbeit im Erwerbsleben und im privaten Reproduktionsbereich für Frauen nicht möglich. Wenn Frauen den Beruf an die erste Stelle setzen und auf Ehe und/oder Kinder verzichten, obliegt ihnen immer noch ihre eigene Reproduktionsarbeit. Der »Hausmann« ist die große Ausnahme, auch wenn die Medien ihn immer wieder ins Rampenlicht holen. Wenn ein Mann die Privatarbeit in der Familie übernimmt, geschieht dies meist nur für kurze Phasen im gemeinsamen Leben, etwa während seiner Ausbildung, oder im Falle von Erwerbslosigkeit. Sobald er kann, überläßt er diesen Bereich wieder der Partnerin.

Man sagt, die Frau habe »Wahlmöglichkeiten«, sich für die Familie oder den Beruf entscheiden zu können, die der Mann nicht habe. Dabei wird jedoch vergessen, daß sie niemals die »Normalbiographie« des Mannes wählen kann, weil sie niemanden hat, der ihr seine Zeit für die Reproduktionsarbeit »schenkt«. In ihrem Lebensentwurf heißt es also für die Frau, sich zwischen zwei Übeln zu entscheiden, während der Mann das bessere Teil wählen kann!

In ihrer Jugend wählen Frauen entweder von vornherein eine Ausbildung für Berufe, die nicht so streng dem linearen Zeitmuster unterworfen sind (die typischen »Frauenberufe«), oder sie planen die Unterbrechungen durch die »Familienphase« in ihrer Berufskarriere gleich mit ein, was ihnen einen Aufstieg in höhere und entsprechend besser bezahlte Positionen unmöglich macht. Wer Frauen den Vorwurf macht, nicht genügend Ehrgeiz zu haben, nicht wie Männer Aufstiegsstreben zu zeigen, verkennt, daß Frauen immer eine doppelte Lebensplanung machen müssen, die eine geradlinige Karriere ausschließt.

Damit bleibt der Lebensentwurf der meisten Frauen auf den Mann als (Haupt Verdiener bezogen, und sie von ihm abhängig. Welch entscheidende Nachteile sie damit für ihre Biographie in Kauf nehmen, zeigt sich für viele erst im Verlauf der Jahre. Erwerbslosigkeit ist inzwischen eine Gefahr, die alle betreffen kann. Gerade hier zeigt sich, daß die Absicherung durch den »verdienenden« Ehemann in der Hausfrauenehe überhaupt keine Sicherheit darstellt.

Die Erwerbslosigkeit von Frauen wird - auch von vielen Frauen selbst - nicht als so einschneidend angesehen wie für Männer, denn die Frau kann ja »an den Herd« zurück. Sie ist - so betrachtet - nie »arbeitslos«, denn ihr Hauptarbeitsplatz ist ja immer im Haushalt (Unsere Sprache verrät es: »Arbeitslosigkeit« ist eine Erfahrung von Männern!). Welch ein Verlust an Selbstwert für Frauen damit verbunden ist, daß sie immer wieder aufs Abstellgleis gestellt werden können, wird dabei vergessen.

Wenn Ehen scheitern, zeigen sich die Nachteile der doppelten Lebensplanung von Frauen besonders gravierend: Da sie nur selten ein ausreichendes eigenes Einkommen haben, sind sie auf die Zahlungen des Mannes angewiesen, so daß eine klare Trennung nur selten möglich ist. Im Lebensentwurf von Frauen und Männern ist die Scheidung nur selten einbezogen, obwohl inzwischen ein Drittel aller Ehen geschieden werden. Die Zahl der Ehen, die als gescheitert anzusehen sind, wird auf nochmal ein Drittel geschätzt. Eine Trennung erfolgt meist nicht, weil die Frau ökonomisch vom erwerbstätigen Ehemann abhängig ist.
Eine Wiederverheiratung ist übrigens bei Männern sehr viel häufiger als bei Frauen. Von den geschiedenen Männern über 40 heiraten zwei Drittel erneut, von den Frauen nur ein Drittel.
Und wie sieht es im Alter aus? Frauen sind in der Mehrheit in ihrer Alterssicherung vom Mann abhängig, was ihnen häufig den Weg zum Sozialamt beschert. Armut im Alter ist ein Frauenphänomen.

Doch suchen wir auch hier einmal etwas Positives:
Frauen haben eine um sechs bis sieben Jahre längere Lebenserwartung als Männer. Die Ursachen für diese längere Lebenszeit von Frauen sind nicht bekannt und seltsamerweise gibt es auch so gut wie keine Forschungen darüber. Eine der wenigen Altersforscherinnen, die dazu Erhebungen durchgeführt hat, vermutet, daß es mit der weiblichen Biographie zusammenhängt, die den Frauen mehr Flexibilität abfordert, sowie mehr Fähigkeit, für sich selbst im Alltag zu sorgen. (Insa Fooken) Auffallend jedenfalls ist, daß Männer, die verheiratet sind, eine höhere Lebenserwartung haben als Witwer oder Ledige, während Frauen eher ein hohes Alter erwarten können, wenn sie verwitwet sind.
Wie auch immer wir die Lebenszeit von Frauen und Männern betrachten, ob - vorausplanend - als Lebensentwurf oder - rückblickend - als Biographie, immer ist der geschlechtsspezifische Unterschied überdeutlich auszumachen.

3. Gesellschaftliche Zeit - Das Männer-Zeitalter

Betrachten wir nun die geschlechtsspezifischen Zeitstrukturen auf gesamtgesellschaftlicher Ebene. Hier erweist sich das Geschlecht als Strukturkategorie der Gesellschaft, die alle Bereiche unseres sozialen Lebens durchdringt.
Werfen wir zunächst einen Blick in die Vergangenheit: Die Unterschiede zwischen Frauen- und Männerzeit haben sich erst mit der Industrialisierung herausgebildet. In Zeiten, als die Mehrheit der Bevölkerung noch in der Landwirtschaft oder im Handwerk tätig war, war »Zeit« für Frauen und Männer trotz unterschiedlicher Tätigkeiten in ihrer Struktur ähnlich.
Für beide Geschlechter war die Arbeit aufgabenorientiert und nicht nach der Uhrzeit strukturiert wie im heutigen Erwerbsleben. Die Herkunft des Familieneinkommens

Frauenzeit – Männerzeit

war nicht eindeutig bestimmbar, Frau und Mann trugen durch ihre Arbeit gleichermaßen dazu bei.
Kinder »liefen nebenher«, für sie gab es noch keine formale Schulbildung. Ihre Sozialisation erfolgte im direkten Zusammenleben mit den Erwachsenen. Man kann sagen, daß Kindheit als Lebensabschnitt mit einer eigenen Zeitstruktur erst eine »Erfindung« der Moderne ist.
Durch die Industrialisierung wurde die Produktionsstätte vom Haushalt getrennt und einem anderen, eben dem linearen Uhrzeit-Muster unterworfen. Nur diese Arbeit brachte Geld. Damit war Zeit vermarktbar. Zeit wurde zu Geld, und Zeit, die kein Geld einbrachte, wurde wertlos.

Die enorme wirtschaftliche Produktionssteigerung durch Zerteilung der Arbeit (Fließband, Taylorismus) wurde in heutiger Zeit über Computerisierung ausgeweitet auf andere Arbeitsbereiche wie Verwaltung und Handel.
Doch es gibt Arbeitsbereiche, die nicht der digitalisierten Zeit unterworfen werden können. Dazu gehört die Familien- und Hausarbeit, durch die die Reproduktion der Arbeitskraft für das Erwerbsleben gewährleistet wird. Sie wurde zur unbezahlten Privatarbeit erklärt, die von Frauen geleistet wird. Dazu gehören auch pflegerische Arbeitsbereiche (Kranken-, Altenpflege), die als »weibliche« Tätigkeiten gelten, nicht nur, weil überwiegend Frauen in ihnen tätig sind, sondern auch, weil sie sozusagen aus dem privaten - unbezahlten - Bereich in den öffentlichen ausgelagert sind, dort aber nun zu den minderbezahlten Tätigkeiten gehören.
Auf gesellschaftlicher Ebene entstand ein Austausch zwischen privater und öffentlicher Zeit: Alle Arbeiten, die sehr zeitaufwendig sind, wurden dem »wertlosen« oder »minderwertigen« Zeitbereich zugeschrieben, wurden damit billig oder gar kostenfrei.
Ein geteilter Arbeitsmarkt entstand, in dem Frauenberufe grundsätzlich weniger soziales Ansehen haben. Damit erfolgte ein Ausschluß von Frauen aus allen jenen Erwerbsbereichen, die sozialen Einfluß und subjektive Autonomie gewährleisten: Politik, Wirtschaft, Wissenschaft, Rechtswesen, Medien.

Auch innerhalb von gleichen Berufszweigen nehmen Männer die Führungspositionen ein, Frauen verbleiben bei gleicher Qualifikation im untergeordneten, dienenden Positionen: Im Handel sind zwar überwiegend Frauen als Verkäuferinnen tätig, Abteilungsleiter sind jedoch Männer; in Schulen mit einem hohen Anteil von Frauen im Kollegium wird einer der wenigen Männer zum Schulleiter bestimmt.
In der Gegenwart hat sich - nicht zuletzt durch die Frauenbewegung - vieles geändert. Frauen haben in der Öffentlichkeit an Einfluß gewonnen. Auch haben die Einrichtungen des sozialen Wohlfahrtsstaats die privaten Pflege- und Versorgungsarbeiten von Frauen entlastet. Dennoch kann von einer grundsätzlichen gesellschaftlichen Umorientierung nicht die Rede sein.
Denn in Zeiten ökonomischer Krisen, dreht sich das Rad sofort wieder um: Die kostenaufwendigen Leistungen im Sozialbereich werden privatisiert, d.h. den Frauen als Familienarbeit zugeschrieben. Wenn Kindergärten geschlossen werden oder die Altenversorgung nicht zu bezahlen ist, müssen Frauen einspringen.

Besonders kraß ist dies in den neuen Bundesländern zu beobachten. Die vom Staat bereitgestellten Versorgungseinrichtungen (Kinderkrippen, Kindergärten, betriebliche Versorgung mit Essen usw.) ermöglichten die Vollerwerbstätigkeit von Frauen. Ganz abgesehen davon, daß auch in der Ex-DDR ein großer Teil der privaten Familienarbeit auf den Schultern der Frauen lag, sie also auch die widersprüchlichen Zeitstrukturen von Erwerbstätigkeit und Familienarbeit vereinbaren mußten, erwies sich nach der Wende die Gleichheit der Geschlechter als bloße Ideologie: Männer nahmen wie selbstverständlich den öffentlichen, bezahlten Arbeitsbereich für sich in Anspruch und verwiesen die Frauen auf den unbezahlten privaten Bereich.

Die Zukunft sieht düster aus. Denn nicht nur wegen der zu erwartenden ökonomischen Krise, sondern auch wegen der zunehmenden Zahl von pflegebedürftigen Menschen durch die Überalterung der Bevölkerung werden die öffentlichen Mittel bei steigendem Bedarf immer knapper. Was liegt da näher, als wieder einmal an die mitmenschliche Liebe von uns Frauen zu appellieren, diese Arbeiten umsonst zu übernehmen.

Frauenzeit – Männerzeit

Öffentliche Zeit wird von Männern kontrolliert, ist Männer-Zeit. Sie stehen in Führungspositionen, in denen sie die Macht haben, Zeit zuzuteilen und einzuteilen. Mehr noch: Männer haben die Macht der Definition über die Zeit, sie können bestimmen, welche Zeit als öffentliche, bezahlte und welche als private und unbezahlte gelten soll. Diese Definition geschieht durch Theorien, die ausschließlich von Männern formuliert wurden und werden.

Weder in bürgerlichen noch in marxistischen Theorien der Arbeit wurde die weibliche unbezahlte Arbeitskraft trotz ihres enormen gesellschaftlichen Wertes berücksichtigt. Das Arbeitsmarktmodell sämtlicher Arbeitstheorien basiert auf der männlichen Arbeitsbiographie, in der die private Frauenarbeit unsichtbar gemacht wird (Nowotny).

Die von Frauen geleistete Privatarbeit wird in ökonomischen Berechnungen als kostenlose »Ressource« - etwa wie Luft und Wasser - betrachtet oder aber gänzlich übersehen. Frauenarbeit in der Familie gilt auch theoretisch nicht als »Arbeit«. Kein Wunder daher, daß für viele Frauen ihre Familien- und Hausarbeit auch in unseren eigenen Köpfen keine »Arbeit« ist (Nur-Hausfrauen sagen oft: ich arbeite nicht!).

Erst durch die feministische Frauenforschung ist diese Ungeheuerlichkeit aufgezeigt worden: Unser gesamtes Wirtschaftssystem würde zusammenbrechen, wenn die Hälfte der Bevölkerung, eben wir Frauen, nicht weiterhin »aus Liebe« unsere Arbeitszeit kostenlos zur Verfügung stellen würden!

Frauen fordern daher eine neue Zeitkultur, in der die gesellschaftlich unabdingbare private Arbeitszeit nicht weiter unsichtbar gemacht wird, sondern neu verteilt wird. Helga Nowotny, eine Soziologin aus Wien, formuliert diese Forderung so:

> *»Ohne freiwillig erbrachte und unbezahlte Arbeit, und das heißt Arbeit und Zeit der Frauen, könnte (...) weder der jetzt erreichte (Lebens)standard aufrecht erhalten werden, noch wird er sich angesichts steigender Kosten im öffentlichen Sektor halten lassen. Es geht hier also um das Verhältnis der bezahlten öffentlichen Zeit und der privaten unbezahlten Zeit. Eine abgegrenzte Privatsphäre, die dem Eingriff des Staates entzogen wäre, gibt es nicht mehr. (...) In den Zeitkonflikten der Frauen kommen alle anderen Konfliktlinien zwischen Markt und Staat, zwischen Arbeits- und Freizeit, unfreiwilliger und freiwilliger, bezahlter und unbezahlter Zeit exemplarisch zum Ausdruck. (...) Der hier aufbrechende Konflikt ist ein Ringen um eine neue Zeitkultur.« (Nowotny 1993, S. 116)*

4. Die neue Zeitkultur - eine Utopie

Wie könnte eine solche neue Zeitkultur aussehen? Meine Gedanken dazu sind - ich weiß es wohl - nicht hier und heute umsetzbar, sondern zunächst eine Utopie. Wir brauchen aber Utopien, um überhaupt etwas zu bewegen. Für mich jedenfalls stellt

meine Utopie einer neuen Zeitkultur eine Herausforderung dar, mich dafür einzusetzen, daß sie eine Realität wird.
Es geht, so meine ich, darum, ein gesellschaftliches Bewußtsein zu fördern oder überhaupt erst einmal zu schaffen, daß private Zeit nicht »Freizeit« ist, sondern die Arbeitszeit von Frauen darstellt. Es darf nicht mehr hingenommen werden, daß politische Parteien oder maßgebliche Institutionen wie die Kirchen der Frau »ihren Platz« in der Familie zuweisen und ihr suggerieren, daß es ihrem »Wesen« entspräche, sich »aus Liebe« für ihre Lieben zu opfern. Vielmehr müssen wir uns alle, Frauen und Männer, von dieser Vernebelung unserer Köpfe befreien und erkennen, daß die private, unbezahlte Frauenarbeit die Basis für den Bestand unserer Gesellschaften darstellt.
Wir, die wir in Einrichtungen des Bildungswesens tätig sind, haben viele Möglichkeiten, dieses Bewußtsein zu wecken und zu vermitteln. Lassen Sie uns nicht unbedacht die stereotypen Rollenbilder vom »natürlichen« Frau- und Mann-Sein an die nächste Generation weitergeben, sondern setzen wir uns, wo immer wir können, dafür ein, daß bezahlte Arbeitszeit nicht für mehr wert erachtet wird als unbezahlte, daß die Arbeit von Frauen als minderwertiger gilt als die von Männern.
Fordern wir die Männer heraus, sich mit uns die private Arbeitszeit zu teilen. Fangen wir in unseren eigenen Familien an. Aber tragen wir unsere Forderungen auch in die Öffentlichkeit:
In einer Gesellschaft, in der der Wert der Arbeit in Geld gemessen und honoriert wird, muß auch die private Arbeit endlich nach ihrem Geldwert bemessen und gewürdigt werden. Es ist evident, daß dies eine grundlegende Umstrukturierung unseres Wirtschaftssystems bedeuten würde, weshalb diese Forderung zur Zeit eben auch noch eine Utopie ist. Wer jedoch sagt, daß dies nicht machbar sei, sagt zugleich, daß er weiterhin unser gesamtes Gesellschaftssystem auf der Ausbeutung der privaten Frauenarbeit zu gründen gewillt ist.
Die neue Zeitkultur heißt für mich aber auch, daß die öffentliche, von Männern bestimmte Arbeitszeit jene Aspekte der privaten Frauenzeit integriert, auf die wir Frauen - zu recht - nicht verzichten wollen: Mitmenschlichkeit, Spontaneität, Flexibilität, Rücksichtnahme, Fürsorge sollten nicht weiterhin in den privaten Bereich abgeschoben werden, sondern höchste Werte im öffentlichen Bereich darstellen. Durch die Teilung in Männer- und Frauenzeit haben wir eine Ganzheit des Seins verloren, die, so scheint mir, entscheidend dazu beiträgt, daß wir in einer Heil-losen Zeit leben.
In anderen Kulturen und auch in der Vergangenheit unserer eigenen Kultur können wir Modelle für gelebte Zeitstrukturen finden, in denen Frauen und Männer nicht in getrennten Welten leben müssen, sondern am ganzen Leben teilhaben können. Bali ist eine solche Kultur, in der Arbeitszeit und Familienzeit nicht in öffentliche Männerzeit und private Frauenzeit aufgeteilt ist, sondern ein gemeinsamer Zeitrhythmus für alle gilt.
Gewiß, wir können Bali nicht hierher importieren. Doch bin ich sicher, daß vieles bei uns verändert werden könnte, ja verändert werden muß, wenn wir weitere Zerstörun-

Frauenzeit – Männerzeit

gen unseres gesellschaftlichen Zusammenlebens vermeiden wollen. Die zyklische, aufgaben- und menschenbezogene Zeit darf nicht mehr »Frauenzeit« bleiben, sondern muß gesellschaftlich anerkannt werden, muß zur »Normalzeit« werden. Lebensbereiche wie Pädagogik, Medizin, Geburtshilfe, Krankenpflege sind besonders dringend wieder zu einer nicht-linear geplanten Zeitstruktur zurückzuführen, wie in vielen Vorträgen auf dieser Tagung eindrücklich dargestellt wurde.
Die Erkenntnis, daß die inhumanen Zeitstrukturen, die uns im Alltag über unser ganzes Leben hinweg aufgezwungen werden, in entscheidender Weise mit dem Geschlechterverhältnis zusammenhängen, eröffnet uns, so meine ich, neue Wege der Veränderung. Da Männern diese Geschlechterperspektive immer noch weitgehend versperrt ist, sind es wir Frauen, die hier Vorreiterinnen sein müssen. Vielleicht wird dieses Jahrhundert einmal als »Zeitalter der Frauenrevolution« oder der »Aufklärung der Geschlechterverhältnisse« in die Geschichte eingehen. Ich wünsche mir und uns allen, daß uns damit auch anstelle der geteilten Frauen- und Männer-Zeit eine »Menschen-Zeit« beschert sein möge.
Dieser Kongreß gibt mir Hoffnung.

Literatur

Beck-Gernsheim, Elisabeth (1989): Mutterwerden – der Sprung in ein anderes Leben. Frankfurt.
Becker-Schmidt, Regina, Uta Brandes-Erlhoff, Harva Karrar, Gudrun-Axeli Knapp, Mechthild Rumpf, Beate Schmidt (1982): Nicht wir haben die Minuten, die Minuten haben uns. Zeitprobleme und Zeiterfahrungen von Arbeitermüttern in Fabrik und Familie. Bonn
Brück, Brigitte, Heike Kahlert, Marianne Krüll, Helga Milz, Astrid Osterland, Ingeborg Wegehaupt-Schneider (1992): Feministische Soziologie. Eine Einführung. Frankfurt.

Dohm, Hedwig (1872): Was die Pastoren denken. In: Hedwig Dohm: Was die Pastoren denken. Hg. von Berta Rahm. Zürich 1977.

Eiseman, Fred B. (1990): Bali. Sekala and Niskala. Essays on Religion, Ritual, and Art (Vd. 1), Essays on Society, Tradition, and Craft (Bd. 2). Berkeley.

Fooken, Insa (1984): Überleben im hohen Alter – Ein Vergleich »kurz« – und »langlebiger« Probanden der Bonner gerontologischen Längsschnittstudie (BOLSA). In: Zeitschrift für Gerontologie, Bd. 17.

Geissler, Birgit, Mechthild Oechsle (1994): Lebensplanung als Konstruktion. In: Ulrich Beck, Elisabth Beck-Gernsheim (Hg.): Riskante Freiheiten. Frankfurt.

Hagemann-White, Carol (1984): Sozialisation: weiblich - männlich? Opladen.

Hahn, Kornelia (1992): Flexible Frauen - Die geschlechtsspezifische Konstruktion der Alltagszeit. In: Bundesvorstand der GRÜNEN (Hg.): Zeit und Nähe in der Industriegesellschaft. Alheim.

Krüll, Marianne (1989): Die Geburt ist nicht der Anfang. Die ersten Kapitel unseres Lebens neu erzählt. Stuttgart.

Krüll, Marianne (1993): Im Netz der Zauberer. Eine andere Geschichte der Familie Mann. Frankfurt (zuerst Zürich 1991).

Lehr, Ursula (1987): Zur Situation der älterwerdenden Frau. Bestandsaufnahme und Perspektiven bis zum Jahre 2000. München.

Lerner, Gerda (1991): Die Entstehung des Patriarchats. Frankfurt. (Orig. amerik.: The Creation of Patriarchy. New York 1986).

Metz-Göckel, Sigrid, Ursula Müller (1986): Der Mann. Die Brigitte-Studie. Weinheim/Basel.

Notz, Gisela (1985): Mehr Zeit zum Schaffen, Träumen, Kämpfen. Für eine feministische Arbeitszeitpolitik. In: Eckart Hildebrandt, Eberhard Schmidt, Hans Joachim Sperling (Hg.): Arbeit zwischen Gift und Grün. Berlin.

Notz, Gisela (1986): Frauenarbeit zum Nulltarif. In: AG Frauenforschung der Uni Bonn: Studium Feminale. Bonn.

Notz, Gisela (1991): »Du bist als Frau um einiges mehr gebunden als der Mann«. Die Auswirkungen der Geburt des ersten Kindes auf die Lebens- und Arbeitsplanung von Müttern und Vätern. Bonn.

Nowotny, Helga (1993): Eigenzeit. Entstehung und Strukturierung eines Zeitgefühls. Frankfurt.

Rerrich, Maria S. (1990): Balanceakt Familie. Zwischen alten Leitbildern und neuen Lebensformen. Freiburg.

Rerrich, Maria S. (1990a): Ein gleiches gutes Leben für alle? Über Ungleichheitserfahrungen im familialen Alltag. In: Peter A. Berger, Stefan Hradil (Hg.): Lebenslagen, Lebensläufe, Lebensstile. Göttingen.

Wiegmann, Barbelies (1980): Das Ende der Hausfrauenehe. Plädoyer gegen eine trügerische Existenzgrundlage. Reinbek.

Comics aus:

Bretécher, Claire, Barbara Hömberg, Hogli, Doris Lerche, Marie Marcks, Erich Rauschenbach u.a. (1991): Mütter-Manifest. Frankfurt.

Brück, Brigitte, Heike Kahlert, Marianne Krüll, Helga Milz, Astrid Osterland, Ingeborg Wegehaupt-Schneider (1992): Feministische Soziologie. Eine Einführung. Frankfurt.

Marcks, Marie (1985): Weißt du, daß du schön bist? München.

Marcks, Marie (1987): Die Unfähigkeit zu mauern. Gesammelte Behinderungen der Frau. München.

ZEITSTREß – EIN PHÄNOMEN UNSERER ZEIT

Ilse E. Plattner, München

Eines der Hauptprobleme unserer Zeit ist, keine Zeit zu haben. Überall treffen wir auf zeitgestreßte Menschen, denen die Zeit »davonzulaufen« scheint. Sicher kennen auch Sie die Erfahrung, daß am Ende eines Tages der Eindruck aufkommt, »heute wieder gar nichts« geschafft zu haben, daß Sie unzufrieden mit sich sind, weil Sie die Zeit anscheinend nur »vertrödeln« oder daß Sie aufgrund der vielen Aufgaben oft nicht mehr wissen, womit Sie zuerst anfangen sollen.
Viele Menschen glauben, es sei ihre eigene, persönliche Unfähigkeit, mit der Zeit umzugehen, doch genaugenommen ist der Zeitstreß ein gesellschaftliches Problem. Ich möchte Ihnen deshalb aufzeigen, woher es eigentlich kommt, daß heutzutage soviele Menschen von Zeitknappheit und Zeitdruck geplagt sind, welche Auswirkungen unser Zeitverständnis auf unsere Lebens- und Arbeitsweise und auch das Zusammenleben mit Kindern hat. Ich werde auch einen Ausblick geben auf Möglichkeiten eines veränderten, *selbstbewußten* Umgangs mit Zeit.
Unser heutiges Verständnis von Zeit hat sich im Laufe der letzten 600 Jahre entwickelt. Mehrere Faktoren, die vielschichtig miteinander verwoben sind, haben dazu beigetragen; philosophische Zeitvorstellungen ebenso wie die Erfindung der mechanischen Uhr, bestimmte christliche Wertvorstellungen, die industrielle Lebens- und Arbeitsweise und nicht zuletzt der rasche technische Fortschritt in der Gegenwart (vgl. ausführlich Plattner 1993). Lassen Sie mich dies näher ausführen.

Die aristotelische Zeitdefinition

In der Philosophie hat man, verkürzt ausgedrückt, danach gefragt, ob die Zeit tatsächlich, also objektiv existiere oder ob sie eher der subjektiven Vorstellungkraft des Menschen entspringe: letzteres nahmen beispielsweise Kant, Fichte und Schopenhauer an. Für unser heutiges Zeitverständnis war die aristotelische Zeitdefinition ausschlaggebend. Nach Aristoteles ist Zeit das Maß einer Bewegung von einem Vorher zu einem Nachher, die auch dann existiert, wenn niemand sie wahrnimmt – so wie die Bewegung der Sonne, der Sterne und die Drehung der Erde objektiv gegeben ist, unabhängig davon, ob wir Menschen dies bemerken oder nicht.
Im ausgehenden Mittelalter, also Ende des 13. und zu Beginn des 14. Jahrhunderts, griff die scholastische Philosophie dieses Zeitverständnis von Aristoteles wieder auf und löste damit einen einschneidenden Wandel im Zeitverständnis aus. Eingeleitet wurde dies von dem englischen Franziskanermönch William von Ockham

(1290–1349). V. Ockham vertrat die Ansicht, daß wenn die Zeit objektiv existiere, sie auch dem menschlichen Intellekt zugänglich sein müsse. Also suchte man nach Möglichkeiten, um dem Menschen die Zeit erfahrbar zu machen.

Die Erfindung der mechanischen Uhr

Etwa zur gleichen Zeit war man in der angewandten Mechanik soweit, einen exakten und genauen sowie leicht verständlichen Zeitmesser zu konstruieren: die mechanische Uhr. Ohne sie wären unsere heutigen Zeitprobleme nicht denkbar, womöglich würden wir uns ohne die Uhr gar keine Gedanken über die Zeit machen.
Zeitmeßinstrumente gab es zwar bereits lange vor der Erfindung der mechanischen Uhr. Die wohl ältesten Zeitmesser sind die Sonnen- und die Wasseruhren. Diese Uhren dienten aber weniger dem Messen von Zeit als solcher, sondern in erster Linie astronomischen Zwecken und Kalenderberechnungen, und sie waren ausschließlich im Besitz von Klerikern und Mönchen. Für das einfache Volk hatten diese Uhren keine Bedeutung. Zur exakten Zeitmessung eigneten sie sich wenig. Die Sonnenuhr ermöglichte beispielsweise an trüben Tagen überhaupt keine Zeitangaben. In den Wasseruhren verdunstete das Wasser je nach Außentemperatur unterschiedlich schnell und fror im Winter gar ein.
Historischen Dokumenten zufolge wurde die mechanische Räderuhr nicht vor dem 13. Jahrhundert entwickelt, ihr Erfinder ist unbekannt. Die ersten dieser Uhren waren große, schwere und ganz aus Eisen geschmiedete Gebilde mit Gewichten, Glocken und Schellen, die auf Kirchtürmen und Rathäusern aufgestellt wurden.
Wahrscheinlich begriffen die Menschen der damaligen Zeit den Sinn der Uhr zunächst noch gar nicht, aber allein die Tatsache, daß die Uhren öffentlich aufgestellt waren, dürfte ihre eigene Wirkung gehabt haben. Die Uhrzeit gehörte allen in gleicher Weise. Jeder Mann, jede Frau und jedes Kind, egal ob arm oder reich, konnte jederzeit die Zeit ablesen. Auch hatte das Aufstellen der öffentlichen Uhren zur Folge, daß jeder die Zeit mitgeteilt bekam, ob er dies wollte oder nicht. Denn die unüberhörbaren Glockenschläge machten regelmäßig darauf aufmerksam, daß »wieder eine Stunde« vergangen war. Allerorts wurden die Menschen an die Zeit erinnert und so begannen sie unweigerlich, sich der Zeit *bewußt* zu werden.
Man kann sich gut vorstellen, welche Faszination von der Uhr in ihren Anfängen für die Menschen ausging. Die öffentlichen Uhren beeindruckten allein schon durch ihre Größe. Im Zuge weiterer mechanischer Erfindungen wurden sie bald mit Automatenwerken ausgestattet. Deren Funktionieren dürfte wohl für die meisten Menschen schwer nachvollziehbar und deshalb ausgesprochen beeindruckend gewesen sein.
Die berühmteste Uhr dieser Art war und ist die des Straßburger Münsters. Sie galt als das Wunder aller Zeiten. Man muß sich den Anblick dieser Uhr mit den Augen der damaligen Menschen vorstellen, wenn sie vor der 18 m hohen Uhr standen, mit ihrem Himmelsglobus, ihrer reichen Bemalung, ihrem Skulpturschmuck, den automatisch

bewegten Gestalten aus der christlichen Heilsgeschichte, dem Hahn, der seine Flügel spreizte und krähte und den Hymnen des mechanischen Glockenspiels, die automatisch einsetzten. Jeder der dieses Wunderwerk bestaunte, verinnerlichte mit Sicherheit, daß die ›Zeit‹ etwas *ganz Besonderes* sei.

Bald schon ließen sich die großen Turmuhren auch im Kleinformat nachbauen. Nach und nach fanden sich kleinere Hausuhren und Tischuhren in fürstlichen Gemächern und Wohnhäusern reicher Kaufleute. Die Uhren galten als Kuriositäten. Um das Jahr 1511 baute der Nürnberger Schlosser Peter Henlein bereits kleine tragbare Uhren, die sogenannten »Taschenuhren«.

Durch die fabrikmäßige Herstellung waren Uhren bald auch für das einfache Volk erschwinglich. Alle, die eine Uhr erwarben, blickten sicherlich mit Stolz und Freude immer wieder auf diese und verinnerlichten dadurch ein Bewußtsein von Zeit, die durch das Fortschreiten der Zeiger *vergeht*. – Auch unsere heutigen Kinder tragen bereits im Vorschulalter mit Stolz ihre eigene Uhr und lernen dadurch die Zeit als etwas »Wichtiges« begreifen.

Wir müssen uns darüber im klaren sein, daß die Menschen vor der Erfindung der mechanischen Uhr sich kaum Gedanken über die Zeit machten.

Für uns heutige Menschen ist ein Leben ohne Uhr unvorstellbar. Kaum ein anderes technisches Gerät bestimmt unser Leben so sehr wie die Uhr. Dies fängt schon am frühen Morgen mit dem Weckerklingeln an. Wir orientieren uns den ganzen Tag über an der Uhr-Zeit. Sie regelt unsere Arbeits- und Freizeiten, aber auch wann wir einkaufen, Tennis spielen oder zum Arzt gehen können. Die uhrzeit-orientierte Lebensweise ist für uns heute selbstverständlich, sie trägt aber auch wesentlich zum Gefühl der Zeitknappheit und des Zeitdrucks bei. Doch kehren wir vorerst wieder zurück zur historischen Entwicklung.

Industrielle Lebens- und Arbeitsweisen

Mit der aufkommenden Industrialisierung erkannte man schnell, daß man die Menschen nach der Zeit, d. h. nach der Uhr-Zeit arbeiten lassen konnte. Und damit kam Zeit mit Geld in Berührung und wurde zu dem *kostbaren Gut,* von dem man bald immer mehr haben wollte. Die Fabrikanten waren darauf bedacht, Zeit wie Geld zu *sparen* und zu *gewinnen,* Ängste kamen auf, die Zeit zu *verlieren* und zu *verschwenden;* sie sind wesentliche Bestandteile unseres heutigen Zeitstreß-Erlebens.

Früher war die große Mehrzahl der Menschen in der bäuerlichen Arbeit beschäftigt, sie orientierten sich an natürlichen Rhythmen wie den Jahreszeiten. Mit der industriellen Entwicklung zogen immer mehr Menschen in die Städte. Sie lösten sich damit aus den Rhythmen der Natur und wurden zunehmend unabhängiger von ihnen. Das Arbeiten in den Manufakturen und Fabriken wurde nicht von Wind und Wetter beeinflußt, es konnte praktisch zu jeder Tages- und Nachtzeit ausgeführt werden. Mit der Loslösung von der Natur änderte sich auch der konkrete Umgang mit Zeit ganz ent-

scheidend. Die Arbeit wurde zur *zeitlich bemessenen* Arbeit und die ›Uhr-Zeit‹ bestimmte die Arbeitszeit. Die Menschen arbeiteten nicht mehr nach naturgegebenen und eigenen Rhythmen, sondern in erster Linie nach *Zeit*.
Die Herstellung von Massenartikeln erforderte eine *arbeitsteilige* Produktionsweise und eine Synchronisation einzelner Arbeitsprozesse. Konkret bedeutete dies, daß jeder einzelne Arbeiter sich am Arbeitstempo des anderen orientieren mußte, gleichzeitig hatte er sich an die Geschwindigkeit der Maschinen anzupassen.
Natürlich ließen sich die Menschen der damaligen Zeit nicht ohne weiteres das Diktat der an sich künstlichen Uhr-Zeit gefallen, eine Reihe von Anstrengungen wurden unternommen, um die Arbeiter an einen *effektiven* Umgang mit der *kostbaren* Zeit zu gewöhnen.
Bereits im Jahre 1700 finden wir in englischen Fabriken die Vorläufer heutiger Stechuhren. Die Uhren wurden oft morgens vor- und abends nachgestellt. Mit ausgeklügelten Systemen versuchte man, die Arbeiter um Minuten zu betrügen. Die Uhren waren so konstruiert, daß der Minutenzeiger, wenn er den Schwerpunkt überschritt, beispielsweise drei Minuten zurückfiel. Dahinter standen Kalkulationen wie »*drei Minuten pro Mann machen bei 100 Mann dreihundert Minuten plus für das Unternehmen*«. Den Arbeitern war es verboten, eine eigene Uhr zu tragen.
Während zunächst niedrige Löhne als Mittel gegen den *Müßiggang* angewandt wurden, erkannte man bald, daß man mit Lohnanreizen die Arbeiter eher zum *Zeit-Nutzen* motivieren konnte.
Das 18. Jhd. ist als das Jahrhundert zu betrachten, in dem den Menschen eine Zeit-Disziplin aufgezwungen wurde, wie es sie bis dahin in der Geschichte der Menschheit noch nie gegeben hatte.
Interessanterweise wurde der Grundstein für unser heutiges Streben nach »effektiver« Zeitnutzung aber nicht nur seitens der Industrie gelegt, sondern auch seitens der Kirchenvertreter, vor allem die der puritanischen Richtung. In ihren Fleißpredigten schürten sie die Propaganda des Zeitsparens – und unterstützten damit die kapitalistischen Bestrebungen, wohl ohne daß sie dies beabsichtigten. Der Blick auf das Letzte Gericht war dabei das zentrale Thema. Mit eindringlichem Ton wiesen sie ständig auf die Kürze des Lebens und die Sterblichkeit hin. Sie forderten dazu auf, die Zeit im Hier und Jetzt zu nutzen, mit dem Hinweis, daß vertane Zeit nicht wiedergutzumachen sei. Der englische Methodistenprediger John Wesley mahnt beispielsweise, »*...und nutzet die Zeit; rettet, soviel ihr vermögt, für das höchste Ziel und entreißt jeden flüchtigen Augenblick aus den Händen der Sünde und des Satans, aus den Händen der Faulheit, der Bequemlichkeit, des Vergnügens und weltlicher Geschäfte*« (zit. n. Thompson 1973, S. 98). Dabei dienten diese Predigten gerade solchen »weltlichen Geschäften«, wie zum Beispiel denen der Hannah More: »*Wenn ich meine Arbeiter am Samstagabend hereinrufe, um sie auszuzahlen, denke ich oft an den schreckensvollen Tag der großen letzten Abrechnung, ... keine Reue und kein Fleiß dieser armen Männer kann jetzt noch die Arbeit einer schlechten Woche wiedergutmachen. Diese Woche ist in die Ewigkeit eingegangen*« (zit. n. Thompson 1973, S. 99).

Zeitstreß – ein Phänomen unserer Zeit

In diesem Kontext entstanden auch die ersten Armenschulen in England, aus der Intention heraus, die Kinder von *Faulheit* und *sinnlosen* Spielen – im Sinne des Zeitvergeudens – fernzuhalten. Die Kinder sollten so früh wie möglich an frühes Aufstehen, Pünktlichkeit und einen *sparsamen* Umgang mit der Zeit gewöhnt werden. Die Erziehung zur Regelmäßigkeit wurde zum Leitziel. So plädierte William Temple 1770 dafür, arme Kinder im Alter von 4 Jahren in die Arbeitshäuser zu schicken und ihnen Schulunterricht zu geben: »*Es ist sehr nützlich, daß sie auf irgendwelche Art ständig beschäftigt werden, wenigstens 12 Stunden am Tag, ... denn wir hoffen, daß sich auf diese Weise die heranwachsende Generation so sehr an ständige Beschäftigung gewöhnen wird, daß sie diese zuletzt als angenehm und unterhaltend empfindet*«. *Im Alter von 6 oder 7 Jahren sollte dem Kind »Arbeit und Anstrengung zur Gewohnheit, wenn nicht zur zweiten Natur werden«* (zit. n. Thompson 1973, S. 95). Ermahnungen zur Pünktlichkeit und Regelmäßigkeit finden sich in allen Schulordnungen jener Jahre. – Es sei hier nur am Rande angemerkt, daß auch heute noch die Schule wesentlich dazu beiträgt, Kinder an Zeit zu gewöhnen; sie müssen sich dem 45-Minuten-Takt unterordnen und eigene Interessen und Bedürfnisse zurückstellen (vgl. dazu auch den Vortrag von Herrn Prof. Heid in diesem Band).

Wenn man sich die Appelle zum Zeitsparen aus der Zeit des 18. und 19. Jahrhunderts anschaut, kommt man nicht umhin, ständig Vergleiche mit den Ratgebern des heutigen modernen »Zeit-Management« anzustellen. Nach wie vor wird betont, »*Zeit ist das wertvollste Gut, das wir besitzen*« (Seiwert 1987, S. 11). Der moderne Leser wird in fast schon autoritär anmutendem Stil zum Zeitsparen aufgefordert. Der Begriff *Erfolg* taucht meist ebenso oft auf wie das Wort *Zeit*. Zudem ist viel die Rede vom Lebensglück, allerdings mit dem drohenden Unterton, daß man es sich verbauen würde, sofern man die Zeit nicht zielstrebig und sinnvoll verwendet. »*Heute beginnt der erste Tag vom Rest Ihres Lebens*« schreibt Lothar Seiwert in seinem »1x1 des Zeitmanagements« (1987, S. 13).

Die Angst vor dem »Zeit-Verschwenden« ist nach wie vor das zentrale Thema der »Zeitnutzer«. Die »Faulheit« wird zwar heute nicht mehr direkt beim Namen genannt, doch die Aufforderung, stets *aktiv* zu sein, fehlt keineswegs. Zwar betonen die modernen Ratgeber, daß Zeit mehr wert sei als Geld, dennoch vergleichen sie sie stets miteinander und zeigen auf, was Zeitverschwendung »kostet«. Und damit verstärken die modernen »Zeitmanager« den Zeitstreß, anstatt ihn zu reduzieren.

Inzwischen haben wir eine Zeitdisziplin ausgebildet, die uns in Form eines *schlechten Gewissens* daran erinnert, die *kostbare Zeit* stets *sinnvoll* und *effektiv* zu nutzen, und die uns nicht zufriedensein läßt mit dem, was gerade ist.

Zukunftsorientierung

Unterstützt und begleitet wird all dies von einer stark ausgeprägten Zukunftsorientierung.

Wir haben inzwischen ein lineares Zeitbewußtsein ausgebildet, wonach Zeit etwas ist, das vergeht und vorwärtsschreitet, hin zu einem Besseren, das noch in der Zukunft liegt.

Wie oben schon dargestellt, waren das Leben und die Tagesabläufe in der bäuerlichen Gesellschaft ganz an den Rhythmen und Periodizitäten der Natur ausgerichet (z. B. Mondzyklus, Tag-/Nachtrhythmus, Ebbe und Flut, Jahreszeiten) und Zeit wurde als etwas Zyklisches, immer Wiederkehrendes verstanden. Mit der Loslösung von der Natur durch die industrielle Lebensweise konnte sich zunehmend ein lineares Verständnis von Zeit etablieren.

Unser ganzes Denken und Handeln richten wir heute hauptsächlich auf die Zukunft aus. Genaugenommen leben wir dafür, daß die Zukunft besser wird, als die Gegenwart es ist und die Vergangenheit es war. Wir sind uns in unserem Tun immer schon einen Schritt voraus und dies hindert uns am Verweilen in der Gegenwart. Konkret bedeutet dies, daß wir immer an das denken, was noch nicht erledigt ist. Das was wir schon geleistet haben, vergessen wir schnell und mit dem, was wir gerade tun, sind wir unzufrieden, weil das, was vor uns liegt, noch nicht erreicht ist. All dies erzeugt Streß.

Von klein auf wird man dazu erzogen, zu planen, Ziele zu setzen und an später zu denken. Eine vorausschauende Lebensplanung gilt als Voraussetzung für ein »erfolgreiches« Leben.

Nun braucht das Setzen von Zielen und die Zukunftsorientierung in Form von Plänen und Wünschen nicht grundsätzlich negativ gewertet werden. Doch wir sollten uns darüber im klaren sein, daß uns mit dieser stark ausgeprägten Zukunftsorientierung eine permanente *Ungewißheit* begleitet, denn wir wissen nie, ob unsere Ziele und Pläne tatsächlich Wirklichkeit werden.

Diese Ungewißheit überträgt sich auf unsere innere Ausgeglichenheit und erzeugt eine innere Unruhe (»Hoffentlich schaffe ich es«). Wir kennen dies aus dem Alltagsleben: Solange wir nicht sicher sind, ob wir ein Arbeitsprojekt bis zu einem bestimmten Zeitpunkt schaffen werden, geht davon eine mehr oder weniger starke Beunruhigung aus. Die innere Unruhe ist ein charakteristisches Merkmal von Menschen, die Zeitstreß empfinden.

Technischer Fortschritt

Die Zukunftsorientierung und der Zustand der Ungewißheit werden getragen von unserem unerschütterlichen Glauben an den Fortschritt. Dieser ist wie selbstverständlich mit einer Zunahme an Geschwindigkeit assoziiert, von jeder Verbesserung erwarten wir, daß alles noch schneller funktioniert – und seien es nur tausendstel oder milliardstel Sekunden, wie beispielsweise in der Computertechnik.

Der rasche technische Fortschritt ermöglicht es, immer mehr in immer kürzerer Zeit zu produzieren, und der Mensch versucht, damit Schritt zu halten. Doch der Mensch ist

Zeitstreß – ein Phänomen unserer Zeit

nicht unbegrenzt schnell und er produziert nicht gleichmäßig wie die Maschinen. Unsere Grenzen zeigen sich, wenn wir müde werden, Kopfschmerzen haben, wir uns nicht mehr konzentrieren können oder einfach keine Lust zu bestimmten Arbeiten haben. Doch diese Grenzen wollen wir uns nicht zugestehen. Hektik, Nervosität, Gereiztheit bis hin zu Schlafstörungen und psychosomatischen Erkrankungen sind die Folge.

Man muß immer etwas zu tun haben

Unsere Einstellung zur Zeit geht einher mit dem Bewußtsein, man müsse immer etwas zu tun haben. Es fällt schwer, das Nichts-Tun zu ertragen. Aus Furcht vor Langeweile verpflichten wir uns zu Terminen und vielfältigen Aktivitäten, beruflich ebenso wie in der Freizeit, klagen dann allerdings über Streß und die zu schnell vergehende Zeit. Dies hängt auch mit unserer Wertschätzung der Arbeit zusammen.

Arbeit als Mittel zur Selbstverwirklichung

War für die alten Griechen die Arbeit eine lästige Notwendigkeit, die sie den Sklaven überließen, während sie selbst nur in der Muße und Bildung die eigentlich wertvollen Tätigkeiten sahen, so dreht sich heute das Leben der meisten Menschen hauptsächlich um die Arbeit. Eine besondere Aufwertung der Arbeit erfolgte durch Luther und Calvin. Arbeit wurde zur Berufung (siehe die Bezeichnung »Beruf«) und das »*protestantische Arbeitsethos*« (Max Weber, 1934) ist bis heute wirksam, unabhängig welcher religiösen Richtung man angehört.
Wir haben die Einstellung verinnerlicht, daß Arbeit ganz wichtig sei und wir uns nur über den Beruf und die Berufstätigkeit selbstverwirklichen könnten. Nicht zufällig ist heute das Phänomen der »Arbeitssucht« weit verbreitet, das – wie andere Suchtformen auch – von Selbstwertproblemen getragen ist.
Diese Haltung führt auch bei Nicht-Berufstätigen wie Rentnern oder Hausfrauen dazu, sich der Zeitknappheit und dem Zeitdruck auszusetzen, gewissermaßen um sich für ihr Dasein zu rechtfertigen.
Schließlich ist noch ein weiterer Punkt zu berücksichtigen:

Folge: Es ist »in«, keine Zeit zu haben

Die Entwicklung unserer Einstellung zur Zeit und zur Arbeit ist inzwischen an einem Punkt angelangt, an dem es geradezu »in« geworden ist, *keine* Zeit zu haben.
Jemand, der von sich behauptet, er habe Zeit, kommt uns fast schon seltsam vor. Der scheint nichts zu tun. Und das will sich keiner nachsagen lassen. Wer hingegen stets *im Zeitstreß* ist, bei dem vermutet man, daß er viel leistet. Gerade im Berufsleben er-

fahren diejenigen Anerkennung, die durch Überstunden und ständige Zeitknappheit ihren Arbeitseinsatz signalisieren. Jemand, der zwar die gleiche Leistung in kürzerer Zeit erbringt und dabei ausgeruht und gelassen wirkt, macht sich schnell verdächtig, nicht genug zu leisten bzw. läuft Gefahr, noch mehr Arbeit aufgebürdet zu bekommen.

Eine besondere Rolle kommt hier den »Terminen« zu. Termine dienen nicht nur der zeitlichen Organisation unseres Alltags, sie haben noch ganz andere Funktionen. Jemand, dessen Terminkalender voll ist, scheint ein wichtiger Mensch zu sein, der wird gebraucht. Dies macht ihn interessant und begehrenswert. Bei so jemandem einen Termin zu bekommen, ist etwas Besonderes und erhöht nicht zuletzt die eigene Wichtigkeit. Mit Terminen läßt sich sogar Macht ausüben, denn derjenige, der Termine setzt, verfügt über die Zeit des anderen. Der Soziologe Klaus Laermann (1975) spricht von einer regelrechten *Terminsucht,* die heutzutage viele pflegen. Hinzu kommt, daß einem nichts leichter hilft als ein *Termin,* um etwa ein ungewolltes Gespräch abzubrechen oder zusätzliche Arbeit abzuwehren. Termine durchziehen unser ganzes soziales Beziehungsgeflecht, auch privat trifft man sich nur noch nach Terminen. Steht ein Besucher unangemeldet vor der Tür, ist man eher irritiert als erfreut. Genaugenommen verhindern Termine Spontaneität und Flexibilität.

Natürlich existiert für viele Menschen der Zeitstreß wirklich, weil sie vielfältige Aufgaben beruflich und privat zu erfüllen haben. Tatsache ist aber auch, daß der Zeitstreß inzwischen zu einem *kollektiven Gut* geworden ist. Nicht nur der einzelne erlebt die Zeit als knapp und beschränkt, sondern auch Gruppen (z. B. Arbeitsteams) und Gesellschaften. Gegenüberstellungen von noch eher traditionellen und modernen Gesellschaften zeigen deutlich, daß mit steigender Wertschätzung der Zeit umso mehr Zeitknappheit bei den einzelnen Menschen anzutreffen ist.

Der Zwang, sich zu beeilen und die Zeit nicht zu vertrödeln, beherrscht unser ganzes Denken, Fühlen und Handeln und ist mitunter ausgesprochen lebensgefährlich, etwa im Straßenverkehr.

Nicht die Zeit ist *kostbar,* sondern die Gesundheit, Freunde, Kinder...

Die Auswirkungen von Zeitstreß sind unübersehbar. Unsere Einstellung zur Zeit, so wie wir sie heute antreffen, hat den Menschen verändert. Er ist ruhelos, ungeduldig, hektisch und unzufrieden geworden. Der Leitsatz »Zeit ist kostbar« ist in erster Linie mit der Steigerung von Geld, Leistung und Schnelligkeit assoziiert, nicht aber mit Gesundheit, Zeit für Freunde, Zeit für Kinder, Lebensfreude, Muße und Kreativität – alles Dinge, deren *Kostbarkeit* darin besteht, daß nur sie den Erhalt der Lebenszufriedenheit und auch die Lebenszeit gewährleisten.

Herzinfarkt und Magengeschwüre sind längst nicht mehr nur bei Managern anzutreffen, sondern quer durch alle Berufe. Gerade die Herz-Kreislauferkrankungen stehen

Zeitstreß – ein Phänomen unserer Zeit

auf der Liste der Todesursachen ganz vorne. Beruflich sehr Engagierte finden kaum noch Zeit für Freunde und geraten dadurch in einen Teufelskreis der inneren Vereinsamung, die in der Regel mit noch mehr Arbeit zugedeckt wird. Aus der Gesundheitsforschung wissen wir, daß *soziale Ressourcen* wichtig für den Erhalt des körperlichen und seelischen Wohlbefindens sind. Die Individualisierungstendenzen, die der Soziologie Ulrich Beck in seinem Buch »Risikogesellschaft« (1986) herausarbeitet, resultieren nicht zuletzt auch aus der Tatsache, keine Zeit für die Pflege von Freundschaften zu haben.

Besonders Leidtragende unseres Umgangs mit Zeit sind die *Kinder*. Die Zeitbedingungen der Erwachsenenwelt prägen wesentlich den Alltag von Kindern, jedoch häufig ohne auf deren Zeitempfinden Rücksicht zu nehmen. Kindererziehung selbst ist vielfach ein zeitorganisatorisches Problem (vgl. Rabe-Kleeberg/Zeiher 1986). Kindergartenöffnungs- und Schulunterrichtszeiten müssen koordiniert werden mit Arbeitszeiten, Ladenöffnungszeiten bis hin zu Fernsehgewohnheiten der Familie. Zeit für das Erzählen und Vorlesen von Geschichten bleibt kaum, Märchenkassetten und Fernsehprogramme dienen als Ersatz.

Aus dem Bewußtsein heraus, die Zeit stets aktiv und sinnvoll nutzen zu müssen, haben auch die Kinder ein volles »Programm« und jeden Tag einen Termin (zum Ballett, Reiten, Flötenunterricht, Kindertöpfern, Sport usw.).

Zunehmend mehr Kinder werden als *hyperaktiv* diagnostiziert, wenn nicht gar etikettiert, was angesichts von Erwachsenen, die selbst von einer Aktivität zur nächsten *rennen* und selten Zeit und Muße haben, um sich in Ruhe mit den Kindern zu beschäftigen, nicht verwundert. Die Hektik einer Mutter und eines Vaters, eines Lehrers oder einer Erzieherin, die ständig Zeitknappheit und Zeitdruck empfinden, überträgt sich auf das Kind und macht es unruhig und *aufgekratzt*.

Als Eltern und Erzieher überfordern wir unsere Kinder oft in zeitlicher Hinsicht, meist ohne daß es uns bewußt ist. Kinder haben ein ganz anderes Zeitbewußtsein als wir Erwachsene (vgl. Piaget 1955, vgl. den Vortrag von Herrn Professor Krappmann in diesem Band).

Ein Kind hat noch keine Vorstellung davon, daß die Zeit vergeht. Deshalb kann es sein Spiel auch nicht termingerecht beenden. Vielmehr beschäftigt es sich solange da-

mit, wie es daran interessiert ist. Es ist dann ganz bei der Sache und denkt nicht an die Zeit. Wenn wir ein Kind ständig aus seinem Spiel *herausreißen*, weil die Zeit *drängt*, gestehen wir ihm nicht den Zeitraum zu, den es braucht, um sein Erkundungs- und Neugierbedürfnis zu befriedigen. Konkret bedeutet dies: Es kann sein Spiel nicht zu Ende spielen. Treten derartige Situationen gehäuft auf, wird es über kurz oder lang die Lust an einzelnen Spielen verlieren bzw. gar kein Interesse ausbilden. Die Folge sind Kinder, die sich nach kürzester Zeit langweilen. – Auch die Langeweile ist ein Produkt unserer Neuzeit (vgl. Revers 1949).

Obwohl kleine Kinder noch gar keine Vorstellung von Zeit als solcher haben, selbst wenn sie im Kindergarten bereits die Uhr lesen lernen, so werden seitens der Erwachsenenwelt eine Reihe von Anstrengungen unternommen, um die Kinder von klein auf an die (Uhr-)Zeit zu gewöhnen. Bereits im Babyspielzeug ist die Uhr integriert (vgl. Abb. 1 uns 2). Auch gibt es inzwischen eigene »Zeitplanbücher« für Kinder, anhand derer sie früh an Termine und das Setzen von Zielen gewöhnt werden sollen (vgl.Abb. 3 und 4). In Werbeanzeigen macht man sich die Zeitknappheit zunutze, so z. B. auch in einer der Firma IBM, für die ich hier keine (!) Werbung machen

Zeitstreß – ein Phänomen unserer Zeit

möchte, die jedoch die Problematik vieler Kinder heute zum Ausdruck bringt. Dort sehen wir einen Jungen in dunkelblauem Anzug mit enttäuschtem Gesichtsausdruck im Chefsessel sitzen, mit der Bildunterschrift »*Wenn er groß ist, erbt er die Firma von dem komischen Typen, der nie Zeit für ihn hatte*«.
Wir sollten uns bewußt machen, daß die Verantwortung für ein Kind auch bedeutet, ihm Zeit zu lassen und ihm Zeit zu widmen!
Und die Verantwortung für uns selbst bedeutet, auch uns Zeit zur Erholung, zur Entspannung, zur Muße, zum Nichts-Tun zuzugestehen, und zwar mit gutem Gewissen! Nur dann erhalten wir uns unsere Gesundheit, unsere geistige Leistungsfähigkeit und unsere Kreativität.
Doch dazu ist ein (selbst-)*bewußter* Umgang mit Zeit auf der individuellen Ebene erforderlich.

Ein (selbst-)bewußter Umgang mit der Zeit – Persönlichkeitsspezifische Merkmale im Umgang mit der Zeit

Wie jemand mit Zeit umgeht und *welche* Probleme er oder sie dabei hat, ist zunächst einmal von der *objektiven* Lebenssituation abhängig, d. h. welche Anforderungen beruflich und privat zu erfüllen sind. Ebenso spielen *biographische* Erfahrungen eine Rolle sowie *persönliche* Fähigkeiten und Kompetenzen im Umgang mit Zeit (vgl. Plattner 1990).
In meiner praktischen Arbeit stelle ich immer wieder fest, daß ein unreflektierter Perfektionismus, mangelnde Entscheidungs- und Delegationsfähigkeiten, das Nicht-Nein-Sagen-Können, der Wunsch, alles gleichzeitig erledigen zu wollen und dabei von einer Aufgabe zur nächsten zu *springen* und sie halbfertig liegen zu lassen sowie die Unterschätzung der tatsächlich benötigten Zeit zu zeitlichen Engpässen und Gefühlen der zeitlichen Überforderung, also zu Zeitstreß führen. Die Leute fangen an, an sich selbst zu zweifeln und sind ausgesprochen unzufrieden mit sich und ihrer Lebensgestaltung. Aus dem Bestreben heraus, die Zeit stets mit *sinnvollen* Aktivitäten auszufüllen, trauen sie sich nicht, spontan das zu tun, wozu sie eigentlich Lust hätten und was ihnen Spaß bereiten würde. Es fällt ihnen schwer, sich Zeiten des sogenannten Nichts-Tuns zuzugestehen. Sie sehnen sich zwar danach, doch wenn sie tatsächlich nichts zu tun haben, ist es, als würden sie in ein *Loch* fallen.
Wie läßt sich nun mit den persönlichen Eigenheiten bei gleichzeitiger Bewältigung der objektiven Anforderungen umgehen?
Ein streßfreier Umgang mit Zeit hat weniger mit Zeiteinteilung und Zeitplanung zu tun, als man vielleicht annehmen würde. Zeitstreß läßt sich auch nicht mit Patentrezepten oder Zeitplantechniken lösen (vgl. Plattner 1992). Vielmehr ist ein *bewußter* und *reflektierter* Umgang mit Zeit erforderlich. Denn nur wenn ich mir bestimmter Dinge *bewußt* bin, kann ich sie gezielt verändern, sofern ich dies möchte.
Das bedeutet auch einen *selbstbewußten* Umgang mit Zeit. Selbstbewußtsein heißt,

»sich seiner selbst bewußt zu sein«, seiner eigenen Gedanken, Gefühle und Handlungen. Auf den Umgang mit Zeit bezogen bedeutet dies, sich immer wieder bewußt zu fragen, »*was* mache ich gerade?«, »wie denke *ich* darüber?«, »was ist *mir* wichtig?« und »was *will* ich?«.
Auf den Umgang mit dem eigenen Perfektionsanspruch, dem eigenen Nein-Sagen-Können, dem Alles-Gleichzeitig-Erledigen-Wollen (s. o.), heißt dies beispielsweise, sich immer wieder zu fragen, »*wie wichtig ist es (mir),* – daß es besonders gut wird?, – daß ich es selbst erledige?, – dieses und jenes zu übernehmen?, – es jetzt gleich zu erledigen?, – jetzt zu entspannen?
Um auf solche Fragen eine Antwort geben zu können, sind *Selbstvertrauen, Selbstsicherheit, Selbstachtung, Selbstwertgefühl* und *Selbstbehauptung* notwendig – alles Merkmale, die zusammen das *Selbstbewußtsein* eines Menschen ausmachen.

Die Notwendigkeit eines selbstbewußten Umgangs mit Zeit angesichts gesellschaftlicher Veränderungen

Der Zeitstreß ist zwar ein gesellschaftliches Problem, von dem aber jeder und jede einzelne betroffen ist. Wenn die Gesellschaft und der einzelne Mensch am Zeitstreß nicht erkranken wollen, im wahrsten Sinne des Wortes, dann ist ein *verändertes* Verhältnis zur Zeit erforderlich.
Ein *selbstbewußter* und *souveräner* Umgang mit Zeit wird gerade auch im Zuge der Veränderungen, die in der Arbeitswelt zu erwarten sind, notwendig. Arbeitszeitflexibilisierungen, die sogenannte »elektronische Heimarbeit« aufgrund des Ausbaus der Computerisierung und der Telekommunikation sowie zunehmende freiberufliche Tätigkeiten machen den einzelnen zeitlich unabhängiger und autonomer. Sie bergen aber auch die Gefahr, daß man mit der gewonnenen Zeit nicht umgehen kann und beispielsweise nur noch arbeitet (weil es keine Grenzen zwischen Arbeitszeit und Freizeit mehr gibt), oder man Aufträge nur unter Zeitdruck, gewissermaßen auf die letzte Minute fertigstellt und Freizeiten nicht genießen kann, weil man immer an das denkt, was noch zu erledigen ist (»eigentlich müßte ich…«).
Ein weiterer Punkt ist, daß durch die Zunahme der Lebenserwartung der Mensch nahezu ein Viertel seiner Lebenszeit in Form des Renter(innen)daseins verbringt, das er und sie selbst und sinnerfüllt gestalten müssen, was keineswegs leicht fällt; denn durch die festen Arbeitszeiten über Jahrzehnte hinweg verlernt man gewissermaßen, die Zeit selbst zu strukturieren.
Auch ist zu berücksichtigen, daß Frauen weiter auf den Karrieremarkt drängen werden und da sie nach wie vor die Hauptverantwortung für die Kinder und den Haushalt tragen, brauchen sie nicht nur familiengerechte Arbeitszeiten, sondern vor allem einen selbstbewußten Umgang mit Zeit, wollen sie sich selbst und ihren Kindern nicht alle Streßsymptome und diejenigen Verhaltensweisen zumuten, die ihnen die Männer bisher vorgelebt haben.

Wir befinden uns in einem gesellschaftlichen Übergang, in dem der Mensch erst einen neuen Lebensstil finden muß und dazu braucht er einen veränderten Umgang mit der Zeit (vgl. Hörning et al. 1990). Auch wenn unsere Lebensweise durch Uhr-Zeiten und Termine geregelt ist und die Arbeit uns viel abverlangt, so gibt es doch immer auch »Nischen«, in denen der und die einzelne selbstbewußt mit Zeit umgehen können. Diese »Nischen« gilt es zu erkennen und auszuweiten.

Erziehungsauftrag

Letztlich ergibt sich daraus auch ein bedeutsamer und gesellschaftlich relevanter Erziehungsauftrag:
Wir brauchen den Zeitstreß mit all seinen negativen Auswirkungen keineswegs als selbstverständlich hinnehmen. Der gesellschaftliche Wandel wird weitergehen und wir sollten die damit verbundene Chance nutzen, eine veränderte Einstellung zur Zeit anzustreben und durchzusetzen.
Konkret bedeutet dies gerade auch für die Pädagogik, die Menschen zu einem selbstbewußten Umgang mit Zeit zu *befähigen* und gleichzeitig *Rahmenbedingungen* und *Handlungsräume* zu schaffen, die ein selbstbewußtes Handeln in der Zeit ermöglichen. Denn wir sollten nie vergessen: Es ist nicht die Zeit, die über den Menschen bestimmt, sondern es ist der Mensch, der sein Leben *in* der Zeit lebt. –

Literatur

– Beck, U.: Risikogesellschaft. Auf dem Weg in eine andere Moderne. Frankfurt/M. 1986.
– Hörning, K. H., Gerhardt, A. & Michailow, M.: Zeitpioniere. Flexible Arbeitszeiten – neuer Lebensstil. Frankfurt/M. 1990.
– Laermann, K.: Alltags-Zeit. Bemerkungen über die unauffälligste Form sozialen Zwangs. In: Kursbuch 1975, 41, S. 87–105.
– Piaget, J.: Die Bildung des Zeitbegriffs beim Kinde. Zürich 1955
– Plattner, I.E.: Zeitbewußtsein und Lebensgeschichte. Heidelberg, 1990.
– Plattner, I.E.: Zeitberatung. Die Alternative zu Zeitplantechniken. München, 1992.
– Plattner, I.E.: Zeitstreß. Für einen anderen Umgang mit der Zeit. München, 1993.
– Rabe-Kleeberg V. & Zeiher H.: Kindheit und Zeit. Über das Eindringen moderner Zeitorganisation in die Lebensbedingungen von Kindern. In: K. Hurrelmann (Hrsg.): Lebenslage, Lebensalter, Lebenszeit, Weinheim 1986, S. 24–38.
– Revers, W.J.: Die Psychologie der Langeweile. Meisenheim 1949.
– Seiwert, L.J.: Das 1x1 des Zeitmanagement. München 1987.
– Thompson, E.P.: Zeit, Arbeitsdisziplin und Industriekapitalismus. In: R. Braun u. a. (Hg.): Gesellschaft in der industriellen Revolution. Köln 1973, S. 81–112.
– Weber, M.: Die protestantische Ethik und der Geist des Kapitalismus. In: ders.: Gesammelte Aufsätze zur Religionssoziologie. Tübingen 1934.

ZEIT DER KINDER – KINDER DER ZEIT

Lothar Krappmann, Berlin

»Zeit« ist kein einfaches Thema, obwohl, wie der griechische Philosoph Aristoteles meinte, eine Besonderheit der Menschen gerade darin bestehe, daß sie Lebewesen mit Sinn für Zeit seien. Viele moderne Philosophen und Psychologen stimmen in der Ansicht überein, daß nichts für unsere Weltvorstellung entscheidender sei als die Zeit (Zimmerli & Sandbothe, 1993).

1. Vorstellung von Zeit, Umgang mit Zeit, geschaffene Zeit

Dennoch fällt es Kindern nicht leicht, eine angemessene Vorstellung von Zeit zu entwickeln, und den Heranwachsenden bereitet es lange Mühe, ihr Handeln über das übermächtige Erleben des Augenblicks hinaus auf Vergangenes und Zukünftiges zu beziehen. Kinder müssen allerdings nicht nur ein Zeit-Konzept erwerben, sondern auch lernen, mit Zeit umzugehen. Es ist sehr deutlich, daß auch Erwachsene noch große Probleme haben, ihre Zeit einzuteilen und für das zu nutzen, was ihnen wirklich wichtig ist. Das Irritierende und Faszinierende an der Zeit besteht darin, daß sie eben nicht nur ein kontinuierlicher und meßbarer Ablauf ist, sondern wir erfahren, daß Zeit stehen bleiben kann, daß sie verfliegt oder verrinnt, sie uns verloren gehen kann, wir aber auch reiche, erfüllte Zeit für uns gewinnen können, wenn es uns gelingt, Zeit mit uns wichtigen Inhalten zu verbinden.

Erfahrungen von davoneilender, lähmender oder befriedigender Zeit kennt jeder. Sie prägen das Leben sehr viel mehr als die durch Pendel- oder heute durch Kristallschwingungen der Atomuhr präzise definierte objektive, lineare Zeit. Diese erlebte Qualität ist mit den Begriffen »subjektive Zeit«, »zyklische Zeit«, »sozial konstruierte Zeit« gemeint. Diese Begriffe erwecken allerdings den Eindruck, als ob die erlebte Zeit »nur« ein subjektives und folglich beliebiges Phänomen wäre. Die moderne Physik hat uns jedoch gezeigt, daß Zeit auch nach den grundlegenden Gesetzen der Natur eine »relative« Größe ist und nicht ein unaufhaltsam, gleichmäßig dahinströmender Fluß, wie ein seit der Antike übliches Bild sie beschreibt. Norbert Elias, einer der großen Soziologen dieses Jahrhunderts, griff diese Entdeckung Einsteins auf und legte dar, daß für Menschen Zeit ebenfalls eine Beziehung sei, nämlich die Beziehung, die Menschen zwischen Geschehnissen herstellten (Elias, 1982). Einen Ablauf, etwa die Phasen des Mondes, Sonnenauf- und untergang oder von Uhren gemessene Stunden und Minuten, irgendetwas periodisch Sich-Wiederholendes, wählten sie als Maßstab, an dem andere Abläufe gemessen werden. Diese Maßstäbe können sich ändern.

Zeit der Kinder – Kinder der Zeit

Historiker haben oft geschildert, welche umfassenden Veränderungen des Lebens Kirchturmuhren und später die Einführung von Taschenuhren bewirkten. Veränderungen betrafen jedoch nicht nur Verfahren der Zeitmessung, sondern auch die Verteilung von Zeit. Gesellschaften unterscheiden sich sehr im Hinblick auf die Zuordnung von Zeit für verschiedene Bereiche des Lebens, sie unterscheiden sich auch nach dem »Tempo der Zeit«, die das Leben bestimmt, nach Zeitrhythmen, in die Menschen eingespannt sind. Elias mahnt, nicht zu vergessen, daß dies alles soziale Konstruktionen sind. Kinder und Jugendliche müssen diese zeitlichen Muster, Regeln und Vorgehensweisen übernehmen, wenn sie kompetente Gesellschaftsmitglieder werden. Sie bilden also nicht nur eine Vorstellung von Zeit im allgemeinen aus, sondern werden auch in die Verteilung von Zeit und in den Umgang mit knapper Zeit eingeführt, der ihre Gesellschaft charakterisiert. Sie lernen, welche Zeit einer Tätigkeit zugeordnet ist, wieviel an Zeit man sich für etwas nehmen darf. Sie werden mit Zeitplänen und Kalendarien vertraut gemacht. Sie sollen Arbeitszeit und freie Zeit unterscheiden können; sie sollen Zeiten einhalten und durchhalten, den rechten Zeitpunkt abpassen, nicht voreilig sein und warten können. Vor allem sollen sie ihre Zeit nicht verschwenden.

Aber dies ist nur die eine Seite, die Einpassung in die Zeitschemata und -zwänge einer Umwelt. Oft erleben wir schmerzlich, daß herrschende Zeitmuster sinnvolles Tun gerade unterbrechen oder gar verhindern, daß Zeit sich entleert und verrinnt. Sehnsucht wird wach, mehr Zeit zu haben, Zeit besser zu verwenden, den Augenblick verweilen zu lassen. Auch an dieser Stelle gilt es, sich zu erinnern, daß Zeit von Menschen gemacht ist, die Beziehungen von Zeit und Inhalt herstellen, wie Norbert Elias uns vor Augen führt. Hier stoßen wir auf eine andere Seite der Sozialisation von Umgang mit Zeit, eine wenig beachtete und erst recht kaum geförderte Seite, nämlich die Entwicklung der Fähigkeit, seine Zeit nach eigener Sinngebung zu nutzen: Schon in früher Kindheit beginnt der Widerstand gegen fremdbestimmte Zeitpläne. Kinder strengen sich an, ihren Eltern und Lehrern, der Schule und anderen Einrichtungen Zeit für das abzuringen, was sie am allerliebsten tun und fortsetzen wollen: noch einmal und noch einmal die Rassel zu schütteln; länger in der Badewanne zu planschen; das Spiel ein ums andere Mal zu wiederholen; noch »ein bißchen« auf dem Schoß zu sitzen. »Mehr, mehr!« rief der kleine Häwelmann in der bekannten Geschichte, die Kinder lieben. Dieses Ringen um Zeit bereits der Jüngeren setzt sich in Konflikten fort, die alle Eltern mit den älteren Kindern kennen: ob die Hausaufgaben jetzt oder später gemacht werden, wie lange man bei der Freundin, beim Freund bleiben darf oder wann man abends zu Hause sein muß.

Diese Auseinandersetzungen gehören entscheidend zum Sozialisationsprozeß, in dem die Fähigkeit zu sinnvollem Zeitgebrauch entsteht. Während wir sicher sein dürfen, daß Kinder das Zeitkonzept des »Vorher« und »Nachher« und »Zugleich« ausbilden, und auch, daß sie die Zeitmuster und Terminregeln ihrer Umwelt in sich aufnehmen, erscheint fraglich, ob sie ebenfalls lernen, Zeit für das Wichtigste und Sinnvollste zu hüten und zu schützen. Wenn wir Kindern nicht ermöglichen, erfüllte Zeit zu erleben, wenn wir auf ihre Begründungen nicht hören, Zeit für etwas, was ihnen wichtig ist, zu bekommen, beeinträchtigen wir ihre ursprünglichen Bemühungen um Zeit mit erlebbarem Sinn. Das schadet dem Zusammenleben, denn Menschen, die ein befriedigendes Leben erreichen wollen, müssen fähig sein, alltäglichen Sinn und Lebenssinn bei der Verteilung von Zeit im Tag, in der Woche, im Jahr und im Leben zu verteidigen. Daher möchte ich in diesem Referat zeigen, in wie vielfältiger Weise Kinder und Jugendliche von Zeit und Zeitlichkeit berührt werden und in die jeweilige historische Zeit eingebunden sind. Ich möchte damit das Nachdenken darüber anregen, wie wir Fähigkeiten in den Heranwachsenden stärken können, nicht nur objektive Zeit korrekt wahrzunehmen, sondern auch Zeit, die ihre eigene ist, für sich zu schaffen.

2. Kinder entwickeln eine Vorstellung von Zeit

Schon wenige Monate alte Kleinkinder erleben Rhythmen und erfinden Spiele mit der Mutter, die eine zeitliche Ordnung haben (Lewkowicz, 1989). Aber eine Zeitvorstellung entwickelt sich aus diesen Anfängen nur langsam. Viele Vier- und Fünfjährige waren in einer Befragung der Meinung, daß Uhren, während sie schlafen, langsamer gehen als am Tag (Arlin, 1990). Sogar Grundschulkinder bringen noch Angaben über Dauer, Geschwindigkeit und Zeitunterschiede durcheinander. Es fällt ihnen schwer, die Zeit von den Ereignissen zu trennen, die in ihr stattfinden. Für sie ist es so, als ob jedes Ereignis seine eigene Uhr in sich trüge, wie Piaget (1955) in einfallsreichen spielähnlichen Experimenten mit Kindern im Alter von vier bis etwa zehn Jahren nachgewiesen hat. So meinen Kinder bis ins Schulalter hinein, daß ein Spielauto, das gleich lang, aber schneller als ein anderes fährt und daher in gleicher Zeit ein deutliches Stück weiter gefahren ist als das andere, mehr Zeit verbraucht hat. Lange macht es Kindern Mühe, zwei miteinander verknüpfte Abfolgen, die sie genau beschreiben können, während sie vor ihren Augen ablaufen, nachträglich richtig zu rekonstruieren, etwa das allmähliche Umfüllen der Flüssigkeit aus einem Gefäß in ein anderes. Piaget schloß aus den Ergebnissen seiner Beobachtungen, daß es bis ins Alter von etwa zehn Jahren dauert, bis Kinder unterschiedliche Abläufe sicher zeitlich ordnen und in richtigen Bezug zueinander setzen können. Erst dann hätten sie eine klare Vorstellung von Zeit.

Im Vergleich zu vielen anderen Entwicklungsvorgängen ist dies ein besonders langsamer Prozeß. Das hat etliche Forscher fragen lassen, ob jüngere Kinder nicht doch schon besser mit Zeit umgehen können, als es die Piagetschen Untersuchungen gezeigt haben. Tatsächlich hat man einiges entdeckt, was auf mehr Fähigkeit im frühen Alter hinweist. Die Abfolge ihnen vertrauter Alltagsroutinen können Kinder schon vor Schuleintritt vorwärts und rückwärts ordnen, die richtige Einordnung von Ereignissen vergangener Wochen, Monate und Jahreszeiten beginnt schon im Kindergartenalter (Friedman, 1991). Bereits mit fünf Jahren messen einige Kinder Zeitdauer durch Zählen (Levin & Wilkening, 1989). Durch spielerische Förderung, die die Auf-

merksamkeit der Kinder lenkt, kann man Kindern schon im Kindergartenalter mehr Verständnis für Zeit vermitteln (Lerch, 1984).
Diese verschiedenen Experimente machen auch deutlich, wieviele Aspekte die Aufgabe hat, sich richtig in der Zeit zu orientieren. Dies mag erklären, warum es so lange dauert, bis Kinder eine umfassende Zeitvorstellung entwickelt haben. Experimente, ob Kinder nicht vielleicht doch schneller diese Fähigkeiten ausbilden können, mögen einerseits wichtig sein, um sicherzustellen, daß Fähigkeiten jüngerer Kinder nicht durch die Art der Versuchsanordnung unterschätzt werden. Andererseits ist jedoch zu fragen, warum Kindern nicht Zeit gelassen wird, ihre Fähigkeiten nach eigenem Zeitplan zu entwickeln.

3. Entwicklung braucht ihre Zeit

Wir alle wissen aus vielerlei Erfahrung, wie schnell Kinder etwas aufgreifen und lernen, wenn es ihnen wichtig ist. Ihre spontane Lernfähigkeit, ihre basale humane Intelligenz sind sehr groß. Nicht ein Mangel ihres grundlegenden Lernvermögens ist dafür verantwortlich, wenn sie Jahre benötigen, um wichtige Entwicklungsleistungen zu vollbringen, sondern die ihnen gestellten Entwicklungsaufgaben sind schwierig, und niemand kann ihnen die Lösung abnehmen.
Ich möchte dies dadurch zuspitzen, daß ich sage: Kinder vollbringen auf ihrem Entwicklungsweg Entdeckungen, die gleichsam des Nobelpreises wert sind. Übertreibe ich jetzt nicht wirklich? Ich will meine Behauptung an den bekannten Schwierigkeiten erläutern, die Kinder mit dem Problem haben, ob der Bruder oder die Schwester in einem anders geformten Trinkglas mehr oder weniger Saft von der Mutter eingeschenkt bekommen hat. In einem gewissen Alter des Kindes mag die Mutter noch so lange erklären, das andere Glas sei doch breiter oder schmaler und daher trotz niedrigem oder höherem Flüssigkeitsstand gleich viel Saft in den Gläsern: Das Kind wird weiter streiten oder sich von der lieben Mutter beruhigen lassen, jedoch nicht verstehen, was gemeint ist. Piaget hat daraus ein Experiment gemacht und gezeigt, daß Kinder bis zum Alter von vier oder fünf nicht in der Lage sind, Grundfläche, bestimmt durch den Durchmesser des Glases und die Höhe des Flüssigkeitsstandes, miteinander zu multiplizieren. Aber es ist noch dramatischer: Wenn wir ihnen diese Multiplikation zu erklären versuchen, verstehen sie uns nicht, denn Durchmesser mal Höhe ist noch jenseits ihrer Vorstellung; die Dimensionalität des Raums steht ihnen geistig nicht zur Verfügung, und daher reden wir Erwachsenen gleichsam ins Leere. Oder exakter: Unsere Erklärungen helfen dem Kind nicht direkt, das Problem zu lösen, sondern bestenfalls indirekt. Es liest aus den unverständlichen Erklärungen ab, daß es da noch etwas geben mag, was ihm noch verborgen ist.
Wir geben selbstverständlich trotzdem den Kindern Erklärungen; das ist auch gut. Hoffentlich sind diese Informationen und Ratschläge ermutigend und nicht bloßstellend und einschüchternd. Entscheidend ist, daß wir dem Kind bei diesen und ähnli-

chen Aufgaben helfen, selber dahinterzukommen, was der wesentliche Aspekt des Problems ist. »Dahinterkommen« ist eine gute Beschreibung, denn es muß eine nächste Ebene hinter den offensichtlichen Phänomenen entdecken, und dies nenne ich eine preiswürdigen Forschungsergebnissen vergleichbare Leistung, denn das Kind entdeckt etwas an der Natur der Dinge, was zwar alle Erwachsene um es herum wissen, aber ihm nicht vermitteln können, weil dem Kind zunächst das Koordinatensystem fehlt, in dem die Worte der Erwachsenen einen Sinn hätten. Daher braucht Entwicklung *Zeit.*
Und sie braucht *ihre* Zeit, eigenbestimmte und nicht von kinder- und entwicklungsfremden Erwägungen bestimmte Zeit. Möglicherweise – ich weiß, daß ich nun ziemlich frei spekuliere – gehört es zur Weisheit des menschlichen Entwicklungsgangs, daß gerade eine voll entwickelte Vorstellung von Zeit den Kindern erst recht spät, gegen Ende der Kindheit zur Verfügung steht. Das lange nicht voll entwickelte Verständnis für Zeit ist nicht so sehr ein Mangel, sondern immunisiert Kinder gegen die zeitlichen Einteilungen, Planungen und Besorgtheiten ihrer Umwelt. Das hilft ihnen, sich für grundlegende Entwicklungsaufgaben die Zeit zu nehmen, die diese Aufgaben benötigen.
Ich möchte vor einer falschen Schlußfolgerung warnen. Diese Einsichten in die von den Kindern selbst vorangetriebene Entwicklung sprechen nicht dafür, in gleicher Weise, in der manche Eltern den Fernseher aus der Wohnung verbannen, den Kindern den Blick auf die Uhr zu verwehren. Kinder beschäftigen sich von klein auf mit dem Thema Zeit und dabei auch mit Uhren, mit Kalender und Jahreszeiten. Sie brauchen Anregungen materieller und verbaler Art für die Entwicklung von Vorstellungen und Fähigkeiten, die ihnen nicht plötzlich zufliegen, sondern an denen sie lange arbeiten. Kinder wollen die Uhrzeit von sich aus lernen und haben damit Mühe (Vakali, 1991). Aber auch erfolgreicher praktischer Umgang mit der Uhr muß noch kein voll ausgebildetes Zeitverständnis einschließen. Jüngere Kinder drehen gelegentlich die Zeiger der Uhr auf den Beginn ihrer Lieblingssendung und sind ganz erstaunt, wenn Ernie und Bert dennoch nicht auf dem Bildschirm erscheinen. Aber auch wenn ältere Kinder die Uhr korrekt ablesen und wissen, daß sie bei einer Zeigerstellung, die man 6 Uhr nennt, zu Hause sein müssen, muß dahinter kein volles Zeitverständnis stecken, aber es wird sicherlich mit vorbereitet. So spricht alles dafür, mit den Kindem über Uhr und Zeit zu reden.
Die Bedenken betreffen eine Einstellung, die Kindern nicht die für ihre Entwicklung nötige Zeit läßt. David Elkind sprach vom »hurried child«, von der »eiligen«, der »gehetzten« Kindheit, die dem Kind nicht die Zeit zugesteht, Kindsein auszuleben. Durch die Bemühungen, Kinder schnell selbständig zu machen, durch hohe Erwartungen an ihre Leistungen im Sozialverhalten, aber auch beim Basteln und Malen, generell durch Sport und Schule, durch den Wunsch, ein »Superkind« zu haben, ein Vorzeigekind in jeder Hinsicht, werde heute weithin Druck auf Kinder ausgeübt, schneller die Entwicklungsphasen zu durchlaufen, als es angemessen wäre (Elkind, 1981; Ernst, 1982).
Die Aufklärung über Kinderentwicklung mag unwillentlich dazu beigetragen haben,

denn die vagen Altersangaben Piagets für Entwicklungsschritte und -stufen werden oft in Altersnormen verwandelt, die manche Eltern noch meinen unterbieten zu sollen. Die negativen Folgen sieht Elkind zum einen im kognitiven Bereich, wenn Kindern zu wenig Zeit für eigene Wege und Lösungen gelassen wird, zum anderen im sozial-emotionalen Bereich, denn die sozialen Beziehungen des Kindes werden belastet, wenn das Kind nicht das Gefühl gewinnen kann, daß es als das Kind respektiert wird, das es ist, sondern stets an hochgesteckten Leistungserwartungen gemessen wird. Elkind lastet diese destruktiven Einstellungen letztlich weniger Eltern, Erzieherinnen und Lehrern an. Er führt diese Überforderungen auf den Glauben an den notwendigen Erfolg und auf die Ängste vor Versagen zurück, die das gesellschaftliche Leben heute beherrschen.

Elkinds Beschreibung des gehetzten Kindes mag manchem zu sehr nach aufstiegsorientierter Familienwelt in der Mittelschicht klingen. Allerdings führt Vernachlässigung von Kindern in ein ähnliches Muster, denn die mit der Entwicklung der Kinder nicht abgestimmte, verfrühte Selbständigkeit setzt Kinder ebenfalls Problemen aus, die nach dem Zeitplan der Entwicklung noch nicht dran sind. Das führt gleichfalls in »Entwicklungsstreß«.

4. Entwicklungsschritte zur rechten Zeit

Der Hinweis auf die nicht weniger nachteiligen Folgen von Vernachlässigung und Gleichgültigkeit gegenüber Kindern zeigt, daß die Lösung des Problems keineswegs darin bestehen kann, Kindern Anregungen und Herausforderungen vorzuenthalten. Vielmehr geht es darum, ihnen diese Anregungen und Herausforderungen zur rechten Zeit, nämlich dann, wenn sie danach verlangen, und dann mit genug Zeit zu bieten. Der Ausdruck »zur rechten Zeit« bezieht sich auf Gespräch und Kooperation zwischen Eltern, Erzieherinnen, Lehrerinnen, Lehrern und Kind. Insbesondere jüngere Kinder brauchen Reaktionen ihrer Bezugspersonen sehr bald. Eine Quelle tiefer Verunsicherung von Kindern besteht in verspätetem Antworten von Eltern und anderen Erziehern auf Fragen und emotionale Bedürfnisse (Veer & Ijzendoorn, 1988).

Den rechten Zeitpunkt abzupassen, scheint schwierig. Allerdings helfen die Kinder den Erwachsenen selber dabei, wenn diese nur aufmerksam sind. Sie beteiligen sich sichtbar daran, ihre Entwicklung zu steuern, und zwar durch die Themen, mit denen sie sich manchmal geradezu obsessiv beschäftigen, durch die Spiele, die sie bevorzugen, und durch Fragen, die sie stellen. Antworten, Anregungen und Hilfen, die ihnen daraufhin gegeben werden, sind zur rechten Zeit gegeben. Oft ahnt man auch, welche Themen kommen, und kann schon vorab dafür sorgen, daß das Kind finden wird, wonach es bald sucht. Das Wichtigste ist, sich im Blick auf sein Kind nicht davon verwirren zu lassen, was andere angeblich alles schon wissen oder können. Anregung heißt dem Wortsinn nach allerdings auch, für eine gewisse Herausforderung zu sorgen, die über die normalen Abläufe hinausgeht.

Trotz zu beachtender individueller Entfaltung gibt es auch Wegmarken in der Entwicklung, die unsere Sozialwelt als Zeitpunkt des Übergangs von einer Entwicklungsphase zur nächsten festgelegt hat: Schuleintritt, Ende der Pflichtschulzeit, der rechtliche Übergang zum Erwachsenenstatus; weniger streng festgelegt, aber doch von allgemeinen Überzeugungen beeinflußt ist der Eintritt in Kinderkrippe und Kindergarten, der Aufbau eines eigenständigen Kreises gleichaltriger Freunde oder Freundinnen, der Beginn von Beziehungen zum anderen Geschlecht, der Auszug aus dem Elternhaus und die Gründung einer eigenen Familie. Diese Zeitpläne unterstellen, daß Kinder und Jugendliche zu einem bestimmten Zeitpunkt in ihrer individuellen Entwicklung an dem Punkt angelangt sind, an dem sie den jeweiligen Übergang vollziehen können. Das muß nicht so sein. Heftige Konflikte an diesen Wegmarken sind oft Ausdruck eines Mißverhältnisses von angenommenem und tatsächlichem Entwicklungsstand eines Heranwachsenden. Man verlangt von ihnen vorzeitig Leistungen, die sie überfordern, oder mutet ihnen zu wenig zu.

Solche Entwicklungskalendarien werden auch von der biologischen Natur des Menschen bestimmt, vor allem in der frühen Kindheit, wenn die Beherrschung der körperlichen Funktionen zum Teil noch ausgebildet wird, zwischen Kindheit und Jugend durch den Eintritt der Pubertät, von der wir inzwischen wissen, daß sie nicht rein biologisch determiniert ist, sondern durch Familienstruktur und -konflikt beeinflußt wird (Moffitt, Caspi, Belsky, & Silva, 1992). Ich kann an dieser Stelle nicht berichten, was die Forschung über die Einhaltung oder Nicht-Einhaltung solcher Rahmenzeitpläne für Entwicklungsverläufe herausgefunden hat, denn all diese frühen oder zu frühen, späten oder verspäteten Schritte des Übergangs von einer Entwicklungsphase zur anderen wären im einzelnen zu diskutieren (Silbereisen, Petersen, Albrecht, & Kracke, 1989). Nur so viel sei gesagt: Abweichungen von den allgemein als angemessen angesehenen Zeitplänen bergen immer gewisse Risiken in sich. Sie sind offenbar dann am geringsten, wenn es für die Abweichungen gute Gründe gibt und Kinder und Jugendliche sich der Unterstützung durch die Eltern und möglichst auch durch die soziale Umwelt sicher sein können (Grundmann, 1992).

Daß es Zeitpläne für Entwicklung gibt, wird auch daran deutlich, daß es Kindern und Jugendlichen je nach Entwicklungsphase unterschiedlich schwerfällt, Veränderungen in ihren Lebensverhältnissen zu bewältigen. Krankheiten, die Kinder von den Eltern trennen, Umzüge, die Heranwachsende aus Freundesnetzen reißen, Verlust von Vater oder Mutter treffen Mädchen und Jungen in verschiedenen Phasen des Aufwachsens in ungleicher Weise (Bergerhoff, 1993, Hetherington, 1989). Auch hier möchte ich nicht in Details gehen, zumal leicht Mißverständnisse und Ängste auftreten können, wenn eine zu knappe Darstellung nicht deutlich machen kann, daß es sich um Risiken handelt, denen eine verständnisvolle Umwelt entgegenwirken kann, und nicht um automatisch wirksame Mechanismen.

5. Geteilte Zeit

Die besondere Belastung der Kinder in den genannten Situationen besteht vor allem darin, daß das Gespräch mit wichtigen Personen unterbrochen wird. Die entwicklungsträchtige Zeit, die ein Kind benötigt, ist ganz wesentlich *sozial geteilte* Zeit, mit wichtigen Personen gemeinsam verbrachte Zeit. Kinder brauchen viel Zeit, in der Mutter, Vater, Erzieherin, Lehrerin oder Großmutter sich wirklich dem Kind zuwenden und in der Freundinnen und Freunde miteinander etwas unternehmen. Kinder brauchen gewiß auch Zeit für sich. Es wäre bedenklich, wenn Alleinsein für sie nur Langeweile bedeutete. Auch in der Zeit, in der ein Kind für sich ist, vollzieht sich Entwicklung. Untersucht man genauer, was im Alleinsein vor sich geht, wird deutlich, daß viel Zeit des Alleinseins aus Gesprächen mit anderen besteht, die als lebendige Bilder oder durch Gedanken, die von ihnen stammen, in unserem Geist gegenwärtig sind. Gefüllte Zeit mit sich allein haben zu können, beruht daher ebenfalls auf erlebter sozialer Zeit, in der ein Kind mit anderen reden, mit ihnen spielen und arbeiten konnte, in der man sich gegenseitig etwas erklärte und begründete, manches Mal auch stritt, aber dann auch wieder liebevoll zusammen war. Wenn Kindern die inneren Gespräche noch schwerfallen, erfinden sie sich sogar imaginäre Spielgefährten, erwecken Puppen und Stofftiere zum Leben, um jemanden zu haben, mit dem sie Zeit teilen können.

Es gibt den Verdacht, daß sozial geteilte Zeit immer knapper wird (Heitmeyer, 1991). Berufliche Tätigkeiten von Vater und Mutter beeinflussen das Zeitbudget; mehr als früher nehmen Mutter und Vater in Anspruch, auch ein gewisses Eigenleben zu führen, das zeitliche Anforderungen stellt. Auch Kinder wachsen mit zunehmendem Alter in zeitliche Verpflichtungen hinein, Schule, Sport, Chor stehen im Wochenkalender. Frei verfügbare Zeit wird knapp, die Koordination der individuellen Zeitpläne ist oft nicht einfach, zumal Betriebe, Schulen, Kindertagesstätten wenig Rücksicht auf Tages- und Lebensrhythmen von Familien nehmen. Nur dann werden Erwachsene mehr Zeit mit Kindern teilen, wenn Eltern durch eine andere Verteilung ihrer Arbeitszeit am Tag, in der Woche und über die Lebensabschnitte hinweg mehr Dispositionsspielraum gewinnen (Engfer, Minsel, & Walper, 1991). Urie Bronfenbrenner hat vorgeschlagen, Arbeitszeiten so aufzuteilen, daß Mütter oder Väter zu Hause sein können, wenn ihre Kinder aus der Schule kommen (Bronfenbrenner, 1976). Diese Stunde am Mittag sieht er als Kernzeit des Kinderalltags an, die unbedingt sozial geteilt werden sollte, damit Kinder ihre Geschichten erzählen können und sich mit ihren größeren und kleineren Problemen angenommen fühlen.

6. Entwicklung und Zukunftsperspektive

Entwicklung vollzieht sich zwar in jeweiliger Gegenwart, aber in einer auf Zukunft hin geöffneten Gegenwart. Eine Aufgabe gut zu lösen, mit einer Person in eine Be-

ziehung einzutreten, verlangt immer, sich von der Einbindung in den Augenblick ein Stück weit zu befreien, und auf vorherige Erfahrungen und künftige Erfordernisse zu blicken. Daher steckt in allen wichtigen Fähigkeiten ein zeitübergreifendes Moment. Piaget sprach von der »Dezentrierung«, die wir leisten müßten, um eine Sache, einen Menschen angemessen wahrnehmen zu können. Wenn ich »dezentriere«, bemühe ich mich, das, worum es geht, nicht nur aus der eigenen Blickrichtung zu sehen, sondern auch aus der Perspektive der anderen Beteiligten, auch aus der Perspektive Danebenstehender, schließlich aus der Perspektive der Allgemeinheit. Eine ganz entscheidende Perspektive ist die Zeit. Man könnte geradezu definieren: Entwicklung ist Handeln in Anbetracht von Zeit. Vergangene Zeit, an die sich ein Mensch erinnert, Zukunft, die er in den Blick gewinnt, ist die Grundlage aller Motivation, etwas zu tun, sich anzustrengen, etwas zu verändern, auch sich selber weiterzuentwickeln; sie ist der »primäre motivationale Raum« (Nuttin, 1964).
Auch Erziehung ist ohne die Blickrichtung nach vorn nicht vorstellbar, denn sie enthält immer einen »prinzipiell riskanten Vorgriff auf Künftiges«, sagt Mollenhauer (1981). Vom Alter der Heranwachsenden hängt ab, inwieweit sie in die Zukunft hinein orientiert sind. Jüngere Kinder leben noch ganz in ihrer Gegenwart und haben nur vage Vorstellungen über Zeiträume und Lebensalter (Schorsch, 1992). Noch Schulkindern fehlt – vielleicht glücklicherweise – ein volles Verständnis des Satzes, sie lernten fürs Leben. Für Jugendliche ist dagegen der Ausblick auf zukünftige Möglichkeiten das entscheidende Moment ihrer Identitätsbildung.
Es gehört zu den wiederholten Vorwürfen an Psychologen und Erzieher, die Kinder zu fördern versuchen, sie entwerteten die Kindheit, weil sie diese Entwicklungsphase nur unter der Perspektive der Vorbereitung auf Späteres sähen. Das Verhältnis ist dialektischer: Gegenwart der Kindheit zu genießen, ist die beste Vorbereitung auf Zukunft. Damit aber Kinder in den Kindheitsjahren erleben, was sie lustvoll herausfordert, sind unter den gegenwärtigen Verhältnissen manche Anregungen erforderlich, für die Eltern und Erzieher sorgen müssen. Dabei sollte man vor dem Kind nicht verbergen, daß es Entwicklung und Zukunft gibt. Aber eben dies geschieht weithin, ohne daß es auffällt. Kinder verbringen viel Zeit innerhalb ihrer Altersgruppe, nicht nur in der Schulklasse, sondern auch in Kindertagesstätten, wo die Kleinen bereits mit Gleichaltrigen gemeinsam von der Liegekrippe in die Krabbelkrippe, von der Krabbelkrippe in die Laufkrippe, von der Laufkrippe in den Kindergarten, vom Kindergarten in die Vorschulgruppe, von der Vorschulgruppe in die erste Klasse und so weiter gleichsam »versetzt« werden. Dies ist Teil einer umfassenden Entmischung der Altersgruppen in unserer Gesellschaft, die die Erfahrung von Lebenszeiten und -phasen einengt (Krappmann, 1994).
Viele Beobachtungen zeigen, daß jüngere Kinder sich gern älteren anschließen. Sie suchen deren Vorbild. Die etwas Älteren sind ihnen näher als die so weit überlegenen Erwachsenen und flößen Hoffnung ein, selber demnächst auch das zu können, was diese »Großen« bereits beherrschen, während Erwachsene in ihrem Können völlig unerreichbar erscheinen. Kinder schauen auch gern auf Jüngere »zurück« und erleben

an deren größerer Ungeschicklichkeit, wie weit sie es ihrerseits schon gebracht haben. Kinder gleichen und ungleichen Alters können einander vermitteln, daß sie sich auf einem Entwicklungsweg befinden. Die Schule – nur die Schule? – meldet allzu oft nur zurück, was ein Schüler noch nicht geschafft hat, und kaum einmal, was er oder sie schon alles kann. Leider wird unseren Heranwachsenden wenig Gelegenheit geboten, sich hier als Jüngerer und dort als Älterer, hier als Anfänger und dort als Fortgeschrittener zu erleben. Diese Einengung des Sich-in-der-Zeit-Erlebens vergeudet, was eben Entwicklungsmotivation genannt wurde, die grundsätzliche Freude daran zu erleben, wie ich kompetenter, autonomer und meiner selbst bewußter werde. Das wird an der Entwicklung einiger Fähigkeiten, die Psychologen untersuchen, besonders deutlich. Sich auf eine Aufgabe konzentrieren und etwas, was man eigentlich lieber täte, auf später verschieben zu können, ist eine wichtige Voraussetzung, um nach den Wegen zu guten Lösungen suchen zu können (Straus, 1962). Von der Fähigkeit zum *Belohnungsaufschub* sprachen die Psychologen einst (»deferred gratification pattern«), heute stehen die *Kontrollüberzeugungen* im Mittelpunkt vieler Forschungen. Es geht dabei um die Vorstellungen, die Kinder und Jugendliche darüber entwickeln, wie man einen erwünschten Handlungserfolg »kontrollieren« kann. Diese Vorstellungen verlangen, den Blick auf zeitliche Abläufe zu richten, denn jeder Versuch, etwas zu bewirken, erfordert, Absicht und Ziel zeitlich zu trennen, um planen, sich über Mittel klarwerden und sie zur rechten Zeit einsetzen zu können (Skinner, Chapman, & Baltes, 1988).
Ganz ausdrücklich wird der Zukunftsbezug des Handelns in Untersuchungen zur *Zukunftsorientierung* im Jugendalter hergestellt. Die Identitätsbildung der Jugendlichen wird von der Frage bestimmt, welche Lebensperspektive sich ihnen eröffnet. Gibt es keine ihnen sinnvoll erscheinenden Tätigkeiten und Ziele, ist es sehr schwer, Motivation, Fähigkeiten und interpersonale Verpflichtungen in einer Weise zu bündeln, die Menschen zu Personen macht, die ihre Antwort auf verschiedenartige und widersprüchliche Möglichkeiten, sein Leben zu führen, suchen. Was aber geschieht, wenn sich den Jugendlichen keine Möglichkeiten bieten? Untersuchungen zeigen, daß viel abweichendes Verhalten unter Jugendlichen mit fehlenden Lebensperspektiven zusammenhängt (Trommsdorff, 1979).

7. Kinder der Zeit

Gerade die Bedeutung, die der Blick auf die vor ihnen liegende Zukunft für Jugendliche hat, erinnert daran, daß Kinder und Jugendliche in einer bestimmten historischen Epoche leben, *Kinder ihrer Zeit* sind und mit den anderen ihres Alters ein soziales Schicksal teilen. Sie werden mit ihren Altersgenossen zu einer »Kohorte«, wie die Lebensverlaufsforscher sagen, die gemeinsam durch die Jahrzehnte wandert. Historische Prozesse, Wirtschaftskrisen, Kriege betreffen sie in einer gemeinsamen Phase ihres Lebens und prägen ihre Entwicklungs- und Lebenschancen. »Einige junge Leu-

te kommen ins Alter, in dem sie nach Arbeit suchen, aber es gibt keine Arbeit, andere, wenn gerade Krieg ist«, schrieb ein Forscher mit Blick auf amerikanische Kinder der 20er und 30er Jahre (Hughes, 1971).
Spätere Untersuchungen der Kinder und Jugendlichen, deren Väter in der damaligen Wirtschaftskrise die Arbeit verloren hatten, zeigten, daß diese Heranwachsenden je nach Lebensalter in unterschiedlicher Weise von der Not getroffen wurden. Besonders interessant ist die Lebensgeschichte der Jungen. Diejenigen, die in der Krisenzeit noch Kinder waren, litten unter der psychischen Belastung des arbeitslosen Vaters, unter daraus folgenden familialen Spannungen und inkonsistenter Erziehung. Viele verloren ihr Selbstvertrauen und verließen vorzeitig die Schule. Diejenigen dagegen, die dieselbe Krise als Jugendliche erlebten, übernahmen oft Mitverantwortung für ihre Familien und gingen eher mit gestärkten Fähigkeiten aus den Schwierigkeiten hervor. Aber auch die Jüngeren wurden nicht durchweg zur »verlorenen Generation«. Für einen Teil von ihnen bot der frühe Eintritt in die Armee für den Krieg gegen das Nazi-Deutschland eine Chance, aus ihrer elenden Lage herauszukommen und einen Neuanfang zu versuchen (Elder & Hareven, 1993).
Auch im zentralen Europa wurden Orientierungen und Lebensgefühle ganzer Generationen von historischen Ereignissen geprägt, von Katastrophen und Wiederaufbau, von Teilung in Ost und West und ihrer Überwindung, von wirtschaftlichem Auf- und Abschwung, von ruhigen Phasen und Jahren des Protests, von atomaren Ängsten und ökologischen Sorgen, von der Zugehörigkeit zu starken oder zu zahlenmäßig schwachen Geburtenjahrgängen (Grundmann, 1992). In den grundlegenden Haltungen der Menschen gewisser Altersgruppen begegnen wir daher nicht nur individuellen Erfahrungen, sondern auch den historischen Ereignissen, die sich mit den jeweiligen Entwicklungsthemen verbanden. Kindheit der Nachkriegszeit hinterließ andere psychische Spuren als Kindheit in den 70er oder den 90er Jahren.
Auch säkulare Veränderungen beeinflussen Kindheit und Jugend tief. Postman (1983) vertritt sogar die Auffassung, Kindheit gäbe es gar nicht mehr, weil das Fernsehen den Kindern die Geheimnisse der Erwachsenen verraten hätte. Ich stimme dem nicht zu, weil ich Kindheit nach wie vor mit Spiel und Ärgerei, mit Streit und Hilfe, in Gruppen und Freundschaften inmitten der Städte, auf Schulhöfen und Spielplätzen, in Klassenzimmern und Spielecken entdecke. Dennoch sind Kindheit und Jugend in diesem Jahrhundert durch die Zeitläufte in einem Ausmaß anders geworden wie in keinem Jahrhundert zuvor. Das Fernsehen ist nur einer unter vielen wichtigen Faktoren. Verkehrslawinen, verdorbene Umwelt, Schulanforderungen, veränderte Elternrollen und Familienstrukturen, Konsum und Moden, Verunsicherungen von Werten und Normen – vieles weitere gehörte noch in diese Liste. Viele Menschen sind sich sicher, daß es noch nie so schlimm war wie heute, woran zeitkritische Zeugnisse früherer Jahrhunderte allerdings Zweifel wecken. Trotzdem bleibt die Frage bestehen, ob jetzt aufwachsende Kinder und Jugendliche noch in derselben Weise an ihren Entwicklungsaufgaben arbeiten können wie ihre Eltern oder Großeltern (Krappmann, 1993).

8. Die Zeit unserer Zeit

Auch die Art, wie gegenwärtig Zeit verplant, verteilt und koordiniert wird, belastet diese Arbeit an Entwicklungsaufgaben. Die in den Lebensverhältnissen vorgegebenen Zeittakte und Zeitraster erschweren, sich die Zeit zu nehmen, die ein Spiel, ein Thema, ein Problem, ein Spaß, ein Entwicklungsschritt seiner inhaltlichen Natur nach erfordern. Das Leben von Kindern und ihren Eltern ist durch viele Festlegungen von Zeiten bestimmt: Arbeitszeiten der Eltern, Öffnungszeiten von Kindergärten, Unterrichtszeiten der Schulen, 45-Minuten-Schulstunden (von Horst Rumpf einst »Häppchen-Unterricht« genannt), Pausenzeiten, Zeiten der Versetzung in die nächste Klasse, Ferien- und Urlaubszeiten, Öffnungszeiten der Supermärkte, der Behörden, Wegzeiten zum Arbeitsplatz, zum Kindergarten, zur Schule, zu Freunden, Trainingszeiten, Musikschule, verabredete Termine mit Freundin und Freund für Spielplatz oder Schwimmbad, Zeiten fürs Sandmännchen und was noch alles im Fernsehen nicht versäumt werden soll, verplante Freizeiten unter Zeitdruck. »Laß uns noch schnell eine halbe Stunde...«

Fast immer haben diese Zeitfestlegungen und -eingrenzungen ihre zwei Seiten. Arbeitszeiten sind zwar fremdbestimmt, aber sichern auch, daß die Ansprüche der Arbeitgeber an die Arbeitnehmer begrenzt werden. Pausen, Ferien, Urlaub sichern Erholung. Training, Übung, Schwimmengehen, Pfadfinderwochenenden sind wertvolle Angebote, die sich allerdings zur Überforderung steigern können. Volle Terminkalender verlangen zeitliche Abstimmungen zwischen Kindern und Eltern, zwischen Kindern und Freunden. Das wird oft zum Problem, etwa wenn für Betreuung jüngerer Kinder gesorgt werden muß. »Kann die Großmutter kommen?« »Können die Kinder über Nacht bei Freunden bleiben?« Die verschachtelten Planungen lösen manche Gereiztheit und Konflikte aus.

Auch das Treffen mit den Freundinnen und Freunden unterliegt dieser Zeitbewirtschaftung. Je weniger Kinder vor der Tür spontan mit Nachbarskindern spielen können, desto dringlicher ist es, sich vorausschauend in der Schule oder per Telefon zu verabreden. So werden Kinder von früh auf in einen rationalen Umgang mit Zeit eingeübt. Letztlich gehe es dabei nicht um Zuwachs an Selbständigkeit, folgert Zeiher aus ihren Untersuchungen, sondern weithin entstanden enge Zeitzuweisungen, »die nicht am Inhalt des jeweiligen Tuns orientiert sind, sondern ihm Gewalt antun, indem sie ihm nicht genug Zeit lassen, es beschleunigen oder vorzeitig abbrechen« (Zeiher, 1988, S. 90).

In unseren Untersuchungen, die ich zusammen mit Hans Oswald durchführe, haben immerhin drei Viertel der Grundschulkinder die Frage bejaht, ob sie genug Zeit zum Spielen mit anderen Kindern hätten. Aber auch die Grundschulkinder unserer Untersuchung gaben an, daß sie sich gewöhnlich vorher verabreden. Die Kinder folgen also offenbar den Mustern rationaler Zeitplanung, scheinen aber subjektiv darunter weniger zu leiden, als es die kritische Sicht auf die Verplanung von Zeit vermuten läßt. Immerhin sichern sie durch diese Planung, daß sie ihre wertvolle Zeit wirklich

ihren Freundschaften widmen. Spontan sind dagegen die Kontakte der Kinder, die nicht gut in Freundesnetze integriert sind. Sie streifen durch Straßen und über Spielplätze und suchen andere »freie« Kinder. Es ist eine eigene Geschichte, warum sich daraus keine festen Beziehungen entwickeln.
Belastende, einengende Einflüsse von Zeitplanung und -einteilung auf das Kinderleben sind gewiß nicht abzustreiten. Aber möglicherweise können Kinder sich den nachteiligen Folgen besser entziehen als viele Erwachsene, weil ihr Handeln einer Vorstellung begrenzter Zeit noch nicht voll unterworfen ist. Auch heute versinken Kinder noch im Augenblick und können ihn zu Ewigkeiten ausweiten, wie Sichtermann (1981) eindrucksvoll darstellt. Ihr Tun unterliege einer immanenten Schwerkraft und lasse sie Zeitgrenzen vergessen. Diese Beobachtung ängstige manche Erwachsene, weil sie die Grenze von Kontrolle über die Kinder anzeige. Wir sagen fälschlich, Kinder verfielen dem Augenblick. In Wirklichkeit verfallen sie einer Tätigkeit oder einem Gedanken, der sie ganz erfüllt. Der Kern der Antwort auf die Frage, wie retten wir sinnerfüllte Zeit gegen die einengende Rationalisierung der Tages-, Wochen- und Lebenspläne, besteht darin, Kinder in dieser selbstvergessenen Auslieferung an etwas, was sie ganz erfüllt, zu bekräftigen und ihnen zu helfen, dieses Potential über die Jahre der Entwicklung und Erziehung hinweg zu bewahren.

9. Die gemeinsam geschaffene Zeit

Etwas mit Sinn Verbundenes zu tun, füllt Zeit und läßt nicht mehr fragen, wie schnell sie verstreicht. Wir würden uns allerdings sehr täuschen, wenn wir uns einredeten, wir müßten nur aufmerksamer auf Inhalt und Sinn schauen, und schon wäre unser Leiden an der knappen, uns entrinnenden Zeit überwunden. Neulich sagte mir ein Kollege, als ich ihm vorjammerte, wieviel wieder auf meinem Schreibtisch läge: »An all dem bist Du selber schuld. Wir bestimmen schließlich selber, was wir tun.«
Lange war ich solchen Aussagen zugeneigt, weil kaum ein Mensch so frei über seine Zeit verfügen kann wie ein Forscher und Hochschullehrer. Und doch habe auch ich oft keine Zeit. Sicher frage auch ich zu oft nicht gründlich genug, ob eine Sache wert ist, Zeit auf sie zu verwenden. Aber Menschen stecken auch in Geflechten gegenseitiger Verantwortung und Unterstützung, die Anforderungen stellen, denen sie sich nicht entziehen können und sollten. Auch diese Anforderungen, nicht nur fremdbestimmtes Berufsleben, enthalten Verpflichtungen, die nicht einfach abzustellen sind. Wir sind in vielen Fällen der »Nächste«, der seinen Teil leisten muß, obwohl dieser Einsatz mit anderen wichtigen Aufgaben kollidiert. Daher leiden wir trotz des sinnvollen Tuns unter der weiteren zeitlichen Beanspruchung. Ich mag Michael Endes Momo sehr. Aber wo sind die Speicher voller gehorteter Zeit, die man nur wieder öffnen muß, damit »die Zeit zu den Menschen zurückkommt«?
Wichtig ist, die Sehnsucht nach sinnvoll gefüllter Zeit nicht aufzugeben. Den Kindern ihre Zeit zu lassen, Zeit, dieses Spiel auszuschöpfen, Zeit, diese Aufgabe gut zu lösen,

Zeit, einen Entwicklungsschritt erst zu tun, wenn die Zeit reif ist, trägt hoffentlich dazu bei, daß Kinder sich Erfahrung mit der Verbindung von Sinn und Zeit bis ins Erwachsenenleben hinein bewahren. Also bestätigen wir sie darin, daß die Augenblicke am wertvollsten sind, in denen wir uns an eine Sache, an eine Person, an eine Aufgabe verlieren! Laßt uns die Kinder daher nicht hetzen und so wenig wie möglich unter Zeitdruck setzen!

Manches deutet darauf hin, daß die Gesellschaften, in denen wir leben, vor großen Veränderungen stehen, die auch unser aller Zeit betreffen. Nell-Breuning äußerte schon vor vielen Jahren die Erwartung, daß in nicht allzu ferner Zukunft ein Arbeitstag in der Woche reichen werde, um die Güter zu produzieren, die wir brauchen. Während die einen befürchten, daß diese weniger arbeitsbestimmte Lebensform die Moral untergräbt, deklarieren andere bereits eine Pflicht zur Muße. Wenn es so kommen mag, ist wichtig, daß uns an Stelle der Zeitpläne der Arbeitswelt nicht ebenso rigide Reglements einer Konsum- und Freizeitwelt beherrschen, sondern die Sehnsucht nach sinnvollem Tun wach geblieben ist. Dann wird sich zeigen, ob die Heranwachsenden nur ein Zeitkonzept, nur Planungs- und Koordinationsfähigkeit erworben haben oder auch ein Fundament an Erfahrung mit Zeit voller Sinn, die hilft, nicht nur Stunden zu gewinnen, sondern mehr sinnerfülltes Leben.

Literatur

Arlin, M.: What happens to time when you sleep? Children's development of objective time and its relation to time perception. Cognitive Development. 1990, Jg. 5, S. 71–88.
Bergerhoff, P.: Kinder im Krankenhaus. In M. Markefka, B. Nauck (Hrsg.), Handbuch der Kindheitsforschung. Neuwied, 1993, S. 665–672.
Bronfenbrenner, U.: Ökologische Sozialisationsforschung – ein Bezugsrahmen. In K. Lüscher (Hrsg.): U. Bronfenbrenner: Ökologische Sozialisationsforschung. Stuttgart, S. 199–220.
Elder, G. H., Hareven, T.K.: Rising about life's disadvantage: From the Great Depression to war. In G. H. Elder, J. Modell, R. D. Parke (Eds): Children in time and place. New York, pp. 47–72.
Elias, N.: Über die Zeit. Merkur 1982, Jg. 36, S. 841–856.
Elkind, D.: The hurried child. Growing up too fast too soon. Reading, MA, 1981.
Engfer, A., Minsel, B., Walper, S. (Hrsg.): Zeit für Kinder! Weinheim und Basel 1991.
Ernst, H.: Keine Zeit mehr, Kind zu sein. Psychologie Heute. 1982, Jg. 9, S. 20–27.
Friedman, W. J.: The development of children's memory for the time of past events. Child Development, 1991, Jg, 62, S. 139–155
Grundmann, M.: Familienstruktur und Lebensverlauf. Historische und gesellschaftliche Bedingungen der individuellen Entwicklung. Frankfurt 1992
Heitmeyer, W.: Gefährdung historisch-politischen Bewußtseins durch Destruktion sozialer Zeit? In W. Heitmeyer, J. Jacobi (Hrsg.): Politische Sozialisation und Individualisierung. Weinheim und München 1991, S. 261–275
Hetherington, E. M.: Coping with family transitions: Winners, losers, and survivors. Child Development, 1989, Jg. 60, S. 1–14
Hughes, E.: The sociological eye: Selected papers. Chicago, IL, 1971
Krappmann, L.: Probleme des Aufwachsens von Kindern und Jugendlichen heute und morgen. In F. Wurst, H. Rothbucher, R. Donnenberg (Hrsg.): Braucht eine neue Generation eine neue Pädagogik? Salzburg 1993

Krappmann, L.: Kinderwelt, Erwachsenenwelt. In S. Dimpker (Hrsg): Freiräume leben – Ethik gestalten. Stuttgart 1994, S. 90–104.
Lerch, H. J.: Der Zeitbegriff im Denken des Kindes. Pädagogische Anstöße. München 1984.
Levin, I., Wilkening, F.: Measuring time via counting: The development of children's conceptions of time as a quantifiable dimension. In I. Levin, D. Zakay (Eds): Time and human cognition. Amsterdam 1989, S. 119–144.
Lewkowicz. D. J.: The role of temporal factors in infant behavior and development. In I. Levin, D. Zakay (Eds.): Time and human cognition. Amsterdam 1989, S. 9–62.
Moffitt, T. E., Caspi, A., Belsky, J., Silva, P. A.: Childhood experience and the onset of menarche: A test of a sociobiological model. Child Development. 1992, Jg. 63, S. 47–58.
Mollenhauer, K.: Die Zeit in Erziehungs- und Bildungsprozessen. Annäherung an eine bildungstheoretische Fragestellung. Die Deutsche Schule, 1981, Jg. 73, S. 68–78.
Nuttin, J. R.: The future time perspective in human motivation and learning. Acta Psychologica, 1964, Jg. 23, S. 60–82.
Piaget, J.: Die Bildung des Zeitbegriffs beim Kind. Zürich 1955.
Postman, N.: Das Verschwinden der Kindheit. Frankfurt 1983.
Schorsch, S.: Die Entwicklung von Konzepten über das Lebensalter bei Kindern und Jugendlichen. Münster und New York 1992.
Sichtermann, B.: Zeit-Kämpfe mit Kindern. Ästhetik und Kommunikation, 1981, Jg. 12, S. 45/46.
Silbereisen, R. K., Petersen, A. C., Albrecht, H. T., Kracke, B.: Maturational timing and the development of problem behavior: Longitudinal studies in adolescence. Journal of Early Adolescence, 1989, Jg. 9, S. 247–168.
Skinner, E. A., Chapman, M., Baltes, P. B.: Control, means-ends, and agency beliefs: A new conceptualization and its measurement during childhood. Journal of Personality and Social Psychology, 1988, Jg. 54, S. 117–133.
Straus, M. A.: Deferred gratification, social class, and the achievement syndrome. American Sociological Review, 1962, Jg. 27, S.- 326–335.
Trommsdorff, G.: Zukunftsorientierung, Belohnungsaufschub und Risikobereitschaft bei weiblichen jugendlichen Delinquenten. Kölner Zeitschrift für Soziologie und Sozialpsychologie, 1979, Jg. 31, S. 732–745.
Vakali, M.: Clock time in seven– to ten–year old children. European Journal of Psychology of Education, 1991, Jg. 6, S. 325–336.
Veer, R. van der, Ijzendoorn, M. van: Early childhood attachment and later problem solving: A Vygotskian perspective. In J. Valsiner (Ed.): Child development within culturally structured environments. Vol. 1: Parental cognition and adult-child interaction. Norwood 1988, S. 215–246.
Zeiher, H.: Verselbständigte Zeit – selbständigere Kinder? Neue Sammlung, 1988, Jg. 28, S. 75–92.
Zimmerli, W. C., Sandbothe, M (Hrsg.): Klassiker der modernen Zeitphilosophie. Darmstadt 1993.

LEBENSZYKLEN - LEBENSALTER - ÜBERGÄNGE

Hartmut Steffen, Mainz

Dies ist kein akademischer Vortrag. Daher erspare ich mir einen geschichtlichen Rückblick über die Entwicklung der Lebenszyklustheorie. Ich möchte vielmehr sofort zu meiner ersten These kommen, die zugleich ein Leitmotiv darstellt für den gesamten Exkurs: Das menschliche Leben ist eine Schule, in der jeder Mensch für sich und wir alle miteinander Liebe leben lernen. Dies ist ein Ziel, das nach meinem Verständnis letztlich eine spirituelle Ausrichtung hat. Teilhard de Chardin formulierte es sinngemäß mit den Worten: Wir sind nicht Menschen, die spirituelle Erfahrungen machen, sondern spirituelle Wesen, die menschliche Erfahrungen sammeln.

Diese scheinbar abgehobene Zielrichtung hat ganz pragmatische, lebensbezogene Aspekte des Lernens in der Lebensschule. Bildlich gesprochen gehen wir von Klasse zu Klasse, verfehlen Klassenziele und beginnen häufig wieder von vorne, um festzustellen, daß wir keine Lektion auslassen können. Der Weg zur Reifeprüfung ist absolut persönlich, jeder hat seine eigenen Lehrpläne, sein eigenes Lerntempo und sein persönliches Lebensziel. Kein Weg ist besser oder schlechter als der andere, jeder ist maßgeschneidert für die Bedürfnisse des einzelnen.

Dieser Vortrag ist auch aus einem weiteren Grund kein akademischer: Er versucht sich nicht in Objektivität und Wissenschaftlichkeit zu ergehen. Ich stelle meine persönliche Sichtweise dar, die geprägt ist von meiner eigenen Lebenserfahrung als Mensch in Mitteleuropa in diesem Zeitalter, als 54jähriger, also am Beginn des zweiten Weltkriegs geborener Mann, dessen Vater gleich zu Beginn dieses Krieges als Soldat fiel, als Kinder- und Jugendpsychiater und Familientherapeut, als Ehemann. Mein Alter mitten im mittleren Lebensabschnitt, und dieses Zeitalter im zu Ende gehenden zweiten Jahrtausend der christlichen Zeitrechnung haben mich intensiv die Frage nach dem Sinn der menschlichen Existenz auf diesem Planeten stellen lassen.

Jeder von uns wurde eines Tages in eine ganz individuell beschaffene Familie geboren: als Knabe oder Mädchen, erwünscht oder unerwünscht, als einziges, drittes oder siebtes Kind, mit schwarzer, gelber, brauner oder weißer Hautfarbe, mit oder ohne Lebensauftrag von seiten der Eltern. Wir erwarben in dieser Familie eine soziale, ethnische, religiöse oder atheistische, kulturelle und nationale Zugehörigkeit. Wenn ich all diese Faktoren aufzähle, die eine individuelle Existenz in der Schule des Lebens prägen, habe ich einzelne Farben eines Gemäldes geschildert, aber noch nicht die Beziehung derselben zueinander.

Denn der individuelle Weg einer Inkarnation zwischen Geburt und Tod ist für jeden Menschen geprägt durch das Beziehungsfeld der Familie mit ihren Sitten, Traditionen und typischen, psychosozialen Fertigkeiten der Krisenbewältigung an den lebenszyklischen Schwellen des Lebens. Nationale Katastrophen zur Zeit dieses Lebensabschnitts wirken sich genauso auf unser Leben aus, wie die Art und Weise, in der unsere Familie und wir selbst mit unserer Sterblichkeit umgehen. Viele Menschen verleugnen ihre Sterblichkeit ihr Leben lang oder lenken sich davon ab, indem sie Besitz anhäufen, Macht ausüben oder sich in den Leistungswettbewerb stürzen. Konfliktvermeidung läßt phobische Ängste, Zwänge, Süchte oder andere neurotische Störungen entstehen. Dieses Konfliktvermeidungsverhalten versucht an Altem festzuhalten aus Angst vor der Ungewißheit des nächsten Entwicklungsschritts. Im Beziehungsfeld einer jeden Familie kommt es an jeder lebenszyklischen Schwelle zu einer normalen Entwicklungskrise, weil wir alle zunächst vor dem nächsten Schritt zögern.

Nehmen Sie sich einmal ein paar Augenblicke Zeit und schauen Sie zurück auf Ihr bisheriges Leben. Betrachten Sie mit Ihrem geistigen Auge, welche Faktoren Sie geprägt und geformt haben, so daß Sie heute so sind, wie Sie sind. Die persönliche Ausstattung - Geschlecht, Gestalt, emotionale und intellektuelle Veranlagung, Fehlbildungen, Behinderungen oder später erworbene chronische Erkrankungen, Talente und Fähigkeiten oder sprühende Gesundheit; die familiären Einflüsse - zerbrochenes Elternhaus, harmonische, gesellschaftlich anerkannte, intakte Familie, der frühe Tod eines Elternteils, Adoptivgeschwister usw.; psychosoziale Faktoren, die sich besonders an der Schwelle zum Erwachsenenalter auswirkten - Ängste der Eltern (»was sollen denn da die Nachbarn denken!«), Lebensaufträge (»der Erstgeborene wird Priester«), mutige Konfliktbereitschaft, Toleranz und Liebe usw. Was haben Sie mit diesen Hürden und Schwellen gemacht? Haben Sie Stolpersteine in Stufen verwandelt, auf denen Sie gewachsen sind?

Hier ist ein kleines Beispiel, wie tagtäglich Veränderungen gemeistert werden: Die fünfjährige Sabine ist jetzt ganz selbständig mit dem Anziehen und Fertigmachen vor dem Kindergarten. Das gibt ihrer Mutter seit neuestem Freiraum, früher an den Frühstückstisch zu kommen. Vaters Ruhe wird jetzt empfindlich bedroht. »Ich sehe dich den ganzen Tag nicht, komm' bitte hinter der Zeitung hervor und widme dich mir«, sagt Mutter zu Vater. »Ich komme den ganzen Tag nicht dazu, mich zu informieren,« kontert er, »und außerdem möchtest du, daß ich die Zeitung hier lasse.« »Du liebst die Zeitung mehr als unsere Gemeinsamkeit. Was für eine Ehe!« antwortet sie in anklagendem Ton. Von der aufgebrachten und verletzten Mutter müssen sich die beiden 7jährigen Zwillinge Peter und Rolf gefallen lassen, daß Mutter ihre Tischmanieren kritisiert und verbietet, daß sie mit den Spielzeugautos um Brot, Butter und Honig Slalom fahren. - Eine kleine Krise, die ein neues Einspielen der ganzen Familie am Frühstückstisch und evtl. darüber hinaus erforderlich macht.

Und hier eine Kostprobe aus einer Familie mit einer jugendlichen Tochter: Als die 16jährige Julia die Eltern um Erlaubnis fragt, ob ihr 19jähriger Freund Rainer in ihrem Zimmer übernachten dürfe, löst das bei Sommers [alle Namen sind frei erfunden] eine kleine Katastrophe aus. Vater Sommer reagiert eifersüchtig und verbrämt diese Reaktion mit ethisch-moralischen Argumenten, während Mutter Sommer in ih-

Lebenszyklen – Lebensalter – Übergänge

rer Hilflosigkeit ihre eigenen Eltern um Rat fragt und dadurch eine Vertrauenskrise zwischen sich und ihrem Mann provoziert.

Die Lernabschnitte in der Schule des Lebens werden besonders intensiv und produktiv während der Übergänge zwischen zwei Lebensabschnitten. Lebenszyklische Veränderungen lösen eigentlich bei jedem Menschen Ängste aus, die verschiedene Festhaltemechanismen aktivieren, die binden und Macht ausüben. Wenn einzelne Familienmitglieder über andere Kontrolle und Macht ausüben, wird der Autonomieprozeß aller Beteiligter beeinträchtigt. Eine gängige Art zu binden und Macht auszuüben ist die Schuldzuschreibung, mit der ein oder mehrere Familienmitglieder zum Sorgenkind oder zum Sündenbock gemacht werden. Eine der schwierigsten Schwellen im Verlauf des Lebens ist der Übergang vom Jugendlichen- zum Erwachsenenalter auf seiten der Heranwachsenden und die gleichzeitige Konfrontation der Eltern mit der Aufgabe, wieder oder erstmals - wie im nachfolgenden Beispiel - Partner ohne Kinder zu werden.

Herr und Frau Adler kommen mit ihren knapp 18-jährigen Zwillingstöchtern zum ersten Gespräch. Beatrix, die wache und hoch interessierte Erstgeborene (fünf Minuten vor ihrer Schwester) ist soeben von einer jugendpsychiatrischen Klinik zurückgekehrt, in der sie mehrere Monate wegen einer Anorexia nervosa stationär behandelt worden ist. Ihre Schwester Sophia, scheu und schüchtern, ist wegen ihres kindlichen, regressiven Verhaltens nicht klinisch auffällig geworden. Ruhige Kinder fallen eben nicht auf, weil sie so pflegeleicht sind.

Die familientherapeutische Sitzung bringt folgende Erkenntnisse: Die beiden Adlers hatten sich kaum kennengelernt, als sich die Zwillinge in einer nicht geplanten Schwangerschaft ankündigten. Beide Adlers stellten sich sofort ihrer Elternaufgabe und blieben daher total unerfahrene Partner. Die ersten 12 Jahre waren die Domäne der Mutter, während Vater Karriere machte. Die letzten fast sechs Jahre wurden immer mehr zur Domäne des Vaters: Er wurde Schulexperte seiner Töchter und lernte und diskutierte jeden Abend mit ihnen - manchmal bis Mitternacht. Die Partnerkrise der Adlers wurde ständig überdeckt, da erst Frau Adler und später ihr Mann mit den heranwachsenden Töchtern Pseudopartnerschaften eingingen. Je näher die Zwillinge an die lebenszyklische Schwelle zum Erwachsenenalter kamen, umso bedrohlicher machte sich die Eheunerfahrenheit der Adlers bemerkbar. Die Partner begannen sich zu streiten, und die Ehe schien in Gefahr. Unbewußt half nun Beatrix mit einer Pubertätsmagersucht und lenkte die Eltern sehr wirkungsvoll von ihrer Ehekrise ab. Während Vater immer unentbehrlicher für Schulfragen wurde, entwickelte sich Mutter jetzt zur Nahrungsexpertin ihrer magersüchtigen Tochter. In gegenseitiger Delegation bestärkten sich die Partner in ihren jeweiligen Assistentenrollen gegenüber ihren Töchtern und machten sich gleichzeitig verhaltene Vorwürfe. Diese ineinander verschränkte, festgefahrene Situation ist ein typisches Szenario einer Problemfamilie mit doppelten Botschaften, sich widersprechenden Aufträgen, Schuldzuschreibungen, totaler Unabgegrenztheit zwischen den Generationen usw.

In der Sprache der systemischen Familientherapie vom kybernetischen Typ könnte man hier von einer Familie sprechen, die sich als Lösungsversuch während einer Veränderungskrise ein Problem schafft und daraus ein ausweglose Dilemma entstehen läßt, so daß sie einen Psychotherapeuten suchen muß. Oder man spricht im Sinne der evolutionären Systemtherapie von einem Problem, das sich ein System erschafft, das Ausdruck des lebenszyklischen Wachsens ist.

Im Fall der Familie Adler öffnete die therapeutische Intervention am Ende der ersten Sitzung die Augen aller und führte in einer sechswöchigen Therapiepause zu Veränderungen. Sie lautete: *»Beide Töchter helfen ihren Eltern, die völlig unverschuldet keinerlei Partnererfahrung sammeln konnten, infolge ihres großen Verantwortungsgefühls und ihrer Selbstaufopferung, daß diese nicht in die Gefahrenzone des nächsten Lebensabschnitts, der ›Partnerschaft ohne Kinder‹, kommen müssen.«*

Die Folge war der Beginn einer Partnertherapie, die noch andauert, mit den Themen Trauer, Angst vor dem nächsten Schritt, Angst vor Nähe, Eigenverantwortung, Abgrenzung und Toleranz in der Partnerschaft und deren Wurzeln in der Kindheit der Adlers. Die meisten normalen Übergangskrisen werden nach einigen Wachstumsschmerzen von den Familien spontan gelöst.

Wie gelang der Übergang ins Erwachsenenalter bei Ihnen in Ihrer Herkunftsfamilie? Blicken Sie noch einmal zurück auf Ihre Lebensstraße und schauen Sie, wie bei Ihnen der Schritt in die erwachsene Individuation und Eigenständigkeit gelungen ist. Wer hat Ihnen dabei das Leben schwer gemacht, und wie sind Sie damit konstruktiv umgegangen? Wer hat diesen Prozeß begünstigt und wie haben Sie das genutzt?

Diese Frage, wie haben Sie Beflügelung und Erschwernisse Ihres Weges zu Ihrem Besten genutzt, führt uns zurück zu einem unserer Ausgangspostulate: Das Leben ist eine Schule, in der jeder einzelne Lektionen lernt, die er oder sie für seine persönliche Entfaltung benötigt. In der Lebensschule gibt es verschiedene Lernziele, die absolviert werden müssen, bevor der Weg weitergeht. Lebenszyklen - Kindsein, Jugendlichenalter, Erwachsensein, mittlerer Lebensabschnitt und Senium - sind die gängigsten Lebensklassenbeschreibungen. Die vier Lebensalter, von vielen berühmten Malern dargestellt, wurden von mir ergänzt durch das fünfte, den an vierter Stelle stehenden, mittleren Lebensabschnitt. Jede Schwelle zwischen den einzelnen Lebenszyklen stellt den Bereich des Übergangs dar, in dem das Loslassen und das neue Anpacken im zwischenmenschlichen Bereich gelernt werden. Und damit komme ich zu dem zweiten Teil meines Ausgangspostulats: Ein wichtiges Ziel des Schulcurriculums ist, Liebe leben zu lernen.

Liebe im Leben ist nichts Süßes, Einhüllendes, oder besser, nicht nur. Liebe ist die Kraft des Lebens, die Freiraum, Eigenverantwortung und Selbständigkeit zuläßt und zutraut. Wenn die Mutter zu ihrem sechsjährigen Sohn sagt: »Nein, ich binde deine Schuhe nicht mehr, weil ich weiß, daß du es kannst. Lieber wecke ich dich fünf Minuten früher«, dann praktiziert sie Liebe und fördert Autonomie. Die Mutter, die sagt, sie lasse ihren Sechsjährigen lieber lange schlafen und helfe ihm dann beim Anziehen und fahre ihn mit dem Auto zur nahen Schule, ist fürsorglich und beschützend, fördert aber nicht die altersgemäße Selbständigkeit.

Lebenszyklen – Lebensalter – Übergänge

Die oben geschilderte Situation der Familie Adler mit den jungen erwachsenen Zwillingstöchtern sollte deutlich machen, daß die Angst vor dem Übergang in den nächsten Lebensabschnitt alle Beteiligten betrifft. Alle halten einander fest und verwalten weder den eigenen Freiraum, noch respektieren sie den des anderen. Die beiden Töchter haben nicht die Autonomie von 18jährigen entwickelt, sind mit Essen, Kleidung, Schule etc. auf die Hilfe der Eltern angewiesen - oder verhalten sich jedenfalls so, und Herr und Frau Adler haben ihre Verantwortung für ihre Beziehung als Partner jahrelang vor sich hergeschoben und noch nicht gemeistert. Jetzt sind alle vier gute Gärtner in den Vorgärten der anderen. Jeder muß jetzt lernen, seinen eigenen Verantwortungsbereich oder Vorgarten zu verwalten und den des anderen zu respektieren. Das nenne ich gelebte, tolerante Liebe sich selbst und den anderen gegenüber.

Wenn Sie sich den eigenen Veranwortungsbereich bildlich als Ihren Vorgarten vorstellen, dann kann es interessant sein zu prüfen, wie gut Ihr Garten bestellt ist, ob er einen Gartenzaun hat und ob Sie darauf achten, daß Ihre Familie und Ihre Freunde anklopfen, bevor sie in Ihren Vorgarten eintreten.

Lebensalter - Jahreszeiten des Lebens - und lebenszyklische Veränderungen sind also die entwicklungsdynamischen Bedingungen des persönlichen Wachsens in die Eigenverantwortung, die durch verschiedene Stadien gehen muß.

Ein Neugeborenes kommt in diese Welt und setzt die Symbiose mit seinen unmittelbaren Bezugspersonen fort, die es aus dem Mutterleib kennt: Alles um es herum ist Teil seines Universums. Die Hauptbezugspersonen sind in der Regel auch bereit, den Bedürfnissen des Säuglings zu dienen.

Hier ist eine weitere Situationsskizze: Mutter und Vater haben den zwei Wochen alten Marcel nachts zwischen sich im Ehebett liegen. Marcel wird voll gestillt, was z.Zt. bedeutet, daß er nachts zwischen 3 und 4 Uhr eine Mahlzeit braucht. Die Bereitschaft Marcels zu erwachen und hungrig zu sein, teilt sich intuitiv seiner Mutter mit, die etwa 10 Minuten vor seinem eigentlichen Erwachen die Augen öffnet und sich bereit macht, ihn beim ersten Laut zum Stillen hochzunehmen. Dieser sogenannte Ammenschlaf ist Ausdruck für die liebevolle Hingabe der Mutter an Marcels Bedürfnisse. Marcels Vater ist ein ganz harmonischer Teil der Triade und dient den Bedürfnissen von Marcel und der stillenden Mutter. Zum Beispiel trägt er ihn oft lange über seiner Schulter, um dem noch nicht eingespielten Verdauungstrakt des jungen Säuglings die Abfuhr von Winden und verschluckter Luft zu erleichtern und ihn dann schlafend hinzulegen.

Was ist Voraussetzung für solch eine harmonische, gebende Liebe, die dem Neugeborenen den Übergang in dieses Leben erleichtert? Ich denke, die Eltern müssen sich idealer Weise selbst und einander lieben, um dem Kind oft unter extremen Bedingungen Liebe geben zu können, die es genauso zum Überleben benötigt wie Luft, Nahrung, Wärme und Sicherheit.

Mißhandelte Kinder - um den extremen Gegenpol anzudeuten - haben Bezugspersonen, die sich selbst nicht lieben und Liebe, Zuwendung und Anerkennung von ihrem Kind erwarten. Diese Erwartung, die natürlich sehr schnell enttäuscht wird, schlägt dann um in Wut gegen das Kind, das durch Schläge und Mißachtung gestraft wird. Das Normalspektrum des Lebens in der westlichen Zivilisation weist alle Spielarten zwischen diesen extremen Polen der Eltern-Kindbeziehung auf.

Wenn Marcel das erste Mal »ich bin ich« sagen wird, dann hat er sein eigenes Universum zu definieren begonnen und in seinem psychischen Vorgarten werden die ersten kleinen Pflanzen der Selbstliebe und der Eigenverantwortung gepflanzt. Und damit beginnt die langsame Spirale der schrittchenweisen Übergabe und Übernahme von Verantwortung zwischen den Eltern und dem heranwachsenden Marcel. Noch sind die Eltern eine ganze Zeit lang verantwortlich für Marcels Vorgarten und die anzupflanzenden Selbständigkeitsgewächse, wie das obige Beispiel vom Schuhebinden andeutete. Das kostbare Ziel dieser lebenszyklischen Spirale mit den Entwicklungsstadien des Kindergarten-, Schul- und Pubertäts- und jungen Erwachsenenalters ist die Eigenverantwortung und die Selbstbestimmtheit des Heranwachsenden.

Wohl dem, der mit liebevoller Aufmerksamkeit, mit Interesse und der Anerkennung seiner Eltern aus der normalen Fremdbestimmtheit des Kindes in die Selbstbestimmtheit des jungen Erwachsenen heranwachsen darf. Es gibt viele Eltern und Lehrer, die aus ihrer eigenen Fremdbestimmtheit und Angst heraus autoritäre, bevormundende Erzieher sind, die die Autonomie des Heranwachsenden unterminieren.

Eine Familie mit offenen Türen signalisiert Unabgegrenztheit und mangelhafte Eigenverantwortung der Heranwachsenden und zu viel Dominanz der Eltern im persönlichen Verantwortungsbereich der Kinder. Gegenseitiges Respektieren des abgegrenzten Freiraums läßt Eltern und Kinder geschlossene Türen respektieren, an die geklopft wird, bevor man eintritt. Wenn Kinder für ihr Eigentum, ihre Kleider, ihr Zimmer, ihr Taschengeld, ihren gesamten Schulbereich allmählich volle Verantwortung übernehmen dürfen, und Eltern sie bei Mißerfolgen tröstend begleiten, statt sie mit Liebesentzug zu strafen, dann haben sie eine realistische Chance, Selbstbewußtsein zu entwickeln und Selbstliebe aufzubauen.

Im Idealfall sind Erwachsene von ihrer Herkunftsfamilie gelöst, haben gelernt, bei Schwierigkeiten durchzuhalten und nicht gleich aufzugeben, sind eigenständig und können mit ihren Stärken und Schwächen leben. Aber wer von uns hat das schon als Zwanzig- bis Dreißigjähriger geschafft? Die meisten von uns gehen durch schmerzhafte Phasen der Unsicherheit und Angst, weil wir uns die Qualitäten der Selbtbestimmtheit und Eigenliebe erst allmählich aneignen und auch dann immer wieder durch Wachstumsphasen gehen müssen, die sich wie Rückfälle in die totalen Selbstzweifel anfühlen.

So gelangen wir über Eltern- und evtl. Großelternschaft, berufliche und private Entwicklungsschritte allmählich in den mittleren Lebensabschnitt, in dem wir unser bisheriges Leben gründlich zu hinterfragen beginnen. Habe ich wirklich das gemacht, was ich aus meinem Leben machen wollte? Wie passen mein Beruf, meine Partnerschaft, meine Lebensart, meine Interessen und meine Werte zu meinem Weltbild und meiner Vision vom Sinn des Lebens?

Stellen Sie sich doch einmal selbst die folgenden Fragen: Was ist meine Vorstellung

von einem erfüllten Leben? Und - was hindert mich daran, ein erfülltes Leben zu leben?
Mich persönlich beschäftigt immer mehr die Frage: Ist es liebevoll aus Rücksicht auf andere eigene Abstriche und einengende Kompromisse zu machen? Oder sollte ich den Mut haben, Sicherheiten und Bequemlichkeiten loszulassen, um nach meiner Vorstellung in die Dimension des spirituellen Wesens zu wachsen, das im Rahmen eines erfüllten Lebens alle notwendigen und mir möglichen menschlichen Erfahrungen macht?
Was heißt das denn, als spirituelles Wesen menschliche Erfahrungen zu machen? Das erfordert zunächst einmal die Klärung der Frage, wer sind wir eigentlich? Was bedeutet der Ausdruck wir seien spirituelle Wesen?
Um das zu beantworten, muß ich einen kleinen Exkurs machen in einen Bereich der Jahrhunderte übergreifenden generationenzyklischen Entwicklung, den ich *die Zyklen der Entwicklung des menschlichen Bewußtseins* nennen möchte.
In allen Zeitaltern der Menschheitsgeschichte gab es immer einzelne aus dem üblichen Rahmen fallende Menschen mit außergewöhnlichen Fähigkeiten des Erkennens und Wahrnehmens auf Ebenen, die den anderen Menschen verschlossen waren. Die Mehrzahl der Menschen dagegen blieb in einem Bewußtseinszustand, der - als Analogie gesehen - vergleichbar ist mit dem eines Kindes: Sie waren fremdbestimmt, unter dem Einfluß der Lehrmeinungen der Kirchen, sahen sich im Zentrum des Sonnensystems und hatten magische Ängste vor einem strafenden Gott und seinen Agenten.
Durch Erfindungen wie die des Rades oder der Schrift hatten die Menschen kleine Veränderungsprozesse durchlaufen, aber keine, die - wieder als Analogie formuliert - großen lebenszyklischen Übergängen vergleichbar wären, wie dem zwischen Jugendlichen- und Erwachsenenalter. Dieser erfolgte, nachdem Kopernikus und andere Astronomen dieses historischen Zeitabschnitts entdeckt hatten, daß die Erde und damit der Mensch, nicht Mittelpunkt des Sonnensystems sind. Dies löste nach einer gewissen Zeit eine religiöse, kulturelle und wissenschaftliche Revolution - eine bewußtseinszyklische Übergangskrise - aus. Die Menschheit rückte auf eine neue Bewußtseinsebene vor und entdeckte die Verstandeskraft, die einen Siegeszug antrat, der bis heute im Wesentlichen unser Denken in der westlichen Welt bestimmt.
Unser Zwanzigstes Jahrhundert wird Zeuge eines Bewußtseinssprungs, der nach meiner Ansicht in seiner Wertigkeit überschätzt wird: Das systemische Denken, eine Verfeinerung des Verstandesbewußtseins, macht in unserer Analogie, Bewußtseinsentwicklungszyklen mit Lebensaltern zu vergleichen, den reifen erwachsenen Menschen inmitten seines Karriereschaffens aus. Man begann von der zweiten kopernikanischen Wende zu sprechen, weil man nach Einsteins Relativitätstheorie und deren Umsetzung in den Bereich des interaktionalen menschlichen Verhaltens erkannte, daß der beobachtende und handelnde Mensch sich in Beziehung zum Ganzen setzen muß - und mehr noch, daß seine Teilnahme am Leben dasselbe verändert. Viele Wissenschaftler haben diesen Sprung aus der Objektivität eines beweisbaren, wissenschaftlichen Tatbestands in die Subjektivität der persönlichen, interaktiven

Teilnahme an einem wissenschaftlichen Geschehen noch nicht vollzogen. Allen Wissenschaftsrichtungen - den Natur- wie den Verhaltenswissenschaften - gemeinsam ist die Grundannahme, daß miteinander in Beziehung stehende Teile ein Ganzes bilden, das mehr ist als die Summe der Teile. Produkte dieser Denkweise sind die Informatik, die Kybernetik, die interaktiven Kommunikationswissenschaften, die Gestaltpsychologie und in jüngerer Zeit neuere Entwicklungen des Managements, des Katastrophenschutzes, der Friedensforschung und andere. Die Kybernetik, die Theorie von der Aufnahme, Verarbeitung und Übertragung von Informationen, wurde zu einer gängigen Analogie für den zwischenmenschlichen, kreisförmigen Kommunikationsablauf. Menschliches Verhalten geschieht aus dieser Weltsicht in Beziehungen und gleicht nicht mehr dem Ursache-Wirkung-Modell eines Billardspiels. Treffend für kreisförmige Beziehungen und deren horizontale und vertikale Vernetzung ist die Analogie eines Mannes, der nicht einem Stein (lineare Ursache-Wirkung-Beziehung), sondern einem Hund einen Fußtritt verpaßt: Zwischen Mann und Hund entsteht eine kreisförmige Ursache-Wirkung-Ursache-etc.-Schleife, in der b e i d e Teilnehmer wechselnd Ursache und Wirkung sind, und viele Vorausbedingungen der Vergangenheit und Gegenwart dieses Beziehungsspiel mit- und ausgestalten. Unsere Freude an kybernetischen Vernetzungshypothesen des Lebens stellt meiner Meinung nach eine Form der vom Verstand ausgehenden Selbstbeweihräucherung dar, mit der wir Menschen uns beweisen wollen, wie vortrefflich und differenziert wir denken können. Dabei identifizieren wir uns derart mit unserem Verstand, daß wir meinen, unser Verstand zu s e i n . Dabei drehen wir uns im Kreis, denn wir können nur das Denkbare denken.

Aus dieser kreisförmigen Rückbezüglichkeit des Verstandes hilft uns nur ein Bewußtseinssprung, einem Quantensprung vergleichbar. Dieser Quantensprung ist meiner Meinung nach der eigentliche Paradigmawechsel dieses Jahrhunderts, der sich gerade anbahnt und analog dem mittleren Lebensabschnitt in den Lebensaltern des Menschen ist.

In seinem Buch »Das Spektrum des Bewußtseins« stellt Ken Wilber, einer der führenden Vertreter der Transpersonalen Psychologie, sehr eindrücklich dar, worum es bei diesem geistigen Quantensprung geht: »*Die Physik und auch die meisten anderen intellektuellen Disziplinen des Westens haben sich - zumindest bis zur Quantenrevolution, aber größtenteils bis heute - nicht mit der Welt selbst beschäftigt, sondern hatten wegen ihrer dualistischen Grundverfassung immer nur symbolische Repräsentationen der Welt zum Gegenstand. In diesem dualistischen und symbolischen Erkennen liegt die Brillanz, aber auch der blinde Fleck von Naturwissenschaft und Philosophie, denn es erlaubt der Wissenschaft zwar, sich ein sehr genaues analytisches Bild von der Welt zu machen; doch mag solch ein Bild auch einen noch so hohen Erklärungswert haben, es bleibt immer - Bild. Und jedes Weltbild verhält sich zur Wirklichkeit der Welt wie ein Bild vom Mond zur Wirklichkeit des Mondes.*« (a.a.o. S.44)

Wollen wir eine Landschaft erleben, dann genügt es nicht, eine Wanderkarte anzuschauen, sondern wir müssen durch die Landschaft wandern und sie mit all unseren

Lebenszyklen – Lebensalter – Übergänge

Sinnen erfahren und erfassen. Wir müssen also mit unserem ganzen Selbst teilnehmen an der Welt, um sie zu erfahren. Und - wir sind ein Teil des Ganzen: Unsere Veränderung verändert den Rest des Ganzen, das Ganze verändert uns. Und - wollen wir uns erfahren, dann müssen wir den Mut haben, uns in die Fülle des Lebens hineinzubegeben und dabei über den Verstand hinauszugehen und unsere Intuition, unsere Innere Stimme, hören zu lernen.

Wenn wir uns umschauen, entdecken wir Menschen, die ihr Selbst auf diese Weise erfahren und durch dieses transpersonale Erlebnis in ihrem Bewußtsein verändert werden. Der eigentliche Quantensprung findet in persönlichen Erfahrungen statt, die alle mit Licht oder mit Licht und Ton, innerer Freiheit und unendlicher Liebe einhergehen und dem Menschen vermitteln, daß er oder sie sein oder ihr Selbst i s t . In einer Galup-Umfrage in den U.S.A. wurde bereits 1988 herausgefunden, daß etwa ein Drittel der Bevölkerung persönliche, transpersonale oder spirituelle Erfahrungen in Träumen, Naturerlebnissen, Nahtoderfahrungen, religiösen und anderen spirituellen Sternstunden erlebt hat.

Solange ich in Symbolen denke oder mit dem Instrument der Sprache etwas vermittle, bin ich in der dualen Welt des Verstandes. Sobald ich eine Erfahrung im äußeren, also im Alltäglichen, oder im inneren Leben, also in Tag-, Wach- oder Nachtträumen, im kontemplativen oder imaginativen Verarbeiten der alltäglichen Geschehnisse, mache, lebe ich im Bewußtsein, daß ich diese Erfahrungen als Höheres Selbst mache. Wilber zitiert neben vielen anderen auch Meister Eckehart, der unterschied zwischen der »Abenderkenntnis« und der »Morgenerkenntnis«. Abenderkenntnis bezeichnet die symbolische Wanderkartenerkenntnis: »*Da sieht man die Kreaturen in Bildern mannigfaltiger Unterschiedenheit.*« Morgenerkenntnis meint die nicht-duale Weise des Erkennens, die Meister Eckehart folgendermaßen beschreibt: »*Auf diese Weise schaut man die Kreaturen ohne alle Unterschiede und aller Bilder entbildet und aller Gleichheit entkleidet in dem Einen, das Gott selbst ist.*« *(Wilber a.a.o.,S.48)*

Sich bewußt als Teil des Ganzen zu e r l e b e n , geschieht auf verschiedene Weisen. Die dramatischste Art ist die Aus-dem Körper-Erfahrung, wie sie zum Beispiel bei einem Nahtoderlebnis, wie ich es im folgenden beschreiben möchte, stattfindet.

Eine Frau litt unter einer akuten Lungenentzündung. Ihr Hausarzt gab ihr, um schnell und wirkungsvoll zu behandeln, ein starkes Antibiotikum als Injektion, gegen das sie allergisch war. Sie ging nach Hause und erlitt zwei Stunden später einen allergischen Schock. Mit einem akuten Erstickungsanfall brach sie zusammen. Plötzlich sah sie sich über ihrem Körper schweben, umgeben von einer hellen Lichtaura. Sie freute sich über ihre totale Freiheit in ihrem Lichtkörper, die es ihr gestattete, durch Wände und geschlossene Türen zu fliegen. Sie sah den Hausarzt mit seiner Notfalltasche kommen. Sie wollte ihm zurufen, daß es ihr gut gehe. Natürlich konnte er sie nicht hören. Während der Arzt sich um ihren physischen Körper bemühte, dachte sie an ihre Kinder. Vielleicht sollte sie in den Körper zurückkehren und ihre mütterliche Verantwortung übernehmen. Im selben Moment fand sie sich - durch die intracardiale Adrenalininjektion wiederbelebt -wieder in ihrem schmerzenden Körper. Später erzählte sie: »Bis zu dieser Zeit in meinem Leben hatte ich es zugelassen, daß andere Menschen - besonders auch mein Mann - über mich bestimmten. Jetzt, nach dieser Erfahrung mit dem Beweis für mich, daß ich unsterbliches Selbst bin und über den Tod hinaus existiere, und dies verbunden mit einem tiefen Gefühl von Liebe, hatte ich ein klares Wissen von meiner Einmaligkeit und meiner persönlichen Kraft. Es wurde mir klar, daß ich mein Leben verändern mußte. Noch während meiner Rekonvaleszenz beendete ich meine elfjährige Ehe und zog mit meinen Kindern in eine andere Stadt. Und dann machte ich mich auf einen langen Weg, auf dem ich tieferes spirituelles Verstehen suchte.«

Wir müssen aber nicht fast sterben, um uns als unser Höheres Selbst zu erfahren. Jeder Mensch geht während des nächtlichen Träumens aus dem Körper und macht dabei ganz persönliche Erfahrungen. Dasselbe geschieht, wenn wir im künstlerischen Prozess die kreative Imagination einsetzen, wenn wir Wachträume haben oder wenn wir eine Lebenssituation aus der Vogelflugperspektive anschauen und als Höheres Selbst unsere kreative Lösung finden. Das ist die Herausforderung unseres Zeitalters am Übergang zum nächsten Jahrtausend, daß wir den Mut entwickeln zu uns selbst, unserer uneingeschränkten Eigenverantwortung und zu unserer Verantwortung für das Ganze, von dem wir ein Teil sind. Der Quantensprung in die Subjektivität unseres eigenen Höheren Selbsts ist die eigentliche kopernikanische Wende unseres Zeitalters.

Das bringt uns zurück zu unserer zuletzt gestellten Frage: Was bedeutet es, - im mittleren Lebensabschnitt - als spirituelles Wesen menschliche Erfahrungen zu machen? In einem wunderbaren Partnergespräch mit einem Pfarrer und seiner Frau, einer Pfarrerin, Eltern von zwei Töchtern und Menschen unterschiedlichen Temperaments, kamen wir auf die Frage, ob ein Partner etwas von sich aufgeben müsse, um dem Temperament des anderen näherzukommen und zu dienen. Die Erkenntnis gipfelte in der Formulierung, daß jeder noch mehr sich selbst sein sollte, um die Fülle des Lebens zu leben und gleichzeitig die Toleranz für den Freiraum und die Einmaligkeit des anderen zu entwickeln. Damit könne sich jeder als spirituelles Wesen maximal entfalten.

Wie gelingt es, in einer Lebensgemeinschaft Liebe zu leben? Liebe leben gelingt, indem ich mich selbst und den anderen so liebe, daß ich meine und der andere seine Freiräume leben kann, um dadurch spirituell zu wachsen.

Diese Einstellung dem ganzen Leben gegenüber macht mich bereit, weiterzugehen in den letzten Abschnitt meines Lebens - ins Alter, das mit dem Tod endet. Das Alter wird dann der Lebenszyklus der Erfüllung, der Weisheit und der wachsenden inneren Freiheit, wenn ich die Illusion des Todes - auch wenn ich mich noch vor dem Übergang des Sterbens fürchte - erkenne.

Immer wieder erleben wir, daß ältere Menschen in den Ruhestand gehen und ohne Berufstätigkeit keine Erfüllung mehr haben. Konfrontiert mit der Leere und Sinnlosigkeit ihres Lebens, erliegt mancher bald einer plötzlichen Erkrankung. Der Tod ist in diesem Fall eine Flucht vor dem nächsten Schritt, mit dem ich meine Bereitschaft erkläre, mich im Spiegel des Lebens selbst anzuschauen und mich existentiell mit dem Altern auseinanderzusetzen. Sinn, Erfüllung und Liebe stimulieren das geistige und letztlich das spirituelle Wachstum des Menschen in allen Lebensaltern. Im Alter können diese Lebensqualitäten darüber entscheiden, ob die Auseinandersetzung mit dem Tod diesen überwinden hilft, oder ob der Tod den verschlossenen, ängstlichen, alternden Menschen »vorzeitig« ereilt.

Während meines Medizinstudiums benutzte mein Pathologielehrer den Begriff »das biorheutische Prinzip«. Darunter verstand er den Umstand, daß das Leben zu seinen Anfängen zurückfließt (rheo= fließen): der alte Mensch verlernt körperlich-geistige Fähigkeiten und nähert sich wieder dem kleinkindlichen Krabbelalter. Im analogen Sinn möchte ich auf Grund meiner Beobachtungen ein neues Prinzip - das spiritorheutische - formulieren: der Mensch im fortschreitenden Alter kehrt allmählich wieder zurück zu seinem ursprünglichen, spirituellen Wissen, das ihm bis ins Kindergartenalter noch bewußt greifbar und formulierbar war. Für dieses Prinzip gibt es in meiner familientherapeutischen Praxis, in der ich Menschen aller Lebensalter sehe, Hinweise und Erkenntnisse in zunehmendem Maß.

Ein dreijähriger Junge, der seine Mutter häufig zu ihrer eigenen Therapie begleitete und dann meist still hinter Mutters Stuhl spielte, sagte eines Tages zu meiner Überraschung: »Gott ist viel viel größer als der Himmel. Ich bin auf die Welt gekommen, damit ich den Menschen das sage.« - Ein anderes Kind, auch im Kindergartenalter, sagte zu seiner Mutter: »Ich muß noch zweimal auf die Welt kommen und dann nicht mehr.« Das löste viele Fragen bei den Eltern aus und führte zu fruchtbaren Gesprächen über inneres Wissen der Kinder und Reinkarnation als mögliche Sichtweise.

Und hier ist die köstlichste Geschichte aus meinem Erfahrungsschatz: Peter und Kathrin, zweieiige Zwillingsgeschwister, wurden von ihren Eltern vor ihrem fünften Geburtstag gefragt, ob sie besondere Wünsche hätten. Ja, sie wünschten sich ein Mühlespiel. Als die Eltern einwandten, daß sie doch noch viel zu jung seien, um die Spielregeln des Spiels zu verstehen, entgegneten sie: »Wir kennen das Spiel gut. Wir erinnern uns gut an die Spielregeln. Wir haben Mühle immer gern in unserm letzten Leben gespielt, als wir Mann und Frau waren.« Die perplexen und skeptischen Eltern holten sofort ein Mühlespiel aus dem Spieleschrank und stellten es erwartungsvoll vor die beiden auf den Tisch. Ganz selbstverständlich teilten die Kinder die schwarzen und weißen Steine auf, setzten sie und erwiesen sich als wahre Mühleexperten.

Dieses innere, kindliche Wissen wird durch die verstandesbezogene Erziehung unserer Kultur und das Berufsleben unserer Leistungs- und Wettbewerbsgesellschaft verdrängt. Wie schon erwähnt, kommen immer mehr Menschen durch außergewöhnliche, oft schicksalhafte Erlebnisse wieder mit verschüttetem spirituellen Wissen in Kontakt oder nutzen die normale Krise des mittleren Lebensabschnitts oder des Seniums, um sich mit dem eigentlichen Sinn des Lebens zu befassen und sich dem eigenen spirituellen Wachstum zu stellen. Viele Menschen bekommen dann wieder eine Beziehung zu dem inneren Wissen ihrer Kindertage oder davor.

Hier ist ein Fallbeispiel aus meiner Arbeit, das zeigt, wie Inhalte aus einem früheren Leben auch durch Träumen verfügbar werden können. Wegen panischer Ängsten in geschlossenen Räumen und einer Gasphobie kam Frau Seybold als Endvierzigerin in meine Behandlung. Die Angstzustände traten im Rahmen einer lebenszyklischen Krise auf, als ihre Kinder sich dem Erwachsenenalter näherten, und ihr klammernder, besitzergreifender Mann sie verstärkt beanspruchte und einengte. Eine Folge von mehreren Träumen stellte den dramatischen Höhepunkt der Therapie dar. In den sich wiederholenden Träumen erlebte sie mehrmals ihren eigenen Tod in der Gaskammer eines Konzentrationslagers. Mit jedem Traum verminderten sich die Ängste, bis sie zuletzt ganz ruhig den Traum erlebte und angstfrei verfolgte, wie ihr Körper starb, während sie als Seele, wie sie sagte, aus dem Körper schwebte.»Immer wenn ich etwas mehrmals träume, dann hat es für mich etwas Wichtiges zu bedeuten«, sagte sie danach und brachte ihre Überzeugung zum Ausdruck, daß die Ängste in diesem Leben z.T. aus dem letzten Leben, in dem sie diesen gewaltsamen Tod erleiden mußte, stammten. Ihre Phobien ließen danach über einen Zeitraum von einem Jahr allmählich nach.

Zuletzt noch ein Beispiel von einer alten Frau. Wie viele Menschen hatte Frau Groß mit 81 Jahren große Todesängste. Ein Herzinfarkt brachte sie eines Tages in Todesnähe. Zweimal verließ sie als ihr Höheres Selbst oder als Seele ihren Körper. Dabei hatte sie die Erfahrung, wie ihr verstorbener Mann ganz ruhig im Licht stehend ihr unendliche Liebe schickte. Sie kehrte zurück in ihren Körper und war so erfüllt von göttlicher Liebe und der Gewißheit, daß sie unsterbliche Seele ist und beim Sterben nur ihren alten Körper ablegen würde. Seither strahlt sie vor Liebe und erzählt jedem, der es hören möchte, wie schön das Sterben sei, und daß alles, was sie bisher über den Tod gelernt habe, falsch sei.

Das spiritorheutische Prinzip kann jederzeit, spätestens aber beim alten Menschen Quellen alten spirituellen Wissens aus der Kindheit wieder verfügbar machen. Quellen uralten Wissens werden in unserer Zeit auch im Bewußtsein der Menschheit der westlichen Welt - gemäß unserer Analogie dem mittleren Lebensabschnitt der Bewußtseinsentwicklung der Menschheit - wieder geöffnet. Seit Beginn der Menschheitsgeschichte unter Eingeweihten bekannt, tritt das innere Wissen jetzt in das Bewußtsein vieler Menschen, so daß ich heute auch einen solchen Vortrag halten kann. Wenn wir noch einmal zusammenfassen, dann haben wir über die Schule des Lebens gesprochen, die lebenzyklische Wachstumsphasen und Übergänge dazu benutzt, daß wir in die höchste, eigene Verantwortung wachsen, die unser eigenes Wohl genauso berücksichtigt, wie das unseres Nächsten und des Ganzen - also der gesamten göttlichen Schöpfung, von der wir wiederum ein Teil sind. Wenn wir das Wohl des Ganzen und seiner Teile im Auge haben, dann ist es selbstverständlich, daß wir unser Wohl genauso umsichtig beachten. Höchste eigene Autonomie in der Bezogenheit zu unseren Mitmenschen und der ganzen Schöpfung ist die Basis für ein persönliches und spirituelles Wachstum, das uns u.a. folgendes erkennen läßt: 1. Die Verantwortung für das Ganze stellt ein spirituelles Prinzip dar. 2. Wir sind nicht unser sterblicher Körper mit Gefühlen und Verstand, sondern wir s i n d unser unsterbliches Höheres Selbst oder Seele. 3. Da wir unsterbliche Seele sind, ist der Tod, das letzte Kapitel im Curriculum der Lebenszyklen und Übergänge, lediglich ein Übergang auf

Lebenszyklen – Lebensalter – Übergänge

eine andere Bewußtseinsebene, der mit Licht und göttlicher Liebe einhergeht, wie viele Menschen uns in letzter Zeit berichtet haben.

Wenn wir bewußter ein erfülltes Leben leben, dann entdecken wir den wahren Sinn der Lebensschule und unser wahres Selbst.

Zum Schluß noch eine Bitte: Es ist nicht wichtig, daß Sie g l a u b e n , was ich hier vorgetragen habe. Vielmehr wünsche ich Ihnen b e w u ß t e   e i g e n e   E r f a h r u n g e n in der Schule des Lebens.

DER MENSCH UND DAS MYSTERIUM DER ZEIT[*]

Henri Boulad, Kairo

Im Rahmen dieses gewünschten Vortragsthemas, das ich in meinem Zeit-Buch »Alles ist Gnade« behandelt habe, möchte ich den Gegenwartsaspekt – *Die Tiefe der Gegenwart* – besonders beleuchten und, da ich mich hier an Pädagogen wende, vorrangig aus pädagogischer Sicht. Fragen wir uns, in welchem Maß Überlegungen über den Zeitbegriff zum fruchtbaren Ansatz für unsere pädagogischen und erzieherischen Maßnahmen werden können.

Unsere Epoche hat sich in erster Linie mit der Tiefe der Vergangenheit beschäftigt. Der moderne Mensch ist unter Anwendung verschiedenster Wissenschaftsbereiche, von der Paläontologie bis zur Astrophysik, in die Urtiefen vergangener Zeiträume hinabgestiegen und hat nicht nur Tausende, sondern Millionen und Milliarden von Jahren hinter sich gelassen. Dabei baben sich viele Fragen für ihn geklärt, und seine heutige Existenz hat etwas mehr Licht bekommen. Zur selben Zeit wurde eine ganz neue Wissenschaft geboren, die Futurologie oder Zukunftswissenschaft. Mit ihr versucht man, gewisse Zukunftsprognosen auszutesten und sie systematisch zu erarbeiten; man ist bemüht, das Kommende vorauszuberechnen. Dabei scheint es, daß sich die Dimensionen der Zeit zwischen einer unendlich tiefen Vergangenheit und einer unendlich weiten, unsicheren Zukunft ungeheuer ausdehnen, sodaß schließlich auch der Begriff der Gegenwart immer unbestimmbarer wird. Was ist eigentlich Gegenwart? Was ist dieser Augenblickspunkt, in dem ich atme und der sich zwischen diesen beiden riesigen Zeiträumen befindet, zwischen der Vergangenheit und der Zukunft? Und die wichtigste Frage: Wie sollen wir diese Gegenwart leben?

Der Mensch hat heute immer weniger Zeit, und dieses Weniger steht paradoxerweise im Verhältnis zum ansteigenden Mehr seiner technischen Hilfsmittel. Je mehr er davon erfindet, um die Uhr zu überlisten und Stunden und Tage für sich zu gewinnen (Waschmaschine, Auto, Computer, Inter-City-Expreß, Überschall-Flugzeug) umso weniger hat er Zeit. Um die Zeit einzuholen, ist er in einen Kurs gegen sie eingetreten, doch wird er von ihrem Strudel mitgerissen, wobei ihm das Kostbarste, die Gegenwart, abhandenkommt. Die Gegenwart existiert nicht mehr, sie ist ihm verloren gegangen, denn dieser rasende Wirbel zieht ihn in seinem Sog davon, er entwurzelt ihn.

Gleichzeitig fordert die wachsende Summe unseres Weltwissens und das Tempo, in dem eine wissenschaftliche Entdeckung auf die andere folgt, immer dichtere, komprimiertere Lehrprogramme. Die für die Verantwortlichen offenstehenden Fragen: Welches Wissensquantum vermitteln? Was auswählen? Was muß tatsächlich vom

---

[*] Übersetzung aus dem Französischen: Hidda Westenberger

Der Mensch und das Mysterium der Zeit 111

Schüler erarbeitet werden? Wieviel Lesestoff den Kindern zumuten? Und dieselben Fragezeichen stehen für den Freizeitbereich: Welches Fernsehprogramm? Welche Bücher lesen? Welche Zeitschriften abonnieren? Welche Kurse belegen? Welche Reisen buchen? Selbst der sogenannte Freizeitmensch lebt in der nervösen Unruhe ständigen Planens, er lebt in permanenter innerer Spannung; und schließlich fühlt er Ängste aufsteigen, denn die Folge all dessen kann nur eine Selbstentfremdung sein. Warum? ... Weil er ständig außerhalb der Gegenwart lebt, die doch die einzige Realität ist. Wählen wir vorallem unsere Gegenwart und nehmen wir uns vor, sie in der Fülle zu leben! Das ist die einzige Haltung, um nicht vom Zeitsturm erfaßt und davongetragen zu werden, um nicht von anderen Dingen und Menschen gelebt zu werden, sondern um selbst zu leben. Halten wir unbedingt ein! Verweilen wir in dieser einzigen Wirklichkeit!
Heute sind wir hier zusammengekommen, um Gegenwart zu erleben – Sie mit mir und ich mit Ihnen. Vergessen wir alles, was hinter uns und ignorieren wir alles, was vor uns liegt. Wir befinden uns ungeteilt im Da-sein. Und hier geschieht etwas Tatsächliches, denn den Augenblicksmoment voll bewußt erleben, bedeutet eine Gnade erleben! Reich und voll an Substanz ist diese Gegenwart, das uns aber verloren ginge, wenn wir es nicht *hier und jetzt* fühlten und lebten. Unser Dasein setzt sich aus Augenblicken zusammen, und jeder einzelne sollte die Konzentration in der Gesamtheit unseres Wesens beanspruchen, um der Gegenwart ihre Dichte und Tiefe zu geben. So und nur so wird unser Leben seine Qualität entfalten können. Denn in dem Maß, in dem ein Wesen zur Präsenz fähig ist, d. h. der Gegenwart gegenüber gegenwärtig, bekommt sein Leben Sinn, Qualität und Bedeutung.

Zur Praxis

Nun möchte ich an diversen Beispielen aufzeigen, wie wir in der Erziehungspraxis dieses Gegenwartprinzip anwenden können. Im allgemeinen verfolgen wir bei der Lehrtätigkeit (Schule und Elternhaus) die glatte Weitergabe von Wissen. Wir meinen, je mehr Lehrstoff dem Kind angeboten wird, umso reicher sein Wissen, umso sicherer sein Erfolg im Leben. So reichen wir ihm detaillierte Geschichte von der Pharaonenkultur bis zur heutigen, wir reichen ihm die komplette Geographie der Weltkarte, und wir reichen ihm noch Mengen aus anderen Fachgebieten. Der Schüler soll das alles in sich einhäufen, um mit diesem Gepäck dann zu den Prüfungen anzutreten, die mit Abschlußzeugnissen belohnt werden. Dann wird man ihn eines Tages »ein gebildetes Wesen«, »einen kultivierten Menschen« nennen.
Hierzu meine persönliche Frage an Sie: An was erinnern Sie sich noch aus Ihrer eigenen Schulzeit? Was ist Ihnen von Ihren 12 Schuljahren geblieben? Geben Sie es zu – fast nichts! Es ist traurig, das sagen zu müssen, aber es ist die Wahrheit. Wenn wir uns das aber eingestehen, weshalb fahren wir dann mit demselben Lehrsystem endlos fort? Weshalb lassen wir die Kinder 12 Jahre ihres Lebens verlieren, die 12 reichsten,

die 12 wertvollsten Jahre? Wollen wir nicht unser pädagogisches Konzept einmal ganz neu überdenken, um herauszufinden, wo hier der Fehler steckt?

Hier beziehe ich mich zunächst auf den amerikanischen Philosophen und Erziehungstheoretiker John Dewey. In seinem Buch »Experience and Education« (Erfahrung und Erziehung) schreibt er, daß der Mensch nur das behalten kann, was er mit seinen Sinnen wahrgenommen hat, was er sah, roch, berührte und was er selbst ausprobierte. Der Mensch lernt das Wesentliche durch die konkrete Erfahrung und nicht durch Lesen und Studieren, insbesondere der junge Mensch, das Kind – doch ebenso der Erwachsene!

Mit anderen Worten: Weder in der Schule, noch daheim läuft gutes Unterrichten über die Sprachbrücke, sondern es fließt durch die Kanäle praktischer Erfahrungen, die dem Kinde durch eine Erlebnispädagogik erlaubt werden. Daber gilt es, in einem gut ausgearbeiteten pädagogischen System eine bestimmte Anzahl von starken, wahren, konkreten Eindrücken vorzusehen, die zu persönlichen Erfahrungen werden, in die das Kind mit Leib und Sinnen einsteigen, denen es sich mit Herz und Seele hingeben wird, sodaß sein junges Wesen vibriert und eins wird mit der Erfahrung selbst. Danach wird dieses leiblich-seelische Erlebnis mit dem Erzieher gründlich durchdiskutiert und analysiert werden, um aus ihm das Maximum herauszuholen. Nur so wird das Kind ernährt, nur so wächst es, denn das Erlebte prägt sich für immer ein. Nur das, was durch Herz und Nieren gegangen ist, kann man bewahren, der Rest geht unter, er wird vergessen. Und das ist leider bei den meisten von uns der Fall, wir haben fast alles vergessen, was uns die Schule für's Leben mitgeben wollte...

Geben wir es doch zu, die meisten Kinder langweilen sich in den Klassenzimmern zu Tode! Das ist auch meine Haupterfahrung an die Schulzeit – eine schreckliche Langeweile! Die Zeit blieb stehen! Sehnsüchtig habe ich den Blick auf die große Uhr des Raumes geheftet, doch die Zeiger schienen blockiert, während der Lehrer redete und redete... Eine Zeit aber, auf deren Vergehen man hofft, eine Zeit, die man fühlt, ist eine verlorene Zeit. So werde ich auch heute sofort aufhören zu sprechen, wenn Sie beginnen, auf Ihre Uhr zu schauen...

Zur Anregung einige Erfahrungsmöglichkeiten für Ihre Schüler: Organisieren Sie einen kleinen Zoo auf dem Schulgelände, insbesondere für die Volksschule. Ein Zoo ist mit seinen lebenden und reagierenden Tieren eine Schule des Lebens. Hier kann ein beachtlicher Unterricht über unseren Ursprung, über unsere Konstitution und unser Verhalten erteilt werden, auch über die Geographie der Erde und über vieles andere mehr. Vorallem ist ein Zoo eine Schule der Betrachtungskunst, hier kann dem Kinde ein großartiges Beobachtungstraining angeboten werden. Und schließlich, da es sich um lebendige Wesen handelt, ist ein Zoo auch eine Schule des Herzens. Was kann auf diesem Übungsfeld der Aufmerksamkeit vom Kind alles erlebt, erfühlt, erahnt und erfaßt werden! Freilich setzt das voraus, daß ein Lehrer fähig ist, solche Erfahrungen genau zu »sezieren« und zu bestimmen und sie gut mit den Kindern in Dialogform zu behandeln, damit das Letzte und Eigentliche aus der Erfahrung gewonnen werden kann.

Der Mensch und das Mysterium der Zeit

Ein Erzieher ist kein Lehrer. Wir haben zu viele Lehrer, aber zu wenige Erzieher. Ein Erzieher ist derjenige, der den Menschen er-zieht, herauf-zieht, der ihn größer macht und der ihn daher als sein Meister unbemerkt bei der Hand führt. Es fehlt uns an Meistern! Nicht nur für die Schulen auch für die Universitäten! Zwischen einem Lehrer und einem Meister klafft eine Welt. Der Lehrer überträgt sein Wissen auf die Schüler, der Meister aber lockt aus ihnen wie aus seinen Jüngern das hervor, was in ihrem Innern keimt und sich gestalten will und das sich danach sehnt, ans Licht zu treten. Ein Meister ist jemand, der den Menschen bei dieser Selbstwerdung unterstützt, der ihm hilft, sich selbst zu zeugen und zu gebären, denn letztlich führt der Meister seinen Schüler zur Selbstoffenbarung. Deshalb schüttet ein Meister keine fertigen Antworten aus, sondern stellt Fragen und immer wieder neue Fragen. So erwacht das Wesen zur eigenen Wirklichkeit. Doch es fehlt uns an Meistern…

In Fachbereichen wie Physik und Chemie ist es nur allzuleicht, Regeln, Formeln und Gesetze mitzuteilen, viel schwerer ist es, dem Kind eigene Erfahrungen zu ermöglichen. Nehmen wir das Gravitationsgesetz. Ich bin sicher, daß ein guter Teil der hier Anwesenden sich jetzt heimlich fragt: »Was ist das eigentlich? So genau weiß ich das gar nicht.« … Schauen Sie, ich lasse einen Stift fallen, aber warum fällt er? Warum erhebt er sich nicht und steigt nach oben oder nimmt eine radikale Rechtskurve ins Weite? Nein, er fällt sofort gradlinig nach unten. Sie werden mir sagen, das sei normal. Und hier protestiere ich. Diese Antwort ist mir immer zu einfach, denn nichts in unserer Welt ist normal. Sehen Sie, auf diese Weise kam Newton im 17. Jahrhundert angesichts eines vom Baum fallenden Apfels dem Gesetz des freien Falls, der Massenanziehung, der Schwerkraft auf die Spur. Durch eine einfache Beobachtung in der Natur, eine Erlebniserfahrung. Sagen Sie desbalb dem Schüler nicht, »der Stift fällt, weil…« und schreiben Sie nicht als Erstes die Lösungsformel an die Tafel, sondern stellen Sie vielmehr Zusatzfragen, die das Problem einkreisen. Andernfalls sind sie nicht mehr als ein Lehrer, obendrein ein schlechter. Sagen Sie lieber: »Seltsam… Ich weiß es auch nicht. Laßt uns gemeinsam darüber nachdenken.« Und jetzt wird die Klasse lebendig!

Ein anderes Experiment: Sie nehmen ein zur Hälfte gefülltes Glas Wasser und neigen es, als wollten Sie den Inhalt über den Rand gleiten lassen. Dabei beobachten Sie mit Ihren Schülern, daß sich das Wasser zunächst am Glasrand staut, daß die Menge anschwillt, bevor sie auszurinnen beginnt. Aber warum? Warum läuft das Wasser nicht sofort über den Rand, sondern bremst sich zunächst, steht und nimmt an Masse zu? Bitten Sie Ihre Schüler, über derartige Dinge selbständig nachzudenken – ohne voreilige Hilfeleistung Ihrerseits, ohne Verabreichung naturwissenschaftlicher Gesetze.

Eine weitere Erlebniserfahrung ist die Kunstbetrachtung. In Salzburg, in Wien und in ganz Österreich haben Sie großartige Museen, reich bestückt mit den Werken der größten Künstler aller Zeitepochen. Sie wären aber kein guter Kunstpädagoge, wenn Sie Ihrer Klasse ausgedehnte Museumswanderungen verordneten. Jetzt werden Sie mir sagen: »Wieso das? Hier können wir den Kindern nun wirklich konkrete Erfahrungen verschaffen!« … Und ich antworte Ihnen: Ein Museum ist etwas Furchtbares.

Der Besucher sieht, indem er alles sieht, nichts. Gar nichts! Sollte es Ihnen am Herzen liegen, Ihre Kinder zur wahren Kunstbetrachtung erziehen zu wollen, dann wählen Sie *ein einziges* Kunstwerk *eines einzigen* Künstlers und lassen Sie es von den Kindern ganz erobern. Um es in seiner Wahrheit zu erkennen, sollte das Werk sehr lange Zeit betrachtet und vom Betrachter vollständig aufgenommen werden. Später inspirieren Sie die Kinder zur eigenen Reflexion. Tauchen Sie gemeinsam mit ihnen ein in dieses *eine Bild,* in diese *eine Skulptur,* tief genug, um es zum einmaligen und somit unvergeßlichen Erlebnis werden zu lassen.

Ich erinnere mich an einen Dokumentarfilm über den französischen Bildhauer Rodin. Anstatt das Gesamtwerk dieses Mannes aufzurollen und jedes seiner Werke zu kommentieren, wählte man für diesen Film nur eines aus, den »Kuß«. In einem grandiosen Spiel von Licht und Schatten umschlich die Kamera wohl dreißig mal diese eine Skulptur, nahm sie von ganz weitem auf oder ganz aus der Nähe und in ständig wechselnden Perspektiven. Der Zuschauer bewunderte beides, das Auge des Filmkünstlers wie die technischen Möglichkeiten einer modernen Kameraführung in ihren endlosen Möglichkeiten. Hier wurde ganze Arbeit geleistet, und niemals habe ich Rodin besser verstanden als an diesem Tag.

Das läßt mich auch an einen französischen Kunstkritiker denken, den Pariser Jesuitenpater Tézé, der sich einmal auf ähnliche Weise den Kopf des Pharaos Echnaton vorgenommen hatte, Amenophis IV, unseren großen ägyptischen Mystiker, den Vater des Monotheismus inmitten einer Welt der Vielgötterei. In der Frontalansicht beschrieb er dieses Gesicht, in dem sich die ganze verborgene Mystik zeigte, die dieser Mann in seinem Herzen trug, in seinen Lippen, seiner Nasenführung, seinen Augen, in der Spannung seines langen Halses... Diese beiden Kunstwerke kann ich nicht vergessen, es ist unmöglich, denn ich habe sie zu bestimmten Stunden in meinem Leben konzentriert und intensiv in mich aufgenommen. Ich hatte mir *Zeit* für sie genommen, um das Besondere zu erfahren und zu kosten.

Da jeder Mensch sein eigener Schüler ist, meine ich all das auch für Sie als Erwachsene und Lehrer: Kosten Sie unsere Kunst gründlich, doch meiden Sie die üblichen Museumswanderungen, auch wenn damit ihre Besucherstatistik fällt. Es gibt Wichtigeres. Greifen Sie nach einem einzelnen Werk, das Sie sich ganz erarbeiten. Und wenn Sie dieses eine Werk verstanden haben, dann haben Sie die gesamte Kunst verstanden.

Ein letztes Beispiel, das ich gebe, ist das Fernsehen. Heute sind Sie in Europa so weit gekommen, daß Sie sich bedenkenlos von 50 verschiedenen Kanälen forttragen lassen. Das ist ein Unglück. Daher muß jetzt dringend die Kunst des Fernsehens erlernt werden – von Ihnen selbst wie von Ihren Schülern. Lernen und lehren Sie bitte das strikte Auswählen und konzentrierte Anschauen, d. h. bleiben Sie dabei, gehen Sie in die Tiefe des Dargebotenen und schalten Sie keinesfalls zwischendurch oder unmittelbar danach über andere Kanäle plötzlich in eine andere Welt hinein, denn *die Kunst des Lebens ist die Konzentration.*

Während der Jesuitenausbildung lernt man logischerweise auch das Predigen. Dabei heißt es: »Eine gute Predigt wird von *einer* Idee getragen, nicht von mehreren, von *einem Bild,* von *einer* Geschichte! Behandeln Sie dieses *eine* bis auf den Grund, konzentrieren Sie sich ganz auf dieses *eine.*« Das gilt für uns alle. In unserer Zeit müssen wir lernen, uns nur für *eine* Sache zu entscheiden und zu engagieren, denn ein enormes Angebot von rechts und links tötet uns Nerv und Sinne, unsere Sinne stumpfen ab, wir werden dabei weniger, nicht mehr. *Eine Sache wählen und konzentrieren...* Und das ist das Heilsame für den Menschen von heute! Sein Hauptproblem ist die innere Zerrissenheit, er ist zerfahren, nervös, gespalten, er ist in viele Teilchen aufgesplittert. Deshalb ist die *Erfahrung der Gegenwart,* die ich Ihnen heute so sehr ans Herz lege, eine *Erlösungserfahrung,* eine *Harmonieerfahrung.* Sie vermag, den Menschen wieder mit sich selbst zu vereinen. Wenn er gewillt ist, dieses Geheimnis vom gelebten Augenblick wirklich zu erfahren, dann wird er wieder zur Harmonie und inneren Einheit finden. *Den Augenblick in der Fülle leben bedeutet das Geheimnis der Einheit eines Wesens.*

»Wenn ihr nicht umkehrt und wie die Kinder werdet, könnt ihr nicht in das Himmelreich kommen« (Mt. 18,3). Warum sagt Jesus das? Weil er weiß, daß das Kind eins mit sich selbst ist. Der zerstreute Erwachsene ist nicht eins mit sich selbst, er ist im selben Moment vielerlei, denn er ist unkonzentriert. Das Kind ist *eins,* weshalb wir es als unseren Meister betrachten sollten, als ein Vorbild im intensiven Erleben der Gegenwart. Betrachten Sie ein Kind, das selbstvergessen einer Geschichte lauscht oder gebannt ein Puppenspiel verfolgt... Augen und Mündchen offen läßt es sich absorbieren vom Geschehen. Das Kind besitzt die Eigenschaft uneingeschränkten Staunens und Bewunderns, die dem Erwachsenen leider verloren gegangen ist; seinen Verstand erstaunt nichts mehr, und sein Herz ist nicht mehr zur Bewunderung fähig. Das aber muß er wieder lernen durch ein gründliches Hinschauen und Verweilen beim Objekt, durch ein Ruhen im gelebten Augenblick. Vor dem bescheidensten Gegenstand, vor dem gewöhnlichsten Geschehen und vor dem beliebigsten Gesicht, das vor einem auftaucht, heißt es sich anzuhalten und wirklich hinzuschauen, um Zugang zur dieser Sache oder Person zu bekommen. Ein beiläufiger Blick ist rasch getan, um »eine Idee« davon zu bekommen, doch was bleibt einem? Nur die wahre Betrachtung führt ins Innere der Dinge und Wesen, wobei der Betrachter in Ekstase tritt, d. h. er wird aus sich herausgeführt und zum Objekt hin. In der Ekstase lebt der Mensch immer die Erfahrung der *Tiefe der Gegenwart.*

Die Fähigkeit des Staunens und Wunderns wiederfinden..., sie ist auch die Eigenschaft der Weisen. Was einen wahren Philosophen ausmacht, ist nicht sein großes Gedankengebäude, sondern seine niemals verblassende Art des Staunens, Wunderns und Fragens. So wird er zum wahren Philosophen. Und was einen wahren Wissenschaftler ausmacht, ist nicht sein schweres Wissenspaket, das er mit sich umherschleppt, sondern seine Fähigkeit immer neuen Erstauntseins und immer neuen Hinterfragens im nahezu spielerischen Wechsel. Auf diese Weise sucht, forscht und findet er. Diese Kindlichkeit müssen auch wir wiederfinden, denn sie schafft uns die Wiederversöhnung mit uns selbst, die Wiedervereinigung unseres Wesens im Akt der Aufmerksamkeit. Lesen Sie die Schriften der Simone Weil? Ich nenne sie einen der größten philosophischen Geister unserer Menschheitsgeschichte, und sie lebte in unserer Zeit, in der sie 34jährig nach einer außerordentlichen Erfahrung der Selbstentäußerung starb. Diese Frau sprach von der Notwendigkeit der Sammlung und Aufmerksamkeit wie kein anderer vor ihr.

Der Akt der Aufmerksamkeit ist dieses Eintauchen in eine Wirklichkeit, der gegenüber man sich befindet, ein Eintauchen, um das Herz des Gegenüber zu erreichen. Wer etwas oder jemanden aufmerksam betrachtet, bleibt nicht an der Oberfläche stehen, deshalb ist die Aufmerksamkeit ein *spiritueller Akt*, die Aufmerksamkeit ist ein *mystischer Akt*, Aufmerksamkeit gegenüber jeder Präsenz in meiner Gegenwart, vorallem gegenüber dem Da-sein eines anderen Menschen.

Wir tun jedoch gerade das Gegenteil. Wir fliehen die Gegenwart. Ist es nicht so, sobald wir nur eine kleine Chance haben, uns einmal anzuhalten, um bewußt in der Gegenwart zu verweilen, sie zu begreifen und ganz zu erfahren, springen wir auf und jagen zu unserem Rettungsanker, dem Fernsehgerät. Oder wir greifen zum Telefon. Oder wir schlagen die nächstbeste herumliegende Zeitschrift auf. Nein! Nein! Nein! … Werde einmal ganz ruhig und wolle gar nichts. Übe einmal volle Aufmerksamkeit gegenüber dem, was Du heute lebst – mit einem andern Menschen oder in Deiner Arbeit. Oder übe vom Fenster aus in der stillen Kontemplation eine wirkliche Schau der Dinge. Glaube mir, die Gegenwart ist niemals auszuschöpfen, ihr wohnt etwas inne, das sich ins Unendliche erweitert und ins Ewige mündet. Es gibt eine Dichte der Gegenwart und einen Reichtum, die von unauslöschlichem Wert sind, und an uns allein liegt es, daß wir sie nicht wahrnehmen, weil wir unfähig sind, in sie einzutauchen. So hetzen und jagen wir der Gegenwart davon und damit unserem eigenen Leben.

Als heilsames Beispiel gebe ich hier ein besonderes Zeichen, es ist unsere *Liebesbegegnung*, unsere *Liebeserfahrung*. In der Liebe erwähle ich *ein Wesen*, nicht zwei, um ihm meine ganze Aufmerksamkeit zu schenken. Lieben heißt wählen, heißt sich entscheiden. Und dabei entdecke und wähle ich die gesamte Menschheit! Das geliebte Wesen ist objektiv einmalig in dieser Welt, und als solches habe ich es erwählt, aber es versammelt in sich die Totalität der Menschheit. Es ist wie ein Mikrokosmos, der alles enthält, daher empfinde ich dieses Wesen als einen Abgrund, als eine Welt unausschöpflicher Tiefenräume, ein Universum! Leider glaubt man gelegentlich, den andern bis zur Trockenheit ausgeschöpft zu haben, doch das ist eben der Irrtum! … Niemand kann einen andern restlos erkennen, um ihn eines Tages restlos ausgeschöpft zu haben, das wird nie geschehen, nicht in der intimsten und längsten Liebesverbindung, niemals. Und kommt dieser Geschmack dennoch auf, so ist das ein Warnsignal: Du hast Dich nur an der Außenseite des andern aufgehalten und dort Deine oberflächlichen Erfahrungen pausenlos wiederholt – im irrigen Glauben, die große Liebe durch die Wiederholung zu finden. Aber so findet niemand die große Liebe.

Der protestantische Theologe aus Straßburg, Oscar *Cullmann*, unterscheidet zwei Zeiterfahrungen, *chrónos* und *kairós*. *Chrónos* ist die Kalenderzeit, die Uhrzeit, die lineare, die meßbare Zeit. Wir sprechen von 1000 Jahren vor oder nach Christus oder

Der Mensch und das Mysterium der Zeit

von unserem persönlichen Alter in Jahren. *kairós* ist dagegen die in den Moment konzentrierte Zeit, die zur bestimmten Erfahrung wird. Viele, leider sehr viele Menschen, leben ihre Existenz auf dem *chrónos*-Niveau, auf dem für sie nichts Eigentliches geschieht, sie schwimmen an der Oberfläche der Ereignisse dahin, sie gleiten an den Menschen vorüber, leben an ihnen und an sich selber vorbei. Auf diese Art erleben sie nur eine Augenblickskette in der Zeitausdehnung, nichts weiter, ohne Tiefendimension und ohne Bestand. Doch zum Glück gibt es die andern, die im Gegensatz dazu, aus jedem Lebensmoment einen *kairós* werden lassen. *kairós* ist der *Gnadenmoment*, er ist der Augenblick, in dem man Gott berührt und damit das Ewige in seinem Leben! Oskar Cullmann hat diese *kairós*-Erfahrung auf Jesus Christus angewendet.
Wir selbst sind es, die aus unseren einzelnen Lebensmomenten einen *kairós* gestalten können, der für unsere Gesamtexistenz ungeahnte Kräfte freisetzt. Dann wird unser Alltag, dessen Leerlauf wir beklagen, Schwere und innere Fülle bekommen. Wie ist das möglich? Weil in voller Wahrheit jeder einzelne Augenblick die Gesamtheit des Seins in sich trägt – und das kann dem Menschen zum Erlebnis werden. Dann flüstert er: *Alles* habe ich vor mir, ich sehe, ich schaue es, ich erlebe es mit meinem Leib, mit meinem Herzen, mit meinem ganzen Wesen. Das ist *kairós!* Und darüber komme ich zur Erkenntnis, daß *chrónos* von zweitrangiger Bedeutung ist. Vor ein paar Tagen fragte mich jemand: »Pater Boulad, wie alt sind Sie eigentlich?« und ich habe ihm geantwortet: »Zwanzig Jahre«. Es gibt kein Alter, es zählt nicht, denn im *kairós* ist der Zeitablauf außer Kraft gesetzt.
Man könnte die Zeit auch in einer Kreiszeichnung symbolisieren. An der Oberfläche tragen wir sorgfältig die Stunden, Tage, Monate und Jahre ein – unseren exakten Zeitzyklus. Mich interessiert aber noch mehr, ich will real den *kairós* erleben, desbalb lasse ich mich ins Zentrum dieses kreisenden Rades sinken – in die *Tiefe der Gegenwart,* ins Herz der Zeit, wo ich meinen Lebensmoment in voller Bewußtheit lebe. Dann bin ich nicht mehr an der rotierenden Kreisoberfläche, sondern ich selbst bin die unbewegliche Achse, ich ruhe in meiner eigenen Mitte . Ich ruhe im Zentrum der Zeit auch dann, wenn ich das Zeitspiel in gewisser Weise mitspielen muß. Im Wesentlichen erfahre ich aber, daß die Zeit um mich kreist und nicht ich mit ihr und durch sie. Mein Wesen befindet sich im Herzen des Seins und kann von dorther nicht verschleudert werden.
So ist es für mich auch vollkommen uninteressant, ob ich nun 40, 60 oder 80 Jahre alt bin so wie mich auch Ihr Alter nicht interessiert. Sie haben das Alter Ihrer Herzensempfindungen. Sie haben das Alter Ihrer mystischen Erfahrung. Sie haben das Alter Ihrer Fähigkeit – oder Unfähigkeit – der Aufmerksamkeit, des Wunderns und Staunens. Und das ist, was ich *Ewigkeit* nenne…
Die Ewigkeit ist keine Zukunftsvision, eine Erfahrung geplant für eine Zeit jenseits unseres Grabes. Immer hat man Zeit und Ewigkeit voneinander getrennt, erst das eine, dann das andere, und so verstand man die Ewigkeit als eine ferne und dazu endlose Dauer in zeitlicher Ausdehnung. O nein, die Ewigkeit ist *das schlagende Herz der Zeit,* hier und jetzt in Salzburg, in dieser Aula, in unseren Herzen, die jetzt ge-

meinsam die Ewigkeit erleben. Das voll Erlebte ist immer die Ewigkeit, und alle Zeit soll ruhig darüber vergehen! Wir ruhen im unbeweglichen Zentrum des Zeitrades, wo unsere Erfahrungen unvergänglich sind.
Und wo befindet sich Gott? ... So, wie die Ewigkeit nur im Herzen der Zeit zu finden ist, so auch Gott! Gott selber ist ewig und jenseits aller Zeitdimensionen. Manche unter uns denken sich Gott allerdings in Milliarden von Jahren vor uns, in Milliarden von Jahren nach uns, ewig existent schon vor allem Weltbeginn, weshalb ihm die Kunstgeschichte einen langen, weißen Bart verpaßt hat. Und ich frage Sie: Wohin soll denn in aller Ewigkeit dieser Bart noch wachsen? O, armer, alter Gottvater! In Wahrheit bist Du ein lebensprühendes Kind, Du bist das ständig Neue, Du bist das ewig Junge, Du bist die ewig sprudelnde, frische Lebensquelle. *Gott ist.* »Ich bin, der ich bin,« Jahwe, das war seine knappe Selbstoffenbarung gegenüber dem Moses, die in der Bibelübersetzung unserer arabischen Christen anders klingt: »Ich bin da« – und das ist es! *Er ist da,* und das ist *Gegenwart,* das ist meine Gegenwart und das ist Ihre Gegenwart, und wir sollen sie leben, denn *Gott lebt im Jetzt.* Das ist die mystische Erfahrung des Menschen: *Jede Gegenwartserfahrung ist eine Gotteserfahrung.* Müssen wir denn erst in eine andere Welt auswandern, um Gott zu begegnen? Gott, wo bist Du nur? ... *Gott ist da.* Nicht er ist abwesend, sondern wir sind es. Wir sind abwesend gegenüber Gott. Wir sind abwesend gegenüber uns selbst. Wir sind abwesend gegenüber unserem Nächsten. Wir sind abwesend gegenüber dem Lebensaugenblick in seiner ganzen Fülle und Gnade. Und Gott ist da, um von uns erlebt zu werden.
Und doch heißt es, wir würden Gott »eines Tages« von Angesicht zu Angesicht schauen, später, nach unserem Tod. Ich schaue ihn schon heute, denn er hat das Angesicht desjenigen, den ich betrachte. In tausend Gesichtern kann ich ihn finden, und er hat Milliarden Gesichter. Schon im Strahlen eines einzigen Menschen oder in der Ausstrahlung eines einzigen Fleckens dieser Erde kann ich Gottes Herz spüren. Und von den vielen hundert Gesichtern hier in diesem Saal ist jedes vom andern zwar unterschieden und einzigartig, und doch gibt es etwas, das unveränderlich sich gleichbleibt – das Eine. Teilhard de Chardin umschreibt es als eine nicht wahrnehmbare Note, die über allem schwingt. Schön! Und das ist, was bewirkt, daß ich etwas ganz Reales fühle, etwas Unveränderliches, das sich zugleich unendlich verschiedenartig manifestiert. Wer könnte daher den Gottesbegriff in menschliche Worte zwängen, sein Wesen zur Darstellung bringen? Die vielen verschiedenen Gesichter, die ich jetzt hier vor mir habe, bringen mir Kunde von ihm, vom Lebendigen, sie bringen mir ihn ganz nahe, sie beschreiben ihn mir – wobei ich selbstverständlich weiß, daß er all das noch in unendlichem Maß übersteigt.
Es gilt immer dieselbe Botschaft: Um mehr von einer Sache, von einer Person oder von Gott zu haben, muß ich es nicht darauf anlegen, meine Erfahrungen zu multiplizieren, sondern ich muß in die Tiefe des Gegenwärtigen eintauchen, bis an den Grund der Dinge und Wesen. Es geht nicht um die quantitative Steigerung, sondern um die qualitative.
Aber die quantitative Steigerung ist heute nicht allein das erstrebenswerte Ziel,

Der Mensch und das Mysterium der Zeit

enorm ist auch die Jagd nach der »Neuheit«, es reizt und schmeckt nur der Letzte Schrei, den uns die Werbung suggeriert und dabei den gestern noch angepriesenen Artikel schon wieder verwirft; es geht nur um das soeben Kreierte, das Allerletzte, das Neueste. Freilich muß die Wirtschaft florieren. Dennoch: In unserer extremen Naivität lassen wir uns hineinziehen in dieses Spiel, unsere Sicht ist grundfalsch, Illusionen vernebeln sie. Das tatsächlich Neue ist auf einer ganz anderen, auf einer höheren Ebene zu finden, im Immateriellen und Ewigen, in den Augen und Herzen der Menschen und im eigenen Innern, doch ganz sicher nicht im letzten Modell eines Genuß- oder Modeartikels (Diät-Coca Cola, Miniröcke, Maxiröcke, Mikroröcke...). Ich lasse mir doch nicht von Geschäftsleuten eine Neuheit aufschwatzen, sondern will diese selbst in meinem Innern zur Erfahrung bringen, denn mein Leben ist zu jeder Stunde neu. Jeder frühe Morgen, der sich über mir erhebt, ist eine Neuschöpfung der Welt, als solche erlebe ich ihn, und das ist etwas Wunderbares! Das Heute ist das Neue, es ist in mir, in meinem neuen Blick, in meinem neuen Herzen – heute! In mir selbst manifestiert sich das Neue.

Und wenn wir im Alten Testament lesen: »Ich schaffe alles neu« (Is. 43,19) und im Neuen: »Dann sah ich einen neuen Himmel über einer neuen Erde...« (Off. 21,1a), dann lausche ich hier nicht nur einer schönen Zukunftsmelodie, sondern erlebe das Neue jetzt in diesem Augenblick. Auch gibt es Psalmen, die mahnen: »Jetzt ist die Stunde des Heils!« Ja, jetzt ist die Stunde des Herrn, und an mir ist es, ob mein Dasein ständig diese Neuheit empfindet. Wenn ja, dann lebe ich das Evangelium, die *frohe Botschaft* Jesu. Auch bei Paulus gibt es im 2. Korintherbrief einen interessanten Satz: »Darum werden wir nicht müde; wenn auch unser äußerer Mensch aufgerieben wird, der innere wird Tag für Tag erneuert.« (II Kor. 4,16).

Es gibt in unserem persönlichen Innern eine Doppelbewegung wie es eine Doppelbewegung im Weltinnern gibt. Teilhard de Chardin machte es uns verständlich, indem er von zwei Energien sprach, von einer tangentialen und einer radialen Energie. Die tangentiale mündet in die Entropie, d. h. sie verbraucht sich, es ist das aus der Physik bekannte Phänomen des fortschreitenden Energieverlustes, auch Alter und Tod gehören hier her. Die radiale Energie ist dagegen im ständigen Anstieg begriffen, sie wächst, es ist die psychisch-geistige Energie. Hier haben wir wieder *chrónos* und *kairós*. *Chrónos* trägt Sie Ihrem 60., 70. oder 100. Geburtstag entgegen – und dann ist es aus. Der *neue Mensch* aber ist ein ganz anderer, er lebt auf der Ebene des *kairós*, es ist der aus der Tiefe des Erlebens sich ständig erneuernde Mensch.

Diese Erfahrung entreißt Sie Ihrem Tod! Sie bewirkt das, was ich das Anti-Schicksal nenne. Der Alterungsprozeß zum Tode hin und der gesamte Prozeß der Welt-Entropie sind die normalen Schicksalserfahrungen der Existenz. Wir nehmen die Dinge so hin und meinen, uns ergeben zu müssen. Nein! Denn es gibt die *spirituelle*, es gibt die *mystische Erfahrung* als Gegenschicksal! Gelebte Spiritualität und Mystik machen mich stärker als mein Schicksal, sie heben mich heraus und lassen mich darüberstehen, und hier entkomme ich als Mensch dem Tode. Holt mich das biologisch-physische Phänomen des Todes dann tatsächlich ein, dann bin ich längst fertig damit; ich war schon über den Tod hinausgewachsen und hatte mich längst im Herzen der Ewigkeit einquartiert. Durch meine Erfahrung der Gegenwart im Hier und im Jetzt, die, wie wir sagten, eine Gotteserfahrung ist. Das Anti-Schicksal entwindet dem Menschen sein Schicksal. Und das nenne ich *die Erfahrung der Auferstehung*.

Ich möchte diese Begegnung mit Ihnen in einer kleinen Meditation ausklingen lassen, die uns erlaubt, die Botschaft im Gebet noch einmal zu vertiefen und sie uns zu verinnerlichen:

Die Tiefe der Gegenwart

Gott, Du ewige Jugend, Du ewige Kindheit!
Du springende Quelle, immer neu!
Du sprudelnder Lebensquell der Fülle!
Lehre mich,
Dich in meinem Dasein zu entdecken
und Dich zu lieben.
Du bist keine Wesenheit der unendlichen Ferne,
verborgen hinter den Sternenräumen,
verloren in den Tiefen der Zeit,
unauffindbar in den Abgründen der Vergangenheit
oder unbestimmbar in den Weiten der Zukunft,
sondern Du bist die Mitte der Welt,
das Herz des Herzens aller Wirklichkeiten,
das Herz der Zeit und der Existenz.
Laß mich aus jeder meiner Lebenserfahrungen
eine Erfahrung Deiner selbst machen,
so gründlich, daß ich Dich berühren kann,
so tief, daß ich Dich verstehen kann,
Dich, die Tiefe der Gegenwart!
Möge mein Leben aus Dir keimen und wachsen,
um sich vollständig entfalten zu können,
möge es zunehmen an Intensität und Qualität
in der ihm innewohnenden ewigen Jugend.
Und führe mich bitte beim Führen der andern,
denen ich mich mitteilen will,
weil ich mich für sie verantwortlich weiß,
laß auch sie die Fähigkeit entwickeln,
ihre Gegenwart konzentriert und bewußt zu leben,
in ihrer ganzen Tiefe, in ihrem ganzen Reichtum.
AMEN

WERKKREISE

ZEITERFAHRUNG MEDITATIV, ERARBEITET AN EINEM SÜDSEEMÄRCHEN
Wie die Menschen das Feuer und die Nacht bekamen

Felicitas Betz, Thannhausen

Unser Märchen hat deutlich mythischen Charakter. Es stammt aus einer Gesellschaft, in der Erzählen nicht beliebig geschieht, sondern einen religiösen Hintergrund hat, welcher dem Erzähler feste Auflagen macht. Denn er erzählt, was »in illo tempore« geschah, d. h. von einem »uranfänglichen und zeitlosen Augenblick«, den Mircea Eliade »sakrale Zeit« nennt. Wenn das geschieht, werden »Sprecher und Hörerschaft in eine heilige, mythische Zeit versetzt«. Ihr normales Zeiterleben wird gewissermaßen »aufgerissen« und öffnet sich in die »heilige Zeit«, sodaß das Erzählte in die Gegenwart kommt.
Weil uns die Realität unseres historischen Augenblicks weit von solchem Erzählen und Hören entfernt hat, wurde jede Sitzung mit einigen Minuten des Horchens auf den Gongklang und die auf ihn folgende Stille begonnen. – Das Märchen wurde in jeder Sitzung wieder erzählt und immer lieber gehört.
Einen wesentlichen Beitrag zur Erschließung leisteten die Imaginationsübungen:
1. Tag: Das Bild ist *Holzstoß*. Es wird dem Teilnehmerkreis durch das Wort vorgegeben und dann schweigend der seelischen Imaginationskraft Raum gelassen. Die gegenseitige Mitteilung ergibt, daß er als geordnet geschichteter Turm und als hingeworfener Haufen gesehen und erlebt wurde.
Das Märchen erzählt von einem aufeinandergeschichteten Holzstoß, der seine Ordnung hat, er ist ein »Kosmos« im ursprünglichsten Sinn dieses Wortes. Am Anfang und am Schluß der Geschichte wird das Bild aufgerufen. Am Anfang ist jedes Scheit ein Tag. Am Ende hat sich die Welt gewandelt: aus den Tag-Einheiten sind Tag-Nacht-Einheiten geworden. Schöpfung ist ein dynamischer Prozeß.
2. Tag: Das Imaginationsbild ist *Fluß*. Die Imaginierenden erfuhren in der Übung den Fluß sowohl als Wasser, die im Kommen schon wieder gehen, aber auch als numinose Energie, die genauso lebenbringend wie zerstörend erlebt worden ist. Auch als Grenzerfahrung kam er in die Schau.
In unserem Märchen wird der Fluß – nach der langen Einleitung – zusammen mit dem Mann vorgestellt: *Mkong* der Fluß, *E Mkong* der Mensch. Dadurch wird eine Bezogenheit der beiden nahegelegt. Dann spielt das entscheidende Ereignis auf dem Grund dieses Flusses: der Mensch lernt dort das Feuer und die Nacht kennen, die er schließlich – als Geschenk des »Namensvetters« – auf die Erde heraufbringen darf. Es zeigt sich, daß der Fluß in diesem Märchen auch eine Grenze ist, – zwischen der Menschenwelt und der göttlichen Welt, die im zweiteiligen Weltbild noch nicht

»oben«, sondern »unten« gedacht wurde. Schließlich erscheint der »Fluß« noch einmal am Schluß: »... Aber manchmal, wenn ein Mensch allein am Flußufer steht, dann sieht er wieder...« Das ist gleichsam Partizipation am Schöpfungsaugenblick, sie kann nicht nur in der »Erzählgemeinschaft«, sondern auch dem Einzelnen widerfahren.

3. Tag: Imaginationsbild ist *Feuer.* Die von den Teilnehmern mitgeteilten Bilder wurden durchsichtig auf: Licht in der Nacht, Wärme in der Kälte, zerstörende Gewalt, auf Leben, Reinigung, Verwandlung. Unser Märchen erzählt anschaulich vom Feuerschock, dann aber sinnenhaft von der oralen Freude, die dieses Element gewährt, das »den Duft aus den Speisen lockt, gut für die Zunge und warm für den Magen ist«. Durch die Imaginationen belebte sich bei allen Teilnehmenden die bildschöpferische Tätigkeit der Psyche, woraus sich eine allgemeine Belebung der »Ganzheit« Mensch ergab. Es konnten einige Zeitaspekte auch ins Gespür kommen, sodaß sie dann lebendiger reflektiert werden konnten:

1. die lineare Zeitabfolge, dargestellt als Epoche der Tag-Einheiten, die von Tag-Nacht-Einheiten abgelöst werden,
2. die Dynamik von schöpferischem Werden, die sich in unserer Zeit ereignet,
3. die Ahnung oder auch ansatzweise Erfahrung von der Öffnung unserer mechanisch eingeteilten Zeit auf ein Gegenwärtigwerden des Erzählten, – sei es in der »Erzählgemeinschaft« oder auch einzeln. Denn manchmal stehen auch wir »allein an einem Fluß« und erkennen, »wie die Finsternis und das Feuer aus dem großen Fluß hervorkommen.«

Text:
Wie die Menschen das Feuer und die Nacht bekamen

Märchen, ich pflanze dich, auf daß du groß und schön wirst. Ich lege dich auf Holzscheite und backe dich knusprig, auf daß du duftest wie die Brotfrucht.
Es ist gut, einen Holzstoß aufzuschichten. Du legst ein Holzscheit auf den Boden, darüber kommt ein zweites. »Holz her, Holz her«, sagen die Scheite, wenn du Scheit auf Scheit legst, bis der Stoß errichtet ist.
Lange, sehr lange schichteten sich auch die Tage übereinander. Aber damals gab es kein Feuer auf der Welt.
Die Menschen wanderten durch den Wald, jagten das Wild und aßen es roh. Sie saßen am Wasser, fingen Fische und aßen sie roh. Die Tage verglühten nicht, es gab keine Nacht. Denn die Nacht bedarf der Nachtschwalbe, des Vogels Kau, der ihren Weg mit Pfeifen begleitet, wenn sie fortgeht. Die Nacht braucht auch die Zikaden. Es ist gut, wenn sie zirpen.
Es war also Tag, und es ging ein Mann und floß ein Fluß. Der Mann ging am Ufer entlang und suchte Zweige. Der große Fluß hieß Mkong, und der Mann hieß E Mkong. Er sah am Ufer einen Baum, der viele Äste hatte. Der Mann nahm seine Steinaxt, kletterte auf den Baum und hieb Zweige ab. Einer wehrte sich und warf seinen

Schmuck Kienho hinunter. Er hatte ihn um den Hals getragen, und es war ein sehr, sehr schöner Schmuck. Der Kienho fiel ins Wasser. E Mkong kletterte vom Baum, warf seinen Lendenschurz ab und sprang dem Kienho nach. Er schwamm und tauchte bis auf den Grund. Da sah er, daß er in einem Hof mit vielen Menschen war. Die Menschen kamen näher und starrten den Fremdling an. Das Kinn E Mkongs sank auf seine Brust hinab, und große Angst erfüllte ihn. Ein Mann trat auf E Mkong zu und sprach:
»Wie heißt du?«
»E Mkong«, sagte er.
»Ich auch, wir sind Namensvettern.«
Und er nahm ihn bei der Hand und führte ihn in seine Hütte. Dort reichte er ihm einen Lendenschurz. Da verließ die Angst E Mkong. Er freute sich, und sie gingen hinaus. Plötzlich aber erstarrten seine Arme, und seine Augen schlossen sich. Und doch sahen sie ein Licht. Es war, als schaute er mit geschlossenen Augen in die Sonne hinein. E Mkong hatte zum erstenmal ein Feuer erblickt. Der Namensvetter ergriff seine Hände, schüttelte sie und nahm den Schatten von seinem Kopfe weg. Da konnte E Mkong wieder gehen, und dann setzten sie sich. Männer und Frauen brachten ihm Essen, wie er es noch nie gegessen hatte, gebratenen Taro und gebratene Bananen. Der Mund E Mkongs hatte jedoch nicht genug Kraft, um sich zu öffnen und einen Bissen zu tun. Nur seine Nase fing den köstlichen Duft der Speisen auf. Aber langsam kehrte die Kraft in den Leib E Mkongs zurück, und er aß. Er aß und aß, bis sein Bauch satt und auch die Augen und die Nase satt waren. Dann kam die Nacht und senkte sich auf die Menschen und Hütten. Und wieder erstarrten die Hände und Füße E Mkongs, und ein Schatten fiel auf seinen Kopf. Doch der Namensvetter ergriff seine Hände und schüttelte sie, und der Schatten verschwand. Der Mann sagte:
»Warum fürchtest du dich? Die Nacht kommt, und der Tag geht fort. Doch die Nacht wird wieder verschwinden, und dann kommt der Tag. Jetzt werden wir schlafen.«
Und vor den Augen E Mkongs verwandelte sich der Mensch in eine Schlange. Und die Schlange rollte sich zusammen und schlief ein. Und plötzlich gab es keine Menschen, sondern nur noch Schlangen um ihn herum. Alle rollten sich zusammen und schliefen ein. Nur E Mkong blieb wach. Die Nacht war lang, sehr lang. Die Zikaden zirpten. Da endlich legte sich seine Angst, und auch er nickte ein.
Der Vogel Kau weckte ihn. Er pfiff. Da verschwand die Nacht. Und plötzlich gab es keine Schlangen, sondern wieder Menschen um ihn herum. Sie kamen und gingen. Auch der Namensvetter E Mkongs kam. Er brachte ein großes Blatt, in das packte er die Nacht, das Feuer, ein paar Zikaden und Vogel Kau ein. All das schenkte er E Mkong. Dann zeigte er ihm den Weg aus dem Fluß.
Und E Mkonk ging und stieg ans Ufer. Er nahm das Feuer und legte es ins Gras, bis die Halme knisterten. Es kamen Menschen, Männer und Frauen. Sie machten große Augen und starrten das Feuer und E Mkong an und dann wieder E Mkong und das Feuer. Denn ihr Kopf sagte ihnen, daß er doch im Fluß ertrunken war. Aber E Mkong tat den Mund auf und sprach:

»Seht, ich habe euch das Feuer gebracht. Es lockt den Duft aus dem Essen heraus, macht es gut für die Zunge und warm für den Magen.«

Dann rollte er das große Blatt auf, und die Zikaden sprangen heraus, und auch die Nachtschwalbe Kau flog heraus. Und die Nacht kam aus dem großen Blatt und senkte sich auf die Menschen und auf die Tiere und auf die Bäume. Die Beine der Menschen erstarrten, und ein Schatten legte sich auf ihren Kopf. Die Zikaden aber zirpten, und die Menschen legten sich nieder und schliefen ein.

Und so ist es geblieben. Es kommen und gehen die Tage. Viele Tage und Nächte verbrennen wie Scheite. Wenn die Nacht kommt, brennt das Feuer. Die Zikaden zirpen, und der Kau pfeift, doch die Menschen sitzen da, plaudern und kauen. Ihre Beine erstarren nicht mehr, kein Schatten fällt auf ihre Köpfe. Nur manchmal, wenn ein Mann allein am Flußufer steht, sieht er wieder, wie die Finsternis und das Feuer aus dem großen Fluß hervorkommen, und er hört das Zirpen der Zikaden und das Zwitschern des Vogels Kau.

aus »Märchen aus der Südsee«, 1977, 2. Auflage.

(K)EINE ZEIT FÜR DICH – (K)EINE ZEIT FÜR MICH?

Sylvia Blanke, Köln

Der Werkkreis war dafür gedacht, den Teilnehmer/innen einen Reflektionsrahmen dafür zu bieten, wie Unklarheit darüber, wofür Pädagogen sich Zeit nehmen und wofür nicht, sich auf Kinder auswirken kann. Vor allem sollte der Frage nachgegangen werden, in welcher Weise dies Kinder spüren. In Sprache, Gestik, Mimik und sogar im Schweigen kann Unklarheit, Zeitnot und -druck ausgedrückt und spürbar werden. In gemeinsamer Arbeit sollten die sprachlichen Ausdrucksformen gefunden werden, die gewaltsam sind, weil sie dazu führen, daß in der Beziehung kein Raum und keine Zeit für Kinder bleibt. Bereitschaft, sich mit sich selbst und dem eigenen pädagogischen Handeln auseinanderzusetzen, war in der Kurzbeschreibung des Werkkreises erbeten worden.

Am ersten Nachmittag des Werkkreises stellte sich jedoch heraus, daß die anwesenden 27 Teilnehmer/innen (24 Frauen, 3 Männer) sehr unterschiedliche Interessen mit ihrer Teilnahme verbanden. Einige äußerten klar persönliche Interessen (»Wie kann ich mir mehr Zeit für mich nehmen?«, »Weiß mit meiner wenigen freien Zeit nichts anzufangen«, »Habe Zeit und mir fehlt trotzdem was«); einige wollten sich mit dem Werkkreis etwas gönnen (»Gebe seit 3 Jahren alles meiner kleinen Tochter, muß was für mich tun, brauche neuen Schwung«, »Muß mir hier mal Zeit für mich nehmen, habe zu Hause 2 kleine Kinder zu versorgen«); andere thematisierten eher intellektuelle Interessen (»Wie könnte eine Balance zwischen Zeit für Dich und Zeit für mich aussehen?«, »Möchte Vorträge und Diskussion«). Andere hatten keinen Bezug zum Thema (»Wird wohl noch kommen«, »Der Werkkreis ist mir vorgeschlagen worden«); aus einigen Äußerungen sprach unverhohlene Not (»Manchmal sterbe ich vor Streß«, »Bin so sehr belastet, weiß nicht, wie ich die Zeit aufteilen soll«) und einige Teilnehmer interessierte auch der pädagogische Zusammenhang (»Wie oft sag' ich den Satz: Ich habe jetzt keine Zeit!« zu Kindern). Es wurden außerdem allgemeine Interessen formuliert (»Wie kann ich, authentisch, ohne zu verletzen sagen, daß ich z. B. jetzt nicht mag?«).

Die Referentin war überrascht und bat um eine Pause, um die heterogenen Erwartungen zu ordnen, über die veränderte Ausgangslage nachzudenken und das ursprünglich geplante Vorgehen mehr teilnehmerorientiert, auf allgemeinere Inhalte als nur den pädagogischen hin zu modifizieren.

Nach der Pause stellte sich ein unerwarteter Zugang zum Thema gewissermaßen von selber her, denn 24 der 27 Teilnehmer/innen kamen 10 Minuten nach der verabredeten Zeit in unterschiedlichen Abständen aus der Pause in den Arbeitsraum zurück. Sie hatten sich »Zeit für sich« genommen und »nicht für mich«, so formulierte es eine der drei wartenden Teilnehmerinnen mit erheblicher Wut auf die Frage der Referentin, wie denn jetzt und hier mit der Zeit umgegangen worden sei. In der Gruppe wurde anschließend lebhaft gerechtfertigt (»Habe keine Uhr«, »Bin einfach mitgelaufen«), Schuld zugewiesen (»Sie hätten uns ja holen können«), Stellung bezogen (»Wollte noch nicht wieder zurück«), es wurde analysiert (»Wie soll man so etwas regeln?«) oder nach Führung verlangt (»Die Referentin hätte das machen können!«). In diesem Gruppengeschehen nach der Pause zeigten sich viele Facetten des Themas Zeit für Dich – Zeit für mich. Offensichtlich war, daß 24 Teilnehmer/innen mit ihrem Verhalten indirekt ausdrückten, daß sie (noch) keine Zeit für die anderen, das Thema, die Gruppe und die Referentin hatten, sondern es vorgezogen hatten anderen, eigenen Interessen nachzugehen.

Am zweiten Tag formulierte daher die Referentin, in dem sie diese Erfahrungen in der Gruppe aufgriff, die Hypothese, daß Zeit von Menschen nach eigener Sinngebung genutzt wird und diese Sinngebung ihnen dabei mehr oder weniger bewußt sein mag. Um eigene Zeit erfüllt erleben zu können, sei es notwendig, eigene Bedürfnisse, Erwartungen und Ansprüche wahrnehmen zu können. Ferner sei es notwendig, diese deutlich äußern zu können, damit andere sie zur Kenntnis nehmen und sich damit auseinandersetzen können. Hinter dem offensichtlichen Phänomen »Einfach-nicht-Kommen« oder dem Satz, »Ich habe keine Zeit«, befände sich eine andere Ebene, in der das läge, worum es eigentlich gehe. Diese Ebene sei der Wahrnehmung oft nicht unmittelbar zugänglich; sie sei vom Bewußtsein abgeschnitten. Sie könne daher in der Beziehung zum anderen nicht deutlich zum Ausdruck kommen, und auch in der Beziehung zu sich selbst nicht deutlich gelebt werden. Den Teilnehmer/innen wurde angeboten, sich in zwei Erfahrungsschritten mit dieser Problematik auseinander zu setzen und die Hypothese zu prüfen.

Durch eine Phantasiereise wurde angeregt, das Erleben, das mit dem Satz »Ich habe keine Zeit« verbunden ist, deutlicher wahrzunehmen. Das sollte sowohl für Situationen, in denen man den Satz selber sagt und auch für solche, in denen man ihn gesagt bekommt, in dieser Reise erlebt werden. Die Teilnehmer/innen formulierten im Anschluß an die Phantasiereise Wahrnehmungen wie »Ich erlebe mich aufgehängt«, »Schwimme«, »Keinen Halt«, »Hingehalten«, »Mir ist alles zu viel«, »Bin sauer«, »Will nicht«, »Ratlos«, »Fühle mich abgelehnt« etc. Dieses Erleben zu spüren, wurde von allen als anstrengend auszuhalten erlebt. Einigen Teilnehmer/innen erschloß sich in der Phantasiereise kein Zugang zu eigenem Erleben oder zu Bildern.

Am dritten Tag wurde den Teilnehmer/innen eine Möglichkeit dafür geboten, zu erarbeiten, wie sie im Alltag deutlicher in Verbindung mit diesen Bildern und Gefühlen leben können, statt sie von sich weg zu halten, weil es so schwer ist, sie auszuhalten. Die Referentin führte aus, daß in diesen Bildern und geschilderten Gefühlen oft Botschaften lägen, die dem rationalen Zugang nicht zugänglich seien, ungehört blieben aber dennoch Menschen zu sich selbst führen könnten. Sie verdienten Achtung und Wertschätzung und bräuchten daher Raum und Unterstützung, um deutlicher werden zu können. Je deutlicher die Botschaften werden könnten, desto eher sei es möglich, zu spüren, welche Bedürfnisse, Erwartungen und Ansprüche sich selbst oder dem anderen gegenüber in bestimmten Situationen auftauchen. Die mit dem Satz »Ich habe keine Zeit« verbundenen Gefühle und Bilder könnten nämlich in verschiedenen Verbindungen Belebung erfahren: in Verbindung mit Naturerfahrungen, in Verbindung mit Musik- und Kunsterleben, in Verbindung mit Tanz, in Verbindung mit Meditation oder Gebet und nicht zuletzt in der Beziehung zu wichtigen Menschen, von denen man sich unterstützt fühlt. Allen diesen Verbindungen sei gemeinsam, daß sie für Menschen etwas Tragendes und ihr Bewußtsein Erweiterndes spürbar werden lassen. Diese unterstützenden Verbindungen einzugehen, bedarf der alltäglichen Übung. So könne sich allmählich ein Bewußtsein dafür bilden, was hinter dem verbalen oder non-verbalen Ausdruck »Habe keine Zeit« an eigenem Erleben verborgen läge. Auf diese Weise bilde sich ein Selbstbewußtsein, in dem Achtung und Sicherheit für das eigene Erleben enthalten seien. Dieses seien Voraussetzungen dafür, Zeit mit Sinn füllen zu können und dieses anderen Menschen auch mitteilen zu können.

Viele Teilnehmer/innen fanden die Schilderung dieser Unterstützungsmöglichkeit einleuchtend und erprobten sie in einer weiteren dafür angeleiteten Übung. Sie konnten sie in eigenem Erleben unmittelbar nachvollziehen. Einige Teilnehmer/innen waren unzufrieden, hätten gerne »mehr theoretisch« gearbeitet und fanden den Zugang »zu persönlich« oder sogar »verletzend«.

Insofern durchzog die gemeinsame Arbeit die Spannung, die oft auftritt, wenn Menschen nahe, mit ihren grundlegenden Erfahrungen verknüpfte Probleme berührt werden. Wie tief will ich mich auf die Problematik einlassen? Es kann für manche durchaus stimmig sein, mehr intellektuelle Vorbereitung zu verlangen, während andere an einem Punkt angelangt sind, an dem es sie danach drängt, sich mit sich selbst und mit ihrem eigenen Handeln umfassend auseinanderzusetzen, wie es die Kurzbeschreibung des Werkkreises anbot. Aber auch die Grenzen dessen zu erfahren, worauf ich mich jetzt und in dieser Situation einlassen mag, kann hilfreich sein, denn auch darin kann ich die Zeit spüren, die ich »für Dich und mich« (noch) brauche.

Literatur

Blanke, S.: Beziehungen zwischen Erziehern und Kindern, Stuttgart[2] 1991
Buber, M.: Ich und Du, Heidelberg [11] 1983
Graf Dürckheim, K.: Der Alltag als Übung, Stuttgart[8] 1984
Gibran, K.: Der Prophet, Olten[10] 1979
Perls, L.: Leben an der Grenze, Köln 1989
Riemann, F.: Grundformen der Angst, München[8] 1973

DER KAIROS IN DER RELIGIÖSEN ERZIEHUNG

Anton A. Bucher, Salzburg

Von wann an sollen Eltern ihre Kinder in den Gottesdienst mitnehmen (sofern sie selber noch KirchgängerInnen sind)? Bis wann sollen die Kinder die Geschichten vom Sankt Nikolaus, dem Osterhasen und dem Christkind sowie anderen Symbolgestalten hören, wie sie in Brauchtum und Kirchenjahr beheimatet sind? Wann sollen, in der heutigen problematischen Situation der Kirche, Heranwachsende gefirmt werden? Viele praktische Fragen in der religiösen Erziehung beziehen sich offensichtlich auf den richtigen Zeitpunkt, beziehungsweise den Kairos.

Anders als die klassische Entwicklungspsychologie, die mit chronologisch mehr oder weniger fixierten Altersphasen operierte, ist die neuere (Religions-)Entwicklungspsychologie gegenüber normativen Altersangaben jedoch kritischer geworden. Gleichaltrige Kinder können auch in religiös-moralischer Hinsicht sehr unterschiedlich entwickelt sein. Eine Sechsjährige mag noch fest an Jesus, an Gott sowie an das Christkind glauben; eine Gleichaltrige hingegen bereits von Zweifeln durchdrungen sein: »Ist das vielleicht nicht alles nur erfunden, und wir sind vergebens in die Kirche gegangen, fast jeden Sonntag?«

Gleichwohl schärft die Entwicklungspsychologie das Sensorium für das Kind. Sie regt dazu an, zumindest gelegentlich gleichsam in die Schuhe des Kindes zu treten und zu versuchen, Welt im allgemeinen, Religion im besonderen gleichsam mit seinen Augen zu sehen. Auch bemüht sie sich darum, bestimmte religiöse und theologische Inhalte so zu rekonstruieren, wie sie auch von Kindern aufgefaßt werden dürften. Hildegard Hetzer erzählt von einer Erstkläßlerin, die das Bekenntnis »Gott ist Schöpfer« buchstäblich konkret auffaßte: »Schöpfer« als die »Schöpfkelle«, die aus der Suppenschüssel ragt.

Die Überlegungen begannen mit Reflexionen über unsere Alltagstheorien vom Kinde und der Religion. Wie wir mit Kindern interagieren, was wir für sie wünschenswert erachten und wohin sie erzogen werden sollen, hängt von mehr oder weniger bewußten Alltagstheorien des Kindes ab. Um diese mit deutlicheren Konturen zu versehen, wurden einige Kindbilder, wie wir ihnen in der Tradition ebenso begegnen wie im Alltag, präsentiert:

- das Bild des ›bösen‹, asozialen, vernunftlosen und eigensinnigen Kindes;
- das Bild des naiv-kindlichen Kindes, das in einer pädagogischen Provinz heranwachsen soll *(Rousseau* 1981);
- das romantische Bild des unschuldigen und geradezu heiligen Kindes, das Gott näher sei als der Erwachsene;

- das Bild des Kindes als kleiner Erwachsener, wie es in der aktuellen Kindheitsdiskussion wieder rege diskutiert wird *(Winn* 1991);
- das Kindbild bei Janusz *Korczak* (1974), wonach das Kind das Recht habe, so zu sein, wie es ist: »sanftmütig und rachsüchtig«, »demütig und verschlagen«.

Weiterhin waren Reflexionen über das Religiöse erforderlich: Mehr und mehr setzt sich als religionssoziologischer Konsens durch, daß das Konzept der Säkularisierung, wie es zumal von kirchlicher Seite her gerne ins Feld geführt wird, nicht angemessen ist, um die religiöse Landschaft der Gegenwart adäquat zu beschreiben. Als angemessener erweist sich vielmehr das Konzept der Transformation, Individualisierung und Synkretisierung des Religiösen in einer auch als »postmodern« bezeichneten, pluralistischen Lebenswelt. Religiöse Erziehung sollte sich nicht bloß auf eine dezidert kirchliche Sozialisation (bzw. entsprechende Bemühungen) beschränken, sondern das Religiöse in seiner gesamten Breite und Mannigfaltigkeit in Rechnung stellen *(Dubach & Campiche 1993).*

Im Rahmen des Arbeitskreises wurden eine Reihe von Entwicklungaufgaben und pädagogischen Haltungen zur Sprache gebracht, die – wenngleich mit Vorbehalten – altersspezifisch sind. Als erste religionspädagogische Aufgabe wurde die bestimmt, das neugeborene Kind bedingungslos anzunehmen und ihm zu ermöglichen, ein Urvertrauen aufzubauen, das den Untersuchungen des Psychologen Erik *Eriksons* (1973) zufolge das ganze Leben Bestand haben kann und von ihm selber in die Nähe der Religion gestellt wurde. Entscheidend dafür ist der frühe Augenkontakt zwischen Mutter/Vater und Kind und das damit verbundene Spiegeln, das Angesprochen- und Getragenwerden, aber auch ein einigermaßen geordneter Tagesablauf. In der frühen Kindheit besonders bedeutsam sind Alltagsrituale, die die Lebenswelt des Kindes gliedern und ihm ein Gefühl von Geordnetsein vermitteln können. So vermag das Tischgebet einen Rahmen zu schaffen, der Essens- und Nicht-Essenszeit trennt; auch das regelmäßige Gespräch und Gebet vor dem Einschlafen kann dem Kind be-deuten, daß jetzt die Schlafenszeit kommt. In dieser Lebensphase ebenfalls bedeutsam sind magische und symbolische Vorstellungen, auf die das Kind innere Regungen projiziert. Besonders über die Symbolgestalten wurde lange und intensiv diskutiert, sei es den Schutzengel, das Christkind, Krampus und Sankt Nikolaus. Aufgrund der Beobachtung, daß speziell das Fernsehen zahlreiche säkulare Symbolgestalten popularisiert hat (He-Man, Turtles etc.), die durchaus vergleichbare psychologische Funktionen erfüllen, wurde für eine Renaissence der Symbolgestalten plädiert, die traditionellerweise im christlichen Brauchtum beheimatet waren *(Ellwanger* 1981).

In dieser Phase weiterhin in Rechnung zu stellen sind Eigentümlichkeiten und Gesetzmäßigkeiten in der kognitiven Entwicklung des Kindes, wie sie *Piaget* (1980) bereits 1926 beschrieben hatte:
- der *Animismus,* die Tendenz, auch unbelebten Gegenständen ein intentionales Bewußtsein zuzuschreiben;
- der *Artifizialismus,* die Tendenz, die Herkunft der Dinge, etwa der Berge, der Gestirne, auf eine konkrete Fabrikation durch ein zumeist anthropomorph geprägtes

Der Kairos in der religiösen Erziehung

(göttliches) Wesen zurückzuführen, was es nahelegt, den biblischen Schöpfungsbericht frühzeitig zu erzählen und ihn nicht, wie in der Religionsdidaktik verschiedentlich gefordert, bis in die beginnende Adoleszenz aufzusparen;
• die *Anthropomorphisierung,* die sich vor allem in den Gottesbildern von Kindern niederschlägt. Auf der Basis einer jüngst durchgeführten empirischen Untersuchung (Zeichnungen von Kindern) wurde versucht, Gottesvorstellungen von Kindern verstehend nachzuvollziehen *(Bucher* 1994);
• das *moralische Universum,* in dem genau feststeht, was bzw. wer gut oder böse ist. Dem kommen übrigens die Märchen entgegen, in denen das Gute, trotz mannigfacher Anfechtungen und Widerstände, letztlich doch den Sieg erringt. Es wäre jedenfalls problematisch, Märchen gleichsam zu entschärfen bzw. zu beschönigen.

In der Diskussion wurde dann vor allem die Frage aufgeworfen, wie religiöse Erziehung mit diesen vielfach magischen, teils animistischen religiösen Konzepten von Kindern umgehen soll. Ist eine frühzeitige Korrektur angemessen? Oder soll man auch diesbezüglich das Kind einfach ›wachsen‹ lassen? Angemessen scheint ein Gleichgewicht zwischen Gewährenlassen und Förderung, die aber auf den Entwicklungsstand des Kindes Rücksicht nehmen muß und vor allem darin bestehen sollte, das Kind anzuregen, es zu ermutigen, selber zu neuen Konzepten zu gelangen. Ebenfalls als wichtig herausgestellt wurde, auf die spontanen, mitunter philosophisch und theologisch gehaltvollen Fragen von Kindern einzugehen, ihnen nicht auszuweichen oder sie als kindisch-naiv abzutun; als anregend kann sich erweisen, die Kinder solche Fragen selber beantworten zu lassen, wovon mitunter die ErzieherInnen zu lernen vermögen.

Mehrere psychologische Modelle der religiösen Entwicklung stimmen darin überein, daß speziell in der mittleren Kindheit das religiöse Denken des Kindes konkret und anschaulich ist, daß es speziell von Geschichten genährt werden kann, die in ihrer Konkretheit dem Kinde Lebenssinn repräsentieren können. Zu tolerieren ist auch, wenn Kinder mit Gott gleichsam eine Do ut Des-Beziehung pflegen, wenn sie entdecken, mit Leistungen oder Gebeten auf ihn einwirken zu können *(Oser & Gmünder* 1992).

Als Entwicklungsaufgabe der Adoleszenz gilt nach wie vor die Formation einer mehr oder weniger autonomen Ich-Identität, die sich am Religiösen zumeist nicht schadlos hält. Empirische Untersuchungen zeigen, daß Jugendliche sich vielfach bewußt werden, früher einen »Kinderglauben« gehabt zu haben, den sie nun ablehnen; jedoch wäre es fragwürdig, ihnen deshalb Unglauben nachzusagen, wozu vor allem apologetische ReligionspädagogInnen leicht neigen. Häufig ist die mitunter strikte Trennung von persönlichem Glauben – an ein Leben nach dem Tod, an das Göttliche im Menschen oder verschwommen an das »Gottesgerücht« – und den Ansprüchen der Kirche; als dysfunktional wirkt sich in aller Regel »religiöser Zwang« aus, aber auch Vorschriften im Bereich der persönlichen Lebensführung, vornehmlich der Sexualität. In dieser Phase notwendig wären vor allem offene und sensible GesprächspartnerInnen, wie sie früher vielfach von den Vikaren gestellt wurden, die Jugendliche ernst nehmen, ihnen nicht sogleich die ›richtigen‹ Antworten präsentieren, sondern in erster Linie persönliches Zeugnis ablegen.

Biographisch orientierte Studien zur religiösen Entwicklung zeigen weiterhin, daß junge Erwachsene vielfach zu einem explizit religiösen Weltbild zurückfinden und das Göttliche und den Alltag neu korrelieren. Als auslösende Schlüsselerlebnisse werden etwa die Geburt des ersten Kindes genannt, das Überleben eines Unfalls, das Geschenk der Liebe. Gerade dies mahnt die (professionelle) religiöse Erziehung auch zur Bescheidenheit: Erfahrungen, wie sie vorhin genannt wurden, kann sie niemandem abnehmen; Religiosität, sofern sie den Menschen wirklich durchdringen soll, geschieht und entwickelt sich im nie gänzlich kalkulierbaren Leben selbst.

Literatur

Bucher, A.: Alter Gott zu neuen Kindern – neuer Gott von alten Kindern? Eine empirische Untersuchung bei 343 Kindern. In V. Merz (Hg.): Alter Gott für neue Kinder, Fribourg 1994, S. 79–100
Dubach, A., Campiche, R.J.: Jede/r ein Sonderfall? Religion in der Schweiz, Zürich 1993
Ellwanger, M.: Die Zauberwelt unserer Kinder. Vom rechten Umgang mit magischen Gestalten. Freiburg i.Br. 1981
Erikson, E.: Identität und Lebenszyklus, Frankfurt/M. 1973
Korczak, J.: Wie man ein Kind lieben soll, Göttingen 1974
Oser, F., Gmünder, P.: Der Mensch – Stufen seiner religiösen Entwicklung. Ein strukturgenetischer Ansatz, Gütersloh 1992^3. (1. Aufl. Zürich: Benziger 1984)
Piaget, J.: La représentation du monde chez l'enfant, Paris 1926 (dt.: Das Weltbild des Kindes, Stuttgart u. a.)
Rousseau, J.: Emile oder über die Erziehung, Paderborn 1981
Winn, M.: Kinder ohne Kindheit, Reinbek 1991

ZEITERFAHRUNG IN DER LITERATUR

Josef Donnenberg, Salzburg

Wir erleben, erfahren Zeit als Zwang und als Chance, als Notzeit und als Zeitnot, als Goldene Zeit und als Endzeit, als Erinnerung, als Augenblick und als Entwurf, als Rhythmus und als Frist, als Naturvorgang und als Geschichtsprozeß, als Zufall oder Vorsehung usw. Was wir erleben ist innerlich, subjektiv, für andere nicht faßbar. Nur was wir in irgendeiner Form ausdrücken, darstellen, mitteilen, wird für andere faßbar, objektiv. Zeiterfahrung wird durch Zeitgestaltung mitteilbar. Die Art, wie Zeiterfahrung in der Literatur gestaltet wird, unterscheidet sich je nach Gattung, ist anders in der Lyrik als in erzählender oder dramatischer Literatur. Die literarische Zeitgestaltung zeigt sich in grammatisch-stilistischen Merkmalen, in der Komposition und in thematischen Aspekten von Texten. Einblicke in literarisch gestaltete menschliche Zeiterfahrung können uns helfen, das eigene Zeitbewußtsein zu klären und zu vertiefen. Die Lektüre ausgewählter Beispiele kann uns anregen, eigene Zeiterfahrung zu artikulieren und zu diskutieren. Dabei interessiert uns insbesondere die Zeit als Lebensbedingung und als Orientierungssystem.

Herzzeit

Nicht erst im Hinblick auf die bevorstehende Jahrtausendwende – schon vor, während und nach den beiden Weltkriegen wurde die Zeit individuell und kollektiv als eine Zeit apokalyptischer Krise und Gefahr erlebt; als eine Herausforderung der innersten, der zentralen Kräfte des Menschen; insofern Herz-Zeit. Das läßt sich zum Beispiel zeigen an Gedichten von Else Lasker-Schüler (1869–1945), Nelly Sachs (1891–1970) und Christine Lavant (1915–1973).
Ein Gedicht von Lasker-Schüler (»Mein stilles Lied«) beginnt mit den Verszeilen: »Mein Herz ist eine traurige Zeit,/ Die tonlos tickt.« Ein anderes (»Mein Volk«) mit den Versen: »Der Fels wird morsch,/ Dem ich entspringe/ Und meine Gotteslieder singe…«. Ihr Gedicht »Weltende« beginnt: »Es ist ein Weinen in der Welt,/ Als ob der liebe Gott gestorben wär.«[1] Das Gedicht von Nelly Sachs mit dem Titel: »Wer ruft?« kreist um den »Augenblick Verlassenheit/ aus dem die Zeit fortfiel/ getötet von Ewigkeit.«[2] Eine vergleichbare Zeiterfahrung spricht aus Gedichten von Christine Lavant: »Es riecht nach Weltuntergang« und »Hinfällig starre ich ins Rad der Zeit«.[3] Während epische und dramatische Dichtung einen längeren Zeitprozeß von einer Vergangenheit in eine Zukunft darstellen, ist der »Zeitpunkt des Gedichts ein Jetzt, eine Gegenwart, ein Augenblick«.[4] Daß Gedichte dennoch nicht zeit- und geschichts-

los sind, zeigt sich gerade auch an den gewählten Beispielen. Im »absoluten Augenblick« des Gedichts konzentriert sich eine bestimmte geschichtliche Erfahrung der Welt und des Menschen. In sprachlichen Bildern wie »Rad der Zeit« sind auch Zeitkonzepte angedeutet.

Zeitkonzepte

Durch Ereignisse entfaltet und symbolhaft vertieft finden sich aus menschlicher Zeiterfahrung entwickelte Zeitkonzepte zum Beispiel auch im Märchen,[5] etwa im wenig bekannten »Fundevogel« (KHM Nr. 51). Man kann es oberflächlich als die verwunderlich-wunderbare Geschichte einer tödlichen Bedrohung und ihrer (gemeinsamen) Abwehr lesen. Das Märchen wird aber erst wirklich spannend und interessant, wenn wir, zum Beispiel von Eugen Drewermann lernen, uns zu einer tiefenpsychologischen Lektüre entschließen.[6] Dann zeigt sich der Mensch als »Zwischenwesen« zwischen Himmel und Erde; einerseits eingebunden in den Natur-Kreislauf von Werden und Vergehen, Geburt und Tod; andererseits in seinen Lebensphasen und seinem Lebenswillen bestrebt, diesen zerstörerischen Kreislauf zu überwinden, in einer mythisch artikulierten Hoffnung, »daß die Liebe stärker sei als der Tod«. Gegensätzliche Zeitkonzepte, anschaulich lehrhaft dargestellt, finden sich einerseits in der griechischen Mythologie, in den Erzählungen von Prometheus und in der durch Hesiod überlieferten Lehre von den vier oder fünf Zeitaltern, andererseits in der biblisch-christlichen Überlieferung, in der Lehrweisheit des Alten Testaments, Buch Kohelet, und in den Reflexionen über die Zeit des Kirchenlehrers Augustinus.
Die griechische Erzählung von den fünf Zeitaltern, nach Metallen benannt, in einer Abfolge von der glücklichen Frühzeit des Goldenen Weltalters bis zum verkommenen, schlimmen eisernen Zeitalter der Gegenwart, spiegelt in ihrer absteigenden Linie eine pessimistische Auffassung über die Entwicklung der Menschheit.[7]
Die biblische Weisheitslehre des Buches Kohelet (Prediger Salomo) variiert vielfältig ein einheitliches Thema: die Vergänglichkeit, Nichtigkeit der menschlichen Tätigkeiten und Verhältnisse; ihnen gegenübergestellt wird das vollkommene Dasein und Wirken Gottes, seine Ewigkeit – von der der Mensch nur eine höchst unklare Vorstellung hat (Kohelet, Kap. 3, Vers 1 und 14: »Alles – menschliche Tun – hat seine Zeit. – Alles, was Gott tut, geschieht in Ewigkeit.«)[8]
Dieses Problem der Zeit und Ewigkeit wird von Augustinus in seinen *»Bekenntnissen«* (Confessiones) im Licht der Gotteserfahrung des Neuen Testaments neu gesehen und reflektiert. Sein Vergleich der Ewigkeit Gottes mit der Vergänglichkeit des Menschen führt Augustinus – in Auseinandersetzung mit der Lehre der Stoiker – zur Entdeckung der Zeit als eines menschlichen Bewußtseinsphänomens (11. Buch der »Bekenntnisse«, bes. 13. und 14. Kapitel).[9]
Ein Beispiel für den *modern-wissenschaftlichen* Umgang mit dem Zeitproblem, der Dimension der Zeit in ihrer Bedeutungsvielfalt, bietet die Dokumentation einer Vor-

tragsreihe von renommierten Forschern (Naturwissenschaftlern und Geisteswissenschaftlern) zum Thema: Die Zeit. Dauer und Augenblick.[10] Ernst Pöppel, ein Neurophysiologe, unternimmt in seinem Schlußbeitrag bzw. Nachwort einen »Versuch der Integration« der vielen Aspekte und Perspektiven. Um zu einer begrifflichen Klärung über Phänomene der Zeit zu kommen, schlägt er vor, nicht mehr von der (spekulativen, unbeantwortbaren) Frage: »Was ist (die) Zeit?« auszugehen, sondern evolutionistisch zu denken und von der Frage auszugehen: »Wie komme ich zur Zeit?« Bei der Analyse dieser Frage unterscheidet er zwei Ebenen der Untersuchung: Auf der primären Ebene wird das menschliche »Zeiterleben« untersucht (von den Neurowissenschaften einschließlich Psychologie). Auf der sekundären Ebene geht es um die Begründung dieses Zeiterlebens. Um die Bedingungen der Möglichkeit des Zeiterlebens zu klären, gehen die Naturwissenschaften, insbes. die Physik, reduktionistisch vor; sie finden Antworten in den Gesetzen der Natur und kommen dadurch zu einem sekundären Zeitbegriff im Sinne der Naturwissenschaften: der physikalische Zeitbegriff hat welt-*erklärenden* Charakter. Auf der gleichen (sekundären) Ebene kommen die Geisteswissenschaften zu einem anderen, jedoch auch sekundären Zeitbegriff: »Ausgehend vom primären Zeiterleben und besonders vom Zukunfts-Wissen wird versucht, die Zeit zu *deuten,* sei es individuell, sei es kulturell.« Pöppel schlägt vor, dieses hermeneutische Konstrukt als *semantischen* Zeitbegriff zu bezeichnen.[11] Wir bewegen uns bei der nachfolgenden Lektüre und Analyse im Bereich dieses semantischen (Leben und Geschichte deutenden) Zeitbegriffs.

Zeichen der Zeit

Wir gehen aus von einem Beispiel aus dem Alltagsleben: Ein junges Ehepaar mit Kind erklärt beiläufig in einem Gespräch bei einer Geburtstagsparty: die Welt sei nicht zu verbessern, der Mensch sei nicht fähig, aus der Geschichte zu lernen; der Fortschrittsglaube sei eine Illusion. – Das Gespräch darüber dient als Einstieg zur Lektüre ausgewählter Textstellen (Anfang und Ende des Romans) aus dem Roman von Wolfgang Wenger: Die Manhattan Maschine (1992).[12]
Wir nehmen uns vor, nicht so sehr den Text als Objekt, sondern den in Gang kommenden *Lektüreprozeß* zu beschreiben, ohne Zwang zur Vollständigkeit nur (uns) Auffallendes zu (be)nennen – und unmittelbare (persönliche) Reaktionen darauf auszusprechen, erste Reflexionen und Fragen zu äußern. Unter anderem tauchen während des Lektüreprozesses Fragen auf wie: Wer spricht da? Hört ihm jemand zu? Wovon spricht er? (Wird eine Situation deutlich? Schauplatz? Zeit? Von welchen Figuren/Personen ist die Rede? Wie verhalten sie sich zueinander? Was geschieht?) Wie spricht er? (Wortschatz, Satzbau, Stilmerkmale und Stilebene?)
Absatz für Absatz lesen wir; Stück für Stück entsteht in unserem Kopf (nur dort?) – angeleitet vom Text – eine Welt, die dargestellte Welt des Romans. Ist es ein Roman? Was haben wir für Vorstellung, Erwartung von einem Roman? Wird sie erfüllt? Der

Text ist wie ein Formular, das wir ausfüllen, zögernd oder rasch, mit Aha-Erlebnissen und Fragezeichen. Der Autor treibt sein Spiel – spielen wir mit? Oder wehren wir uns, weil wir das Gefühl haben, hier wird uns »mitgespielt«? Schrittweise wird deutlich: Prometheus ist es, der da spricht. An den Felsen geheftet, »verurteilt zu sprechen«, »ausgeliefert den Bildern im Kopf und Begriffen wie ›größter anzunehmender Unfall‹, ›Verseuchungsgrad‹, ›Strahlenkrankheit‹.« (S. 7) Und diese altgriechische mythische Gestalt hat eine modern-nordamerikanische Welt im Kopf, insbesondere Manhattan.

Also eine Vermischung von antiker und moderner Welt, ein Anachronismus, d. h. ein Verstoß gegen den Lauf der Zeit, eine Aufhebung der Zeitdifferenz, der geschichtlichen Entwicklung im Bewußtsein, in der Phantasie. Warum und Wozu diese unhistorische Verschränkung, Verknüpfung von Ort und Zeit? Im Schnittpunkt der Linien von mythischen Anfängen und (post-)modernem »Der-Tag-danach« (nach der Weltkatastrophe), von Rückbesinnung und Vorwegnahme, artikuliert sich ein Endzeit-Bewußtsein. Genauer: ein Jenseits-der-Zeit-Bewußtsein.

Warum gerade im Kopf des Prometheus? Und warum als innerer Monolog? Prometheus war in der griechisch-mythischen Tradition Schöpfer und Wohltäter der Menschen; er hat ihnen nicht nur das Feuer gebracht, sondern alle Künste, die ganze menschliche Kultur ermöglicht. Der Titanensohn Prometheus hat das Feuer dem obersten der Olympier, dem Göttervater Zeus gestohlen, um es den Menschen zu bringen. Dafür wird er selbst von Zeus bestraft, der ihn an einen Felsen des Kaukasus schmieden läßt (und immer wieder kommt ein Adler, um ihn zu quälen); die Menschen bestraft Zeus, indem er ihnen Pandora sendet und mit ihr eine Fülle von Unheil. Aber während im griechischen Mythos Prometheus von der schönen Königstochter Io besucht und aus seiner nahezu endlosen Qual schließlich durch Herakles befreit wird, wartet der »moderne« Prometheus dieses Romans vergeblich auf Io und vergeblich auf seine Befreiung. Wie die Menschen verschwunden sind, so auch die Götter und Götterboten. Vergessen und einsam hängt Prometheus am Felsen. Alles was geschieht, geschieht nur mehr im Kopf: als desillusionierte Erinnerung, als bloß vorgestellte Gegenwart, als ungewisse Erwartung. Eine isolierte Existenz, ein (noch) überlebendes Bewußtsein spricht; es spricht sich aus in einem reflektierenden, summierenden inneren Monolog: Prometheus redet, erinnert und erfindet Szenen und Situationen; er redet, »als sei es möglich, im Sprechen die Gleichgültigkeit zu erlernen« (S. 13). – Aber nicht nur antike und moderne Welt verschränken sich in dieser Bewußtseinsprosa; auch der »Held«/Protagonist dieser Erzählung und der erzählende Schreiber/Autor; der eine an seinem Felsen, der andere an seinem Computer. Und zunehmend wird deutlich, was der Titel: die Manhattan-Maschine signalisiert: eine Sprech- und Sprachmaschine. Sie erzeugt Zeit und Geschehen in der Zeit, Griechenland und Manhattan, Liebe und Herrschaft, Auflehnung und Resignation: Es war (alles) wohl nicht so gemeint. Die Katastrophe(n) waren wohl nicht gemeint – warum kam es dann soweit? Und die zu ihrem Ende phantasierte (hochgerechnete) Menschen- und Götterwelt, ist sie als Warnbild aufgerichtet, als Warnung gemeint? Soll

Zeiterfahrung in der Literatur

eine Warnung Sinn haben, so setzt das Handlungsspielraum und Entscheidungsmöglichkeit voraus. – Was hat der Autor mit seinem Buch »gemeint«? In diesem Fall kann ich die Frage beantworten; er schrieb mir (am 14. 7. 92): »Die ›Gleichgültigkeit der Wüstenbewohner‹ waren ein Anfang; wie es weiter und zu Ende geht, zeigt die ›Manhattan-Maschine‹. (...) Ich habe zu Ende zu phantasieren versucht, was es gilt (hoffentlich noch) zu vermeiden.«

P.S. Ich habe nicht über die Erlebnisform und die Vermittlungsmethode des Werkkreises berichtet, der sich an den drei Nachmittagen jeweils einem Themenbereich (Herzzeit, Zeitkonzepte, Zeichen der Zeit) gewidmet hat, sondern vor allem die Grundzüge und den sachlichen Gehalt der Werkkreisarbeit dargestellt.

Anmerkungen

1) Else Lasker-Schüler: Gedichte 1902–1943. München 1993
2) Nelly Sachs: Ausgewählte Gedichte. Frankfurt a.M. 1963
3) Christine Lavant: Gedichte. (Auswahl) Frankfurt a.m. 1988
4) Augenblicke deutscher Lyrik. Gedichte von Martin Luther bis Paul Celan, interpretiert durch Gerhard Kaiser. Frankfurt a.M. 1987, S. 9. »Selbst wenn Gedichte von Vergangenheit und Zukunft sprechen und nach ihnen fragen, geht es darum, was Vergangenheit und Zukunft für den jetzigen Zeitpunkt, im Augenblick des Gedichts bedeuten.«
5) Hermann Bausinger: Märchen. In: H. Brackert / J. Stückrath (Hg.): Literaturwissenschaft. Ein Grundkurs. Reinbek b. Hamburg 1992, S. 173ff.: Märchen bilden, wie andere einfache Gattungsformen, »ein Inventar ästetischer Erfahrungsmöglichkeiten des Menschen, welche die Welt in je spezifischer Weise aufschließen« (S. 178).
6) Eugen Drewermann: Psyche und Zeit. Zeiterleben und Persönlichkeitsstruktur. In: Zeit-Erleben. Zwischen Hektik und Müßiggang. Goldegger Dialoge 1993, S. 100–121.
7) Gustav Schwab: Die schönsten Sagen des klassischen Altertums. Bearbeitet von Hugo Eichhof. Goldmann Verlag 1992, S. 20f.
8) Einheitsübersetzung der Heiligen Schrift, Das Alte Testament. Hg. im Auftrag der Bischöfe Deutschlands, Österreichs, der Schweiz (...) Stuttgart 1980
9) Die Bekenntnisse des Hl. Augustinus. Übersetzt von Otto F. Lachmann. Leipzig (1888), S. 291f.
10) Ernst Pöppel: Erlebte Zeit und die Zeit überhaupt: Ein Versuch der Integration. In: Die Zeit. Dauer und Augenblick. München, Zürich 1992 (^{1}1983) S. 369–382, bes. 381f.
11) Zur »Geschichte des Zeitbegriffs« von den alten Griechen bis zur modernen Chaostheorie, zur Unterscheidung »Kosmische Zeit« und »Lebenszeit« vgl. Friedrich Cramer: Der Zeitbaum. Grundlegung einer allgemeinen Zeittheorie. Frankfurt a.M./Leipzig 1993
12) Wolfgang Wenger: Die Manhattan-Maschine. Roman. Salzburg/Wien 1992; bes. Beginn und Schluß. – Zum Vergleich ziehen wir heran: Sten Nadolny: Die Entdeckung der Langsamkeit. Roman. München/Zürich 1994(^{1}1983)

GELASSENHEIT
Zeitdimensionen

Günter Funke, Berlin

Zeit ist das, was das eine vom anderern trennt. Gibt es nichts Trennendes, gibt es keine Zeit (z. B. in der Depression oder in der Langeweile). Aussagen, wie »Ich habe keine Zeit« oder »Die Zeit läuft mir davon«, zeitigen, daß das Gefühl für die *Eigenzeit* oft verloren geht.

Die Zeitmessung wird dem Leben nur bedingt gerecht. Nichts mißt die Zeit so falsch wie die Uhr! Heidegger: »Die gemessene Zeit ist die vulgäre Zeit« (= *fremde Zeit* oder *lineare Zeit*).

Die gemessene Zeit kennt keine Gegenwart.

Was ist Gegenwart? Wie empfinde ich Gegenwart?

In der Gegenwart spüre ich mich, bin in meiner Mitte, bin bei mir und bei anderen. Gegenwart ist die Zeit, die es braucht, damit Nähe reifen kann. Gegenwart ist das »Nähern«. »Ich habe keine Zeit« meint existentiell »Ich bin dir nicht nahe – Ich habe keine Nähe«. Gegenwart ist ein »Werden-lassen«. Sie ist nicht meßbar. Gegenwart ist Nähe.

Langeweile dagegen ist vermiedene Nähe; ist die Unfähigkeit sich etwas anderem oder jemandem anzunähern; ist Isolation. Die Langeweile ist der Zeitraum, den ich aushalten muß, um zu mir kommen zu können. Es scheint mich alles zu erdrücken, obwohl nichts ist. Die Zeit steht still, es ereignet sich nichts, es gibt keinen Horizont und kein Ziel. Langeweile ist die Erfahrung der Zeit in ihrer höchsten Dichte. Sie ist reines Dasein, ist Leben pur. In der Langeweile habe ich eine Vorstellung davon, wie das Leben sein soll.

In jedem lebendigen Vollzug sind Gegenwart, Zukunft und Vergangenheit versammelt. Der Mensch ist fähig, sich aller drei Zeitdimensionen zu bedienen, um so sein Leben zu dynamisieren.

Dort, wo die Gegenwart geknechtet wird (z. B. bei Frankl im KZ), macht sich der Mensch auf in die Zukunft. dies aber nicht als Flucht, sondern um sich in die Zukunft zu entwerfen.

Alles, was ge-wesen (an-wesend) ist, hat Zukunft. Was nicht gewürdigt ist, ist tot.

»Meine Zukunft ist meine Vergangenheit« und »Meine Vergangenheit ist meine Zukunft«. Wie verstehe ich diesen Satz?

Frankl meint: »Die Zukunft verfließt; aber das Geschehen gerinnt zur Geschichte. Nichs Geschehenes läßt sich ungeschehen machen – nichts Geschaffenes läßt sich aus der Welt schaffen. In der Vergangenheit ist nicht unwiederbringlich verloren; im Vergangensein ist alles unverlierbar geborgen.

Gelassenheit

In Wirklichkeit wirken wir niemals in die Zukunft – im Gegenteil: immer wirken wir in die Vergangenheit. In die Vergangenheit hinein retten wir die Möglichkeiten – indem wir sie verwirklichen, indem wir die Werte verwirklichen. Die Furcht bangt davor, was in der Zukunft verborgen ist; aber der Trost weiß darum, was in der Vergangenheit geborgen ist.« (Frankl, 1985, S. 259 f)
Jetzt ist es an der Zeit, sich etwas Zeit zu nehmen, um folgende Fragen durchzugehen und für sich zu beantworten.
– Gehe ich gerne in meine Vergangenheit?
– War ich in meiner Vergangenheit wesen-tlich?
– Wenn ich in meine Gewesen-heit hineingehe, spüre ich mein Wesen?
– Gehe ich nochmals auf meine Kindheits- und Jugendträume zurück?
– Was soll ich wieder zum Leben erwecken?
– Was soll (muß) ich los-lassen?
Wenn ich jetzt auf meine Träume zugehe, habe ich vielleicht die Chance, meine damaligen Träume zu verwirklichen. Dann kann Gewesenes als noch Wesendes neu auf mich zukommen und somit zukünftig sein.
Die Zukunft eröffnet da zuvor Bereitete und aus der Vergangenheit erschließt sich noch Wesendes.
Die Gegenwart verbindet die Zukunft und die Vergangenheit.

Gelassenheit ist ein Sein-Lassen: ein Gewesen-Sein-Lassen und ein Auf-Mich-Zukommen-Lassen.
Gelassenheit ist die Folge des sich Hintrainierens auf Wesentliches. Gelassenheit ist immer die Folge von etwas. Sie ist nicht direkt anstrebbar.
      L e b e   w e s e n t l i c h !

L o s l a s s e n

Gelassenheit ist die zu übende Kunst des Lassen-Könnens, die zur Muße hinführt.
Das Leben ist ein einziges Loslassen:
– Atmen: Ein- und Ausatmen, Ausatmen ist ein Lassen-Können.
– Gehen: den Punkt auf dem ich stand, loslassen – Standpunkte aufgeben.
– Verdauen: Verdauungsstörungen = kann nicht verdauen, kann nicht loslassen.
– Schlafen: ist Loslassen. Jeder, der schläft, läßt sich in seine eigene Zukunft los.
– Händedruck: Wer läßt los? Von wem geht das Loslassen aus?

Hinter dem Nicht-Loslassen-Können steckt die Angst, daß alles, auch das Vergangene verloren geht. Wenn ich nicht weiß, daß alles Gewesene (das Wesentliche) wiederkehrt, wenn ich dieses existentielle Wissen nicht habe, gelingt loslassen schwer.
Durch den Tod eines geliebten Menschen entsteht die Angst, daß alles verloren geht. Aber es geht nichts verloren, was wesentlich war.

Was muß ein Trauernder loslassen, was nicht?
Der Trauernde muß Wünsche und Hoffnungen an den Verstorbenen loslassen. Das, was an Wesentlichem war, wird er nicht loslassen. Im Schmerz zeigt sich das Leben noch einmal. Loslassen ist ein Prozeß der Umarbeitung. Im Prozeß des Loslassens muß sich neuer Grund auftun. Trauer ist Pflege des Gewesenen. Das Gewesene wird durch die Trauer in einer anderen Dimension wesentlich. Im Fühlen, im inneren Gespräch ist der Verstorbene existentiell anwesend. Das, was der Trauernde losläßt und worauf er sich einläßt, bringt ihn wieder ins Leben. Für dieses Loslassen braucht man Zeit.
Was es auch sei, woran der Mensch hängt – das ist sein Halt. Der Mensch wird nicht loslassen können, solange er keinen Grund spürt.
Kann ich es nun wagen, mir folgende Fragen zu stellen:
– Welche Bilder, die ich von mir habe, soll ich ausräumen?
– An welchen Bildern von mir leide ich am meisten?
– Wer bin ich jenseits der Bilder?
– Kann ich die Bilder zerstören (Bildersturm), die ich mir von mir mache und die andere von mir haben?

Muße

Bei der Muße handelt es sich um ein Nichtstun ganz besonderer Art. Es fehlt jede Anstrengung und Verkrampfung und doch besteht eine innere Aufmerksamkeit, die jedoch auf nichts Bestimmtes gerichtet ist. In absichtsloser Offenheit steht der Müßige in der Welt, »schauend« in sie versunken. Ist der Mensch müßig, dann begreift ihn die Sache. Der Müßige, so scheint es, sorgt sich nicht um sich selbst; er hat die Zügel aus der Hand gelegt und sich überlassen. Die Muße tut alle Dinge um der Dinge selbst willen, sie verfolgt keinen Zweck. Sie ist ein Protest gegen die Verzweckung und ein Gegenpol zur Entfremdung. In der Muße entsteht vermehrt Lebenslust, sie vitalisiert ohne Kraftakte – ist unangestrengte Intensität. In der Muße hebt sich die Zeit auf.
Wie komme ich zur Muße?
Der Müßige lebt aus einem Geheimnis. Er unterstellt dem Sein eine Gutartigkeit und verfügt über ein innerliches Wissen, daß er nicht aus der Welt fallen kann. Der Müßige weiß, daß das Sein trägt und er sich nicht über Leistung und moralischen Gutsein definieren muß. Wer kein tragendes Sein hat, liefert sich der Gesellschaft aus. Muße ist unmittelbares Dasein und läßt sich nicht manipulieren.
Die Muße beginnt mit der Fähigkeit »nein« sagen zu können.
Kenne ich die Muße?
Kann ich Orte der Muße schaffen?
Kann ich mit Muße ein Buch lesen?
Wann ist es mir gelungen einen Tag nichts zu tun?
Muße ist jene Daseinsweise, in der nicht Langeweile, sondern Eros das wesentliche

Gelassenheit

Moment darstellt. Eros kann die Muße zum Glück erheben. Die Muße dagegen kann die Erotik veredeln. Eile und Hast sind die Feinde der Liebe. Eros beinhaltet die stolze Weigerung den Leib des anderen auf sein Geschlecht zu reduzieren. Wo Eros nicht mehr möglich ist, entsteht der Verlust der Ganzheit. Die Muße und Eros grenzen an das Paradies.

(Bericht verfaßt von Dr. Ingeborg Schmidt)

ZEIT-ERFAHRUNG ALS SELBST-ERFAHRUNG
Was war – was ist – was soll werden?

Susanne Jaeger-Gerlach, Berlin

In dem Werkkreis sollte erfahrbar werden, daß wir als Person die Zeitstruktur Vergangenheit, Gegenwart und Zukunft in uns zu einer Einheit zusammenhalten. Gemeint ist die subjektive Zeit, Lebenszeit, erfahrene Zeit.
Jeder der drei Nachmittage im Werkkreis hatte sein Zeit-Thema:
Vergangenheit – Gegenwart – Zukunft.
Den *Hintergrund* unserer Beschäftigung bildeten einige Grund-Sätze aus der Existenzanalyse Viktor E. Frankls:
• Leiblich-seelisches Dasein ist allemal Dasein in Raum und Zeit.
• Die Brücke von raumzeitlich Daseiendem zu raumzeitlich Daseiendem ist nicht ihrerseits raumzeitlich, sondern wird geschlagen durch die geistige Dimension des Menschen. (V.E.Frankl, der leidende Mensch, S. 133)
Was hier vielleicht etwas kompliziert klingt, bedeutet auf unser Thema angewendet: wir sind leiblich-seelisch-geistig Gegenwartsmenschen und können zu unserer und der Geschichte anderer Beziehung aufnehmen in unserer geistigen Dimension, die in die Vergangenheit und die Zukunft hineinreicht. Wenn auch Körper und Seele immer im gegenwärtigen Zeit-Raum beheimatet sind, so gibt es in uns eine Kraft, – Frankl nennt es die geistige Dimension oder die geistige Person –, die in andere Zeiträume mit Rück-Sicht und Vor-Sicht gelangen kann.
• Die Zeit verfließt; aber das Geschehen gerinnt zur Geschichte. Nichts Geschehenes läßt sich ungeschehen machen – nichts Geschaffenes läßt sich aus der Welt schaffen. In der Vergangenheit ist nichts unwiederbringlich verloren: im Vergangenen ist alles unverlierbar geborgen. (V. E. Frankl, Der leidende Mensch, S. 136)
Leben wird mit Zunahme an Lebenszeit also nicht weniger, sondern mehr. Denn gelebtes Leben wird als meine Lebensgeschichte und Lebenszeit eingebracht in die Vergangenheit und ist die Basis um in die Zukunft zu schauen und zu gehen. Es ist aber auch mein Lebens-Zeit-Raum, auf den ich immer wieder zurückgreifen kann, um mich auf ihm auch zu entwerfen auf Zukunft hin: Was war – was ist – was soll vielleicht auch noch anders werden?
Das sollte erfahrbar gemacht werden in unserem Werkkreis.
Die *Einstiegs-Methode* dafür an allen drei Tagen war das Malen. Mit ihm wurde der erste Zugang geschaffen zu den genannten Themenkreisen – *vor* allem Reden und Deuten – durch Farben, Formen und Symbole.
Vom zweiten Tag an lief beim Malen als Hintergrund Vivaldis »Vier Jahreszeiten« mit.

Zeit-Erfahrung als Selbst-Erfahrung 143

1. Nachmittag: Vergangenheit

Der Auftrag für jedes Gruppenmitglied war, mit Wachsmalstiften auf einem Din-A5 Blatt seine Vergangenheit mit Farben darzustellen. Welche Farbe(n) hat meine Vergangenheit? Zu zweit tat man sich dann zusammen, um – ohne das Bild dabei zu haben – dem anderen Gesprächspartner das eigene Bild zu beschreiben und eine dazu gehörende Vergangenheits-Geschichte zu erzählen.

In diesem Austausch und Teilhabenlassen geschah Berührung mit der eigenen Vergangenheit, mit dem, was wir, wie V. E. Frankl es darstellt, eingebracht haben in die Vergangenheit, um es immer wieder wie einen Schatz heben zu können; um ihn nun wieder von einem anderen Standpunkt aus neu zu betrachten. Begegnung mit der eigenen Geschichte und Lebenszeit und der Lebensgeschichte des/der Gesprächspartners/in fand statt, Austausch und Neubesinnung.

Als die Dialogpaare zum Plenum in den Gruppenraum zurück kamen, hatten sie etwas davon erfahren, was Martin Buber meint, wenn er sagt: »*Wenn wir eines Wegs gehen und einem Menschen begegnen, der uns entgegenkam und auch eines Wegs ging, kennen wir nur unser Stück, nicht das seine, das seine nämlich erleben wir nur in der Begegnung.*« (Martin Buber, Das dialogische Prinzip, S. 77)

Die Gruppenmitglieder brachten – zurückkommend ins Plenum und den gemeinsamen Raum – eine Ahnung davon mit, was Teilhabe an der Vergangenheit des anderen bedeutet und gegenwärtig bewirkt. Und sie fanden ihre Bilder vor, die inzwischen auf einem einzigen Bogen zusammengestellt worden waren – ein Gesamtkunstwerk, in dem die Vergangenheitsbilder noch einmal in Beziehung zueinander traten.

2. Tag: Gegenwart

Vivaldis »Vier Jahreszeiten«, das Bild zum Thema Vergangenheit vom Vortag und der Satz an der Tafel »Wir gehen auf unsere Vergangenheit zu« – das war die Begrüßung beim Ankommen zum zweiten Werkkreis-Nachmittag.

Einleitende Gedanken

Was in diesem Augenblick geschieht, ist im nächsten schon meine Vergangenheit. Deshalb gestalte ich den Augenblick nicht für diesen vorübergehenden Zeitraum, sondern für mein gelebtes Leben. Denn es ist nicht gleichgültig, auf welche Vergangenheit ich zurückblicke. Das weiß jeder, der jammernd auf falsche Wege zurückschaut mit einem »hätte ich doch«. Deshalb gilt der Gegenwart alle Aufmerksamkeit. In ihr berühre ich ewige Zeit – Ewigkeit (ein Gedanke, der auch im Abschlußvortrag

von Pater Henri Boulard SJ »Der Mensch und das Mysterium Zeit« vorkam) und nehme mir meine Zeit gestaltend aus dem Zeitenfluß heraus. Enthalten in ihr – in der Gegenwart – ist auch immer alles Gewesene. Es ist nicht vorbei, sondern hat in mir eine andere Zeitgestalt angenommen. Es ist meine Geschichte geworden, die immer auch gegenwärtig ist.
Anwesend in der Gegenwart als Vorwegnahme ist auch die Zukunft.

Auftrag an die Gruppenmitglieder war an diesem zweiten Tag:
Der Gegenwart mit Farben und Formen Gestalt und Atmosphäre zu geben. Wieder lief Vivaldis Musik dabei im Hintergrund.
Zu zweit schaute man sich dann seine Bilder an, das des anderen beschreibend:
Was sehe ich?
Wie empfinde ich das Gesehene?
Der Maler oder Malerin fügte nur Ergänzungen dazu.
Dann zu viert, stellt jeder das Bild seines Dialogpartners den anderen vor.

Vor dem Hintergrund eines Satzes an der Tafel:
›Kal‹ *bedeutet in Indischen Dialekten sowohl Vergangenheit als auch Zukunft*
wurden im Plenum dann die gemeinsam gemachten Erfahrungen in der Gegenwart der Kleingruppenarbeit ausgetauscht.
Kann ich ganz gewärtig sein und schauen ohne gleich zu deuten?
Das Geschaute beschreiben, und der andere erkennt sich darin?
Wie offen bin ich zur Lebensentgegennahme in der Gegenwart?
Wie sehr lebe ich in der Vergangenheit?
Wann passiert mir das besonders?
Oder wann bin ich mir schon vorausgeeilt in die Zukunft?
Kann ich die Nähe der Gegenwart aushalten?
Wann kann ich es nicht?

3. Tag: Zukunft

Vivaldis Musik und die beiden Bildtafeln der Vortage waren die Begrüßung beim Ankommen in der Gruppe am letzten Tag. Viele Fragen auch an den eigenen Zeitumgang, der immer etwas mit Begegnung zu tun hat, waren aufgebrochen.
Wenn ich Menschen begegne, treffe ich auch auf Lebenszeit. Einem Kind zu begegnen ist etwas anderes, als einem alten Menschen zu begegnen. Immer begegne ich gegenwärtig der Person und ihrer Geschichte bis zu diesem Tag und ihrem Entwurf auf Zukünftiges. Daraus ergibt sich bei einem Kind eine ganz andere Begegnungsqualität als bei einem alten Menschen.
Im Kind treffe ich Leben an, das auf uns zukommt; im alten Menschen den unendlichen Schatz des Gewesenen.

Zeit-Erfahrung als Selbst-Erfahrung

An der Tafel – auf der Grundlage der Philosophie Heideggers – eine Umschreibung unserer herkömmlichen Begriffe:
Zukunft: Sich-vorweg-sein
Gegenwart: Sein-bei
Vergangenheit: Schon-sein
Auf dem Hintergrund des gemeinsamen Gespräches und dieser Zeitumschreibungen dann ein letztes nun gemeinsames Bild: in Kleingruppen wurde dem auf uns Zukommenden Farbe, Formen und Symbole gegeben.
Im Plenum waren die Bilder der Kleingruppen Grundlage des Gespräches über unsere Ängste und Sorgen vor dem, was auf uns zukommt. Aber auch die Freude und Dynamik hatte Platz, die nächsten Lebensschritte mit Kraft zu tun. Die gemeinsamen Bilder zeigten es und machten noch einmal deutlich, wie nah die Freude der Einen neben der Sorge des Anderen steht.
Und noch einmal das Fragen nach dem, was Ewigkeit ist.
Der biblische Satz, daß Gott uns die Ewigkeit ins Herz gelegt hat, machte noch einmal deutlich, daß es wohl eine uns überschreitende Sehnsucht ist, gehalten zu sein in den Zeiten. Wer aus unserem Werkkreis dann den Abschlußvortrag von Pater Henri Boulad gehört hat, fand da noch einmal die Antwort, die an den drei Werkkreistagen erfahren worden war: Gegenwart ist das Stück Zeit, das ich aus der Ewigkeit herausnehme, um es zu meiner Zeit zu machen. Und auf mich zu kommt Ewigkeit als Lebensangebot, meine Geschichte zu gestalten.

Literatur

Buber, M., Das dialogische Prinzip, Gerlingen 1992
Frankl, V.E., Der leidende Mensch, Bern 1984
Kühn, R., Sinnerfahrung als Zeiterfahrung, in: Pontificia Universitas Gregoriana 75/2 Rom 1994, S. 301f.

DER FLIEGENDE TROMMLER

Dorothée Kreusch-Jacob, München

»Märchen sind Antwort auf Leben und Zeit...« (Reinhold Schneider) Märchen, die von der Musik erzählen, spannen einen weiten Bogen. Ganz gleich aus welchem Land sie stammen, es tauchen immer ähnliche Urbilder auf. Sie führen uns zu den Wurzeln, ermöglichen Annäherungen an ein Phänomen, das wir sonst nur mit den Ohren wahrnehmen, unabhängig von Zeit, Geschmack oder Stilrichtung. Zeit-los. Im Gegensatz dazu die Musik unserer Zeit. Sie gehört, ganz gleich, ob wir sie hören oder spielen, dem Augenblick. Beides sollte in diesem Werkkreis ganz bewußt sich gegenübergestellt werden und so eine musikalische Zeitreise ermöglichen, in der sich Vergangenheit und Gegenwart berührten. Eine Chance vielleicht gemeinsam beim Hören, Malen, Spielen oder Singen musikalische Ursprünge zu entdecken, die uns oft kaum mehr bewußt sein mögen. Zauber und Wunder, Geheimnis und Heilkraft... Ein Wissen, das sich in alten Mythen, Sagen und Märchen in bunten Bildern ausdrückt, bei uns jedoch droht in Vergessenheit zu geraten.
Kein Wunder, solange uns Musik wie ein akustischer Dauerlutscher zur Verfügung steht, als inflationäre Massen- und Billigware, jederzeit konsumierbar. Oder auch abgehoben im perfekt inszenierten Kunstbetrieb zwischen Genies und Stars. Oder als Muß, das kaum mehr etwas mit Muße zu tun hat. Musikalische Pauklektionen und Übefrust, die die kostbare Spiel-zeit eines Kindertages auf höchst anspruchsvolle Weise buchstäblich ver-treiben können.
Die Mitte liegt vielleicht dort, wo jeder, ob Erwachsener oder Kind für sich seine musikalische »Insel« findet. Wo er es wagt, wieder von vorne anzufangen, ohne Angst vor großen Vorbildern, ohne Angst, etwas falsch zu machen. Möglicherweise wird dann spürbar, daß Musik – und sei sie noch so einfach – be-geistern, be-seelen, er-greifen kann, daß sie betroffen macht, verzaubert oder heilsam wirken kann.

Musikalische Wurzeln

Der erste Tag gehörte diesem Thema. Ein Bilder»weg« mit Fotos aus der Arbeit mit Kindern gibt jeder Teilnehmerin die Chance durch ihr ausgewähltes Bild zu erklären, was Musik für sie ganz persönlich bedeutet. Danach ein weiter Bogen zurück in die Mythologie, in der Musik als klingende Kraft, als Ursprung aller Macht erklärt wird. Sie entschlüpft in das Rauschen der Bäume, in das Wasser, in die Stimmen der Tiere, in die Klänge der Instrumente. Immer wieder taucht die Vorstellung auf, daß tönende Energie Materie schafft und diese durch Klang die Kraft zur Erhaltung und Wieder-

gewinnung von Harmonie, Gesundheit und innerer Ordnung gibt.
Stille und Musikhören, Eintauchen in farbige, exotische Klangwelten führen uns zu einem indianischen Märchen, das davon erzählt, wie die Menschen zu Gesang, Tanz und Spiel fanden. Solche meditativen Vorspiele gehen jedem weiteren Märchen voraus. Klangbilder ergänzen sich mit Sprachbildern. Und das, obwohl Musik, als auch Märchen aus ganz verschiedenen Zeiten, Ländern und Kulturkreisen stammen. Im anschließenden gemeinsamen Spiel läßt sich dann allein und mit anderen das Phänomen, Gesang, Bewegung, Instrumentalspiel in einfachster improvisatorischer Form erleben.

Musikalische Bilder

Unser tägliches Leben verlangt abstraktes, logisches Denken, schnelle Denkabläufe. Die Seele jedoch denkt in Bildern. Denken mit der Seele verlangt Zeit, Verweilen, Muße. Wenn Kindern die Möglichkeit gegeben wird, den Bildern und Symbolen in Sprache oder Musik nachzugehen, hat dies eine geradezu therapeutische Wirkung. Die Bilder laufen nicht davon, wie etwa beim Fernsehen, sondern wir nehmen uns Zeit ihnen nach-zugehen. Bilder bzw. Seelenarbeit kann nicht zuletzt auch ein Gleichgewicht zwischen den beiden Gehirnhälften ermöglichen.
Kinderlieder, Reime oder Märchen sind voll von Bildern. Sie zu entdecken und wahrzunehmen, war ein weiteres Anliegen in diesem Werkkreis.
Wir versuchten im Gespräch diesen Bildern Raum zu geben oder sie wie etwa in einem russischen Vogelmärchen in gemalten Bildern festzuhalten bzw. zu einem Mini-Theater zu gestalten. Darüber hinaus wurde der erzählte Text auch durch den Einsatz von Stimmgeräuschen, klingendem Material oder Instrumenten selbst zum Klangbild. Auch die Instrumente selbst verkörpern Symbole und Bilder, ganz gleich ob durch Form, Material oder Klang. Wen erinnert heute die Form der Trommel an den Mutterleib oder das Weltall? Wer hört im Trommelrhythmus die Urmelodie aller Musik heraus – den Herzrhythmus? Wer denkt beim Klang einer Harfe oder Gitarre an den Sternenhimmel, an dem die Gestirne nicht nur leuchten, sondern auch zusammenklingen? – Daß alte Vorstellungen und Bilder wie diese sogar einen realen Hintergrund haben, beweist uns heute die moderne Radioteleskopie: – »der Kosmos ist voller Klang« (Joachim Ernst Berendt)

Zeit-Reise

Märchen können Zeit-brücken bauen. So z. B. regte uns ein altes Grimmsches Märchen vom Esel, der die Leute schlägt, dazu an, selbst aus einfachsten Mitteln ein paar Tische zu Zupfinstrumenten umzubauen. Jede Teilnehmerin konnte darauf ihr musikalisches Glück versuchen. Oder ein japanisches Märchen von der Glocke ließ uns anschließend in einem Klangspiel, mal horchend, mal spielend, Glockentöne erleben, die die ganze Skala von Obertönen hörbar machten, die sonst kaum wahrnehmbar in einem einzigen Ton enthalten sind. Vergangenheit und Gegenwart verbinden sich auch in einem Zigeunermärchen, das die Erschaffung der Geige erzählt. Eine Art archaische Geschichtsschreibung, die die Musik und das Schicksal eines ausgegrenzten Volkes aufgreift. Authentische Musik der Zigeuner spannte einen Bogen bis zum modernen Kinderlied, das die Situation eines Romakindes und seiner asylsuchenden Familie in Deutschland schildert.

Schluss-Akkord

Am letzten Tag fand eine Lesung mit Life-Musik statt. Zwischen einzelnen Märchen gab die Musik eines jungen Konzertgitarristen musikalische Antworten, griff Stimmungen auf und »malte« Bilder – mit Musik verschiedenster Stilrichtungen.
Während an den Vortagen einzelne Märchen im Mittelpunkt standen und von mehreren Seiten erlebt und gestaltet wurden, zeigte sich nun in der Abfolge ein breites Spektrum dessen, was Musik alles sein kann. Verführend, verlockend, heilend? Oder not-wendiges(wendendes) Suchen nach Ausdruck wie es dem Helden Gassir aus dem afrikanischen Märchen widerfuhr: Seine Laute erklang erst, als er Schmerz erfahren hatte – und er es wagte, ihn auszudrücken.
Märchen geben Antworten, die auf den Grund der Seele führen. Sie können aus tausend Splittern unseres modernen Bewußtseins einen einzelnen Splitter zum Brennglas machen. Nicht daß wir mit dem Verstand besser begreifen – sondern mit der Seele schauen und horchen lernen. Das gilt auch für die Musik. »Man sieht (und hört) nur mit dem Herzen gut« … so ist es im »kleinen Prinzen« zu lesen.

Literatur

D. Kreusch-Jacob (Hrsg.), »Der fliegende Trommler« – Märchen aus aller Welt erzählen vom Zauber der Musik
Joachim Ernst Berendt, »Nada Brahma – die Welt ist Klang«, 1985
D. Kreusch-Jacob, »Das Romakind« aus »Ich schenk dir einen Regenbogen«, Düsseldorf

FRAUENZEITEN – DIE SUCHE NACH UNSEREN LEBENSRHYTHMEN

Marianne Krüll, Bonn

Zum Einstieg sammelten die TeilnehmerInnen – etwa 35 Frauen und zwei Männer – in einer kurzen meditativen Besinnung die Wünsche, die sie als Ergebnis aus diesem Werkkreis mitnehmen wollten. Thematisch waren durch den Vortrag der Leiterin und die daran anschließende Diskussion am Vormittag bereits viele Vorgaben gemacht worden, die nun vertieft und intensiv auf dem Hintergrund eigener Erfahrungen zur Sprache kommen sollten. In kleineren Gruppen wurden diese Wünsche ausgetauscht und dann im großen Kreis zusammengetragen. Es ergaben sich 7 Themenkreise, die wir gemeinsam in angeregter, teilweise sogar heftiger Auseinandersetzung miteinander diskutierten:

1. Im ersten Themenkreis ging es um Strategien des Umgangs unter Frauen, die so häufig als konflikthaft erlebt werden. Beziehungen zwischen Familien- und Berufsfrauen, zwischen Müttern und Töchtern, unter Kolleginnen, zwischen Frauen als Vorgesetzte und Untergebene – sind keineswegs immer von Frauensolidarität getragen, sondern stehen meist unter großen Spannungen. Wir tauschten untereinander Strategien aus, die sich als wirksam erwiesen haben, um den Konflikt zu überwinden: Suche nach Hintergründen des Verhaltens bei der anderen Frau, Respektieren der Unterschiede, Verweigerung einer falschen Solidarität, die »typisch« weibliches Beschwichtigungsverhalten ist, Formen der Abgrenzung, Entwicklung von Selbstwert unabhängig von sozial vorgeschriebenen Bildern, Bildung von Netzwerken unter Frauen.

2. Der zweite Themenkreis betraf Strategien im Umgang mit Männern. Wir fragten uns, wieviel Nähe möglich und wieviel Distanz notwendig ist, und zwar in unseren privaten Beziehungen mit Männern wie auch im beruflichen oder öffentlichen Alltag. Wieder gab es unterschiedlichste Ideen dazu: Direkte Konfrontation und Herausforderung, scheinbare Unterordnung oder Zustimmung, um eigene Interessen umso besser durchzusetzen, Aushalten von Aggressionen, spielerischer Kampf.

3. Die Sprache als zentrales Medium, um Fraueninteressen durchzusetzen, behandelten wir auf mehreren Ebenen: Das Sammeln von Beispielen, wie wir uns gegen Sexismen in der Sprache wehren können, war mit viel Lachen verbunden. Um die subtilen Formen der sprachlichen Unterdrückung von Frauen zu entdecken, hörten wir uns Passagen eines auf dieser Pädagogischen Werktagung gehaltenen Vortrags eines Referenten von der Bandaufzeichnung noch einmal an. Die unterschiedlichen Wahrnehmungen einzelner TeilnehmerInnen dieser Textausschnitte gaben Anlaß zu sehr spannenden Diskussionen.

4. Wir schauten uns dann die Phasen des Lebens von Frauen an, um für uns positive

Bilder zu entwickeln. Patriarchale Bilder sind für Frauen in allen Lebensphasen wenig attraktiv. Unsere Suche ging in die Mythologie, in die Geschichte, wo sich überall Lebensmodelle finden lassen, die uns als Frauen Kraft geben können. Besonders wichtig schien es uns, nach positiven Bildern für das Alter Ausschau zu halten. Aber auch die jungen Frauen haben es nicht leicht, »aus der Rolle« zu fallen und dennoch gute Beziehungen zu männlichen Partnern aufrechtzuerhalten. – Wie Zeitrhythmen von Frauen erlebt werden (Menstruation, Wechseljahre, Schwangerschaft), und wie dringend notwendig gesellschaftlich etablierte Rituale wären, damit wir diese Übergänge nicht als Krisen, sondern als Kraftpotential erleben können, war ein Unterthema, das aus Zeitmangel leider nicht ausgiebig genug diskutiert werden konnte.

5. Der Kulturvergleich, d. h. die Suche nach Gesellschaftsformen, die als »Matriarchate« bezeichnet werden können, ließ uns bis zur Steinzeit zurückkehren. Die Abbildungen der bis zu 30.000 Jahre alten Frauenfiguren (z. B. der Frau von Willendorf) vermittelten uns ein Gefühl dafür, daß Frau-Sein sehr anders sein kann als in unseren Zeiten. Die Frage, ob ein Matriarchat nur eine Umkehr der Herrschaft – also dann von Frauen über Männer – sein muß, wurde ebenfalls diskutiert.

6. Erziehung und Bildung in Familie und Schule war ein weiterer Themenkreis. Es ging um die Frage des Erwerbs der Geschlechtsidentität von Mädchen und Jungen und der unauflösbaren Eingebundenheit dieses Prozesses in die gesellschaftlich vorgegebenen Bilder von Weiblichkeit und Männlichkeit. In einer Runde tauschten zuerst die beiden Väter unter den TeilnehmerInnen miteinander aus, wie sie selbst die geschlechtsspezifische Sozialisation ihrer Kinder wahrgenommen haben. Die Mütter von Söhnen, resp. von Töchtern waren als nächste dran. Leider war der Kreis zu groß, bzw. die Zeit zu knapp, um die sehr eindrücklichen selbstreflektierenden Berichte noch einmal aus dem Außenkreis der ZuhörerInnen – nach dem Modell des »Reflecting Teams« – zu diskutieren.

7. Im letzten Themenkreis ging es um unsere konkreten Vorschläge, wie jeder von uns zur Veränderung unserer Gesellschaft in Richtung auf mehr Gleichheit der Geschlechter hinwirken kann. Wir trugen am Schluß alle unsere Ideen als Wünsche zusammen – die aber auch zugleich als Vorsätze oder Appelle für uns selbst gedacht sind. In ungeordneter Reihenfolge seien sie hier wiedergegeben:
Ich wünsche mir:
- daß der Partner die Strümpfe wäscht, die Hemden bügelt…;
- daß Männer mehr Verantwortung im persönlichen Bereich übernehmen und nicht nur aus Großzügigkeit Hilfe leisten;
- daß Männer begreifen, wie wichtig sie für ihre Söhne sind;
- viele hellhörige Frauen;
- die Kraft, daß ich keinen Mann in meiner Umgebung aus seiner Verantwortung entlasse;
- mutige Frauen, die sich ihres Wertes bewußt sind;
- Frauen, die ihre Wünsche und Bedürfnisse wahrnehmen und artikulieren können;
- ein Miteinander;

- eine Aufwertung der privaten Zeit, der Frauenzeit;
- Sichtbarmachen der privaten Zeit;
- so viel Ausdauer für die Frauen, daß sie noch lange aushalten, gegen Mauern anzurennen und sich den Kopf einzuhauen...;
- jeder jungen Frau eine Mentorin, die ihr den Rücken stärkt;
- daß die Frauen auf der Pädagogischen Werktagung ihre Wünsche an das Kuratorium nachdrücklich ausdrücken (ein Mann);
- daß Frauen solidarischer miteinander umgehen und weniger männlichen Idealen nachstreben;
- daß Frauen sich auf den Weg machen, ihre eigene Identität zu suchen, zu finden und zu leben.

ZEIT ZUM SCHAUEN – ZEIT ZUM ERLEBEN – ZEIT ZUM GESTALTEN

Wolfgang Liegle, Rottenburg

Ein Kind
hat hundert Möglichkeiten:
Ein Kind
hat hundert Sprachen.
hundert Hände,
hundert Gedanken.
Es besitzt
hundert Weisen zu denken,
hundert Weisen zu spielen
hundert Weisen zu sprechen.
Hundert, immer hundert Weisen
zu hören,
zu staunen,
zu lieben.
Hundert Möglichkeiten
zum Singen
zum Verstehen.
Hundert Welten zu erfinden.
hundert Welten zu träumen
Ein Kind hat hundert Sprachen,
aber neunundneunzig
werden ihm geraubt.
Die Schule und die Kultur
trennen ihm
den Geist vom Leib.
Ihm wird vorgeschrieben:
Ohne Hände zu denken,
ohne Kopf zu handeln;
nur zu hören,
nicht zu sprechen,
ohne Phantasie zu verstehen.
Nur an Ostern und Weihnachten
zu staunen und zu lieben.
Ihm wird vorgeschrieben:
Die immer schon
bestehende Welt
zu entdecken.
Von den ehemaligen
hundert Welten
werden neunundneunzig
weggenommen.
Ihm wird vorgeschrieben:
Daß Spiel und Arbeit,
Wirklichkeit und Phantasie,
Wissenschaft und
Vorstellungskraft,
Himmel und Erde,
Vernunft und Träume,
Dinge sind,
die nicht zusammenpassen.
Ihm wird also gesagt,
daß es die Zahl hundert
nicht gibt.
Ein Kind aber sagt:
»Und es gibt sie doch.«

Loris Malaguzzi

Zeit zum Schauen – Zeit zum Erleben – Zeit zum Gestalten

Mit diesen poetischen Aussagen verbindet sich ein Bild vom Kind, das in den drei Seminarnachmittagen zu engagierten Diskussionen herausforderte. *Annäherungen* nannten wir die Form der Auseinandersetzung mit der sogenannten *Reggiopädagogik*. Dieser Begriff ist ein Synonym schlechthin für neue Wege in der Kleinkindererziehung.
Der schwedische Bildungsminister formulierte diesen Sachverhalt beim Kongreß 1990 überschwenglich so: »*Was für den Christen Rom, was für den Islam Mekka, das ist für die pädagogisch Interessierten die Stadt Reggio.*« Seit mehr als zehn Jahren schon machen sich Besucher aus der ganzen Welt auf, um das Leben und Arbeiten in den Kindergärten an diesem außergewöhnlichen Ort kennenzulernen. Es geht ihnen dabei nicht so sehr um die vielen eindrucksvollen Skulpturen, Plastiken, Bilder und Projekte, die bereits in den zahlreichen Ausstellungen in fast allen Hauptstädten dieser Welt die Fachleute verblüfften, sondern um die grundsätzlichen Fragen der pädagogischen Praxis: um das Bild vom neugierigen, kompetenten und kreativen Kind.
Anfang der sechziger Jahre faßte die Kommune dort den Beschluß, Kinderkrippen und Kindergärten (Ganztagseinrichtungen) zu bauen und damit auf Veränderungen der Familiensituation zu reagieren. Innerhalb der Verwaltung wurde eine Abteilung, das Pädagogische Zentrum, geschaffen. Die Leitung übernahm der im Januar 1994 verstorbene Loris Malguzzi. Dessen grundsätzliche Forderung lautet. »*Es ist höchste Zeit, daß die Gesellschaft begreift, daß Kindheit sehr, sehr wichtig ist.*« Das Konzept, das von seinem Team entwickelt wurde, steht denn auch für Kreativität, Phantasie und Gestaltungskraft von Kindern.
Im Werkkreis wurden im wesentlichen drei Bereiche herausgestellt und mit Hilfe von Impulsreferaten, Diaserien und Videos veranschaulicht:
1. Die veränderte Grundhaltung gegenüber dem Kind und die Rolle des Erwachsenen beim Erziehungsprozeß. Schlüsselsätze dabei waren: »Wir gehen von der Überzeugung aus, daß bis heute die Erziehung die kleinen Kinder immer reduziert und verniedlicht und ihnen wenig Fähigkeiten zutraut. Die Aufgabe besteht also darin, beim Kind Möglichkeiten zu vermuten und aufzuspüren, die die Pädagogik bisher nicht entdeckt hat. Kinder denken mit den Händen – das ist ein Grund mehr, Kindergärten hauptsächlich auf dem Tun basierend zu führen, auf der Aktion, auf der Intelligenz, die sich durch Tätigkeiten entwickelt. Kinder wünschen sich, die Welt zu erforschen (Kindergarten als Werkstätte, als Baustelle, als Atelier). Erwachsene ›erziehen‹ nicht, sie assistieren, unterstützen, begleiten die Kinder und erforschen *mit* ihnen (nicht *für* sie) diese Welt. Anfassen und ausprobieren, beobachten und experimentieren, handeln und erfahren, ausdrücken und gestalten eröffnen den Zugang.«
2. Die Wichtigkeit der Räume und die Bedeutung des Spiegels:
»Räume sind der dritte Erzieher. Wir bemühen uns, in unseren Einrichtungen sofort einen ästetischen Eindruck zu schaffen, etwas den Sinnen Angenehmes. Wenn das Auge von Anfang an auf etwas Schönes, Angenehmes trifft, so hinterläßt das eine Spur. Auf solche Spuren kommt es uns an.

Die zahlreichen Spiegel provozieren die Kinder bei der Auseinandersetzung mit sich selbst, ihrem Körper, ihrer Identität. ›Wer bin ich eigentlich! *Das sag mir vor allem*‹ Alice im Wunderland spricht so zu ihrem Spiegelbild. Den Prozeß der Selbstfindung des Kindes zu unterstützen ist also ein wichtiges Anliegen.«

3. Das Verständnis für das ›Lernen in Projekten‹ und die Dokumentation der pädagogischen Arbeit.

Die Erfahrungen, die in der nun dreißigjährigen Arbeit in Reggio gemacht wurden, sind erstaunlich. Die erwähnte Ausstellung ist ein Dokument dafür. Sie ist zugleich ein Beleg, daß nur eine allseitige Entwicklung der Sinnesorgane, eine ganzheitliche Form der Wahrnehmung zu einer intensiven, emotionalen Beteiligung und jener hohen Konzentration führen, aus denen dann ganz unerwartete graphische, gestalterische aber auch sprachliche Ausdrucksmöglichkeiten erwachsen.

Die Wände der Einrichtungen in Reggio dienen als Darstellungsflächen, auf denen – wie in einer Galerie – die Ergebnisse, aber auch die Zwischenschritte – als Prozeß einer gemeinsam geleisteten Forschungsarbeit dokumentiert sind.

Beispiel für ein Projekt war die Erforschung der Kinder: Was ist ein Löwe?, ausgelöst und angestoßen durch vier steinerne Löwen vor der Kathedrale in Reggio. Die Schritte wahrnehmen – erleben – ausdrücken sowie ›das Ganze aufnehmen, auseinandernehmen – zusammensetzen‹ und schließlich ›mit eigener Erfahrung und Phantasie selbst zu gestalten werden in diesem Video besonders deutlich nachvollziehbar.

Fazit:

Eine solche ›sich entwickelnde Didaktik‹ kann bezeichnet werden als eine ›Didaktik der Kommunikation‹ zwischen Familie und Institution: Die Kommunikation zwischen den Erzieherinnen, zwischen Erzieherinnen und Kindern, zwischen Erzieherinnen und Eltern.

»Wir wollten nicht einfach einen Kindergarten gründen, sondern wir wollten einen ganz bestimmten Typ Kindergarten aufbauen. Ein anonymer Kindergarten nützt den Kindern nichts. Ein Kindergarten im traditionellen Stil nützt weder den Kindern noch den Erzieherinnen« (Loris Malaguzzi)

MUSIK FÜR LEUTE, DIE ZEIT HABEN

Wolfgang Löscher, München

Der Werkkreis wurde eröffnet mit einer Aufnahme von Friedrich Gulda »Die schöne Musi.« (Midlife harvest, Gulda MPS 0121701–9)
In diesem Lied singt Gulda von den Leuten, die wegen ihrer Alltagsgeschäfte keine Zeit für die Musik haben und davon, daß die Musiker für ihn gerne spielen würden, da er immer Zeit hat.
Das Musikstück löste bei den Werkkreisteilnehmerinnen und -teilnehmern unterschiedliche Gefühle aus und in der anschließenden kurzen Diskussion wurde deutlich, daß die Wirkung von Musik auf den Einzelnen von musikalischen Vorerfahrungen, musikalischem Wissen, der jeweiligen Situation und auch von dem Raum, in dem Musik gehört wird, abhängt. So meinte z. B. eine Teilnehmerin, das Guldastück würde besser in ein Heurigenlokal passen.
Nach einer kurzen Einführung durch den Werkkreisleiter in die Tonfolgen der Indischen Musik, die den Kirchentonarten ähnlich sind, hörten die Teilnehmerinnen und Teilnehmer eine indische Raga. Die Raga (Basant Mukhari), die eine Morgenstimmung beschreibt, wurde von den meisten Zuhörerinnen und Zuhörern als beruhigend und meditative Gedanken anregend empfunden. Für einige war jedoch die Musik auf die Dauer zu »nervig« und zu fremd. (Ali Akbar Khan Sarod SNCD 3386)
Der ständig durchklingende Grundton, der wie ein summender Bienenschwarm tönt, wurde als ein Charakteristikum der Raga erkannt.
Auch bei der sogenannten »minimal music« macht ein ununterbrochener, aus meist einfachen, ständig repetierten Elementen gefügter Klangstrom, der sich allenfalls von innen heraus unablässig wandelt, Vergangenheit und Zukunft vergessen.
Als ein Beispiel für diese Art von Musik spielten Wolfgang Löscher und Christine Gauster am Klavier vierhändig ein Stück von Philip Glas (Changing opinion aus songs from liquid days CBS FM 39564).
Der Bolero von Ravel, der am Klavier von rhythmischem Klatschen der Zuhörerinnen und Zuhörer begleitet angedeutet wurde, kann zu den Vorläufern der minimal music gezählt werden.
Im letzten Teil des 1. Werkkreisnachmittages wurde versucht, Puls, Atem, Bewegung als Rhythmus bestimmende Faktoren zu erleben.
Im Sinne der sogenannten TA KE TI NA Methode von Flatischler bewegten sich die Teilnehmerinnen und Teilnehmer nach einem Grundrhythmus der durch Sprechen von Rhythmussilben (z. B. Dreier Rhythmus GA-MA-LA/GA-MA-LA oder Zweierrhythmus TA-KI/TA-KI) immer wieder anders strukturiert wurde.
Beim Anhören einer Aufnahme von Tablaspielern wurde deutlich, wie die sogenann-

te Trommelsprache durch entsprechende Übung technisch perfektioniert werden kann.
Zum meditativen Abschluß des ersten Nachmittages wurde eine Rezitation aus Hesses Siddartha, die mit indischer Musik untermalt war, vorgespielt. (Hesse between music, Wergo SM 1015)
»*Nichts war, nichts wird sein; alles ist, alles hat Wesen und Gegenwart.*« (Hermann Hesse)
Den zweiten Werkkreisnachmittag eröffnete der Werkkreisleiter mit dem Klavierstück »Auf der Insel Bali aus dem Mikrokosmos IV« von Bela Bartok. Hier wird die formelhafte, minimal music-ähnliche Seite der Gamelanmusik Gegenstand des kompositorischen Interesses. Ein Motiv mit zentraler Quarte und chromatischen Nebentönen wird wie bei einer zweistimmigen Invention ineinander verschränkt.
Danach führten Severin Donnenberg (Violine) und Wolfgang Löscher (Klavier) 3 Stücke auf, die im Grundrhythmus dem Pulsrhythmus nahekommen.
– Grave, aus der Sologeigensonate a-moll von J. S. Bach
– Adagio aus der Violinsonate in A-dur K.V. 526 von W. A. Mozart
– Mirror in a mirror von Arvo Pärt
In der anschließenden Diskussion wurde u. a. festgestellt, daß vor allem das Stück von Arvo Pärt sehr meditative Gedanken auslöst und, daß es bei diesem Stück scheint, als sei die Zeit aufgehoben.
Zum Abschluß des Nachmittages bemalten die Teilnehmerinnen und Teilnehmer Mandalas. Hintergrundmusik dazu war die Platte »Music for Zen Meditation« mit Tony Scott, Klarinette, Sinichi Yuize, Koto und Hozan Yamamoto, Shakuhachi.
Der dritte Werkkreisnachmittag wurde eingeleitet mit rhythmischem Zeichnen nach Musik von Offenbach (Barcarole), Bizet (Habanera und Chor der Straßenjungen aus Carmen) und Verdi (Tanz aus Aida). Die gezeichneten Rhythmikstrukturen waren je nach Tempo und Charakter der gespielten Stücke ähnlich, doch war erkennbar, daß jede Teilnehmerin und jeder Teinehmer beim rhythmischen Zeichnen seine eigene »Handschrift« zeigt.
Danach spielte Peter Bockius am Baß, begleitet von Wolfgang Löscher, Klavier, 3 meditative Jazzimprovisationen.
Michaela Förstl sang zwei Jazzballaden (»My funny Valentine« und »Do you know what it means.«) Anschließend diskutierten die Zuhörerinnen und Zuhörer mit den Interpreten über ihre Höreindrücke und -empfindungen.
Vor der Abschlußdiskussion waren die Werkkreisteilnehmerinnen und -teilnehmer noch zu einer kleinen Orgelmeditation in die Kirche St. Peter eingeladen.
Bei der Abschlußdiskussion wurde zum Ausdruck gebracht, daß die Teilnehmerinnen und Teilnehmer während der Werkkreisnachmittage ihre musikalischen Höreindrücke gedanklich vertiefen konnten und daß sie sich beim Anhören der Musikstücke teilweise entspannt hatten.
Es wurde deutlich, daß Musik zwar unterschiedlich auf den einzelnen Menschen wirkt, daß sie aber auf jeden Fall eine Wirkung hat. Pädagogen sollten daher bemüht

sein, Kindern ausgewählte Musikerlebnisse zu vermitteln und mit ihnen über ihre individuellen Musikeindrücke sprechen.

Literatur

Flatischler, R., TA-KE-TI-NA, Der Weg zum Rhythmus, Essen 1990
Danielou, A., Einführung in die indische Musik, Wilhelmshaven 1975
Rudhyar, D., Die Magie der Töne, Nr. 10860
Berendt, J.-E., Das Dritte Ohr, Rowohlt 1985
Berendt, J.-E., Nada Brahma, die Welt ist Klang, 1985
Löscher, W., Vom Sinn der Sinne, München 1994
Löscher, W., Hörspiele, München 1992

AUTOGENES TRAINING MIT SCHULKINDERN

Michaela Nagel-Moratelli, Perchtoldsdorf

Jedem von uns wird täglich viel Energie, Konzentration und Leistung abverlangt. Deshalb ist es wichtig, ein Gegengewicht zu dieser kräfteverzehrenden Anspannung zu finden. Das Autogene Training (J. H. Schultz) ist eine autosuggestive Technik zur Erreichung der Tiefenentspannung, in der eine differenzierte Selbstwahrnehmung körperlicher und seelischer Ruhe möglich wird. Das AT hat bereits in seiner Grundstufe psychohygienische und psychotherapeutische Wirkung.
Wie wirkt das AT?
Das AT wirkt körperlich entspannend, normalisierend auf vegetativ gesteuerte Funktionen und vagusfördernd. Über die körperliche Beruhigung und die Ruhesuggestion kommt es zu seelischer Ausgeglichenheit, zur Distanzierung der eigenen Problematik und zur Stärkung der Ich-Funktionen.
Das AT sollte unbedingt von einem Arzt oder klinischen Psychologen mit einer Psychotherapieausbildung für AT vermittelt werden, wobei die Gruppenerfahrung vorzuziehen ist. Das Erleben, auch eventuelle »Mißerfolge«, der TeilnehmerInnen ist ein wichtiges Therapeutikum. Die Kurse umfassen in der Regel sieben Doppelstunden einmal wöchentlich.
Die TeilnehmerInnen konnten anhand der S c h w e r e - Ü b u n g einen ersten Eindruck gewinnen und erleben, wie es ihnen bei der Entspannung geht. Im Anschluß sind einige Rückmeldungen angeführt.
Allgemein positive Rückmeldungen: zuerst gehen Gedanken durch den Kopf, dann ruhiger und konzentrierter; Verkrampfungen im Körper (besonders im Schulter-Nacken-Bereich) werden lockerer; ich fühle mich freier, den Zustand der Entspannung genießen, nicht zurücknehmen wollen; Gefühl des Absinkens, Einsinkens, Aufsteigens, Schwebens; ausgeprägte Ruhe und Gelassenheit...
Allgemein ehcr negative Rückmeldungen: nach AT Kopfschmerzen, Zucken, Augenflimmern...
Schwere: Schweregefühl im Arm spürbar; Schwere im Körper, ganz oder teilweise; spüre Kontaktflächen des Körpers gegen den Sessel/die Unterlage;
Störungen: unkonzentriert, nervös, durch Gedanken abgelenkt, Ablenkung durch Geräusche...
Abgebrochen wird das AT z. B. wegen: Angst-, Schwindelgefühl, Schmerzen...
Mit der Schwere-Übung konnte nur ein Einblick vermittelt werden. Um mit Kindern (in Schule, Hort und Kindergarten) Entspannungsübungen zu machen wäre die Selbsterfahrung (Teilnahme an einer AT-Gruppe) günstig. Wo kann man AT erlernen?
Die Österreichische Gesellschaft für Autogenes Training und Allgemeine Psychothe-

rapie – ÖGATAP (Adresse: 1150 Wien, Eduard-Sueßgasse 22/10) gibt Adressen von KollegenInnen, die AT-Kurse anbieten (auch für Kinder) weiter; AT Kurse an Volkshochschulen (Überprüfen sie im Verzeichnis, ob es sich um TherapeutenInnen der ÖGATAP handelt).
Nach dem Eigenerleben wurde auf die Unterschiede beim AT für Erwachsene und bei Kindern (anhand von Dias) eingegangen.
G. Biermann, W. Kruse und G. Gerber (Wien) haben das AT zu einer Methode für Kinder modifiziert und weiterentwickelt. Für Kinder ist das Erleben von Unterschieden (Spannung – Entspannung, Wärme – Kälte...) besonders wichtig, denn dadurch können sie sich und ihre Umwelt differenzierter wahrnehmen und reagieren.
In der ersten AT-Stunde lernen sich die Kinder gegenseitig kennen (dies wird durch ein Namens-Spiel aufgelockert und gleichzeitig die Kontaktaufnahme intensiviert). Ich frage nach den Gründen, warum sie das AT erlernen wollen und was sie sich erwarten. Die Kinder kommen wegen Konzentrations- und Lernschwierigkeiten, Prüfungsängsten, Schlafstörungen, Kopfschmerzen... Nachdem ich ihnen etwas über das AT erzählt habe – bzw. erarbeiten wir es in der Gruppe gemeinsam (einige Kinder haben schon davon gehört) – üben sie das erste Mal. Am Anfang werden einige Spiel-Regeln, welche Struktur und Richtlinien geben, vereinbart: Wenn einer erzählt, hören die anderen zu. Jeder kommt zu Wort. Beim Üben störe ich die anderen nicht. Die Kinder wissen, daß sie aussteigen dürfen, wenn ihnen das Üben nicht möglich ist. Dabei verhalten sie sich ruhig. Sie werden somit nicht zu etwas gezwungen und es fördert das »Sich-Selbst-Entscheiden-Dürfen« (G. Gerber 1987). Die Kinder suchen sich einen Platz im Sitzen. Die Kinder üben indem ich ihnen heterosuggestiv die Formel – »Der rechte Arm ist ganz schwer« – vorspreche (im Verlauf der zehn Stunden nehme ich mich zurück = autosuggestiv; autogen = aus sich selbst heraus, Training = üben; hinführen zur Autonomie und Selbständigkeit).
Die Kinder beenden die Übung indem sie fest *Zurücknehmen* (Spannungsübung): dabei werden die Fäuste geballt, Pumpbewegungen mit den Armen gemacht, tiefes Durchatmen, die Augen werden geöffnet und danach ein lustvolles Recken und Strecken.
Die Kinder werden angeregt die Übungen selbständig (optimal 3 x täglich) zu Hause zu üben. Die Eltern können gelegentlich Er-innern, aber es sollte kein Abfragen, ob geübt wurde sein, weil es sonst den Charakter einer Hausaufgabe erhält und als Leistung aufgefaßt wird (dies spreche ich im Eltern-Kind-Gespräch) an.
In der zweiten Stunde führe ich die *Wärmeformel« – »Der rechte Arm ist angenehm warm«* – ein. *Die Kinder stellen sich bei geschlossenen Augen ein Bild vor, wie sie Wärme erleben, empfinden. Im Anschluß an die Übung zeichnen die Kinder ihr Bild und danach tauschen sie ihre Erlebnisse in der Gruppe aus.*
Viele Kinder erleben sich nur durch Außenreize und werden von diesen überflutet. Im besonderen sind es psychosomatisch erkrankte Kinder, die sich selbst wenig spüren. Im AG werden sie mit dem »eigenen Selbst« (Schultz, 1976) konfrontiert.
In der dritten Stunde malen die Kinder ein Schild mit der Aufschrift »Bitte, nicht

stören, Autogenes Training!«. Wir sprechen über Abgrenzung und Intimität.
Die weiteren Formeln sind: *Die Atmung ist ruhig und regelmäßig. Das Herz schlägt ruhig und gleichmäßig. Der Bauch (Das Sonnengeflecht) ist strömend warm. Der Kopf ist frei und klar.*
Mit dem *Formelhaften Vorsatz* wird auf die individuelle Symptomatik, mit der das Kind in die Gruppe kommt, eingegangen. Der Satz soll positiv formuliert sein. Die Kinder sind sehr phantasievoll und gestalten ihn in Reim-Form, dabei entsteht ein intensiver Austausch in der Gruppe. Beispiele: *»Ich bin ganz konzentriert, dann geht es wie geschmiert«; »Ab jetzt höre ich besser zu und geb' den anderen mehr Ruh'«; »Ich schlafe die ganze Nacht ruhig durch«* ...
Was erreicht das Kind im AT?
Ich-Stärke: Sie können sich selbst differenzierter wahrnehmen und sind somit handlungsfähiger.
Selbständigkeit: Sie gewinnen an Selbstvertrauen und dies ermöglicht ihnen ihre Bedürfnisse zu äußern, sich abzugrenzen...
Bewältigungsstrategien: Sie lernen mit ihrer Symptomatik umzugehen und eine Öffnung nach Außen wird möglich.
Auseinandersetzung mit Gleichaltrigen: Soziale Kontakte sind möglich, Umgang mit Konflikten
Unter dem Thema »*Bewegung und Auflockern*« beschreibt Treml (1991) Anwärmübungen für den Unterricht, die körperliche Verspannungen lösen helfen. Die TeilnehmerInnen führten die Übung »*Aufrichtig sein*« durch – die richtige Ein-stellung zur Welt drückt sich auch in der Haltung aus. Die rechte Haltung gewinnen wir, wenn wir uns auf unseren Grund einlassen und uns von dort auch tragen lassen.
Anhand der *Phantasiereise* »Am Strand« (Treml, 1991; modifiziert aufgrund der Befürfnisse der TeilnehmerInnen nach Erfrischung, Abkühlung...) konnten die TeilnehmerInnen eine andere Art der Entspannungsmöglichkeit kennenlernen. Im Anschluß konnten sie die inneren Bilder mit kreativen Methoden gestalten und in einer Partner-Übung sich über ihre Erlebnisse und Erfahrungen, während der Phantasiereise bzw. des Gestaltens, austauschen.

Vorbereitung von Phantasiereisen
- Eigenerfahrung erwerben: z. B. Autogenes Training
- Vorübungen durchführen: langsam in Vorstellungsübungen einführen: »*Schau dich einmal hier im Raum um. Was kannst du mit deinen ›äußeren Augen‹ alles sehen. Stelle dir nun mit deinen ›inneren Augen‹ (geschlossene Augen) einen ›Ball‹ vor. Die Kinder erzählen wie ›ihr‹ Ball aussieht.«*
- Phantasiereisen ankündigen: Was ist der Inhalt der Phantasiereise (PR)? Wozu machen wir die PR? Wie läuft die PR ab? Wie werten wir die Erfahrungen aus?
- Rahmenbedingungen arrangieren: ruhiger Raum, genügend Zeit.
- Sich selbst auf die Phantasiereise einstimmen. Stimmt die PR zur Stimmung?

Gestaltung von Phantasiereisen
• Entspannung einleiten
• Die Phantasiereise begleiten
• Zurückführen aus der Phantasiereise
• Erfahrungen darstellen
• Erfahrungen besprechen

Anhand des Themas »Wasser« konnten die TeilnehmerInnen folgende Entspannungsübungen kennenlernen:
»Das Boot« – Phantasiereise zur Entspannung (Treml H.&H., 1991)
»Ort der Kraft« – Phantasiereise zur Lernförderung bzw. Persönlichkeitsentwicklung
»Komm mit zur Quelle« – Phantasiereise mit Musik (Krombusch G., 1989)
»Die ungestüme Meereswelle« – Märchen zur Entspannung (Müller E., 1985)
Methode: Kleingruppe; eine Teilnehmerin übernimmt die Leiterrolle und begleitet die Phantasiereise bzw. liest das Märchen vor. Die Vorschläge zur Nachbearbeitung – zeichnen, modellieren, pantomimische Darstellung, Skulptur stellen ... wurden aufgegriffen bzw. diskutiert, warum es in der Klasse, im Hort bzw. Kindergarten nicht möglich ist und es wurden andere Möglichkeiten gesucht.

Phantasiereisen zur Entspannung: helfen sich zu beruhigen, begünstigen die Entwicklung innerer Bilder, mindern Streß und Hektik (dadurch können Energien wieder frei fließen), lösen Verspannungen, haben eine wohltuende Wirkung auf den gesamten Organismus, führen zu einer inneren Ausgeglichenheit

Phantasiereisen zur Lernförderung: vermitteln Ruhe und Sicherheit vor Leistungssituationen, ermöglichen eine bessere Konzentrations- und Merkfähigkeit, fördern kognitive Lernziele, kreatives und schöpferisches Denken und Gestalten, fördern die Identifikation mit dem Lernstoff und führen zur Auseinandersetzung mit persönlichen Wertvorstellungen, vermitteln eine positive Lernhaltung und eine erfolgszuversichtliche Einstellung.

Phantasiereisen zur Persönlichkeitsentwicklung: vermitteln Erfahrungen mit dem eigenen Körper und der Innenwelt, führen zu innerer Ruhe, Gelassenheit und Zuversicht, lassen eigene Fähigkeiten und Stärken erkennen, tragen zu selbstverantwortlichen Entscheidungen bei, fördern soziales Lernen, ermöglichen persönliches Wachsen.

Literatur

Biermann, G.: Autogenes Training mit Kindern und Jugendlichen. München 1975.
Gerber, G.: Autogenes Training mit Kindern und Jugendlichen. Schriftreihe: Ärztliche Praxis und Psychotherapie. Johann Heinrich Schultz zum 100. Geburtstag. F. Pesendorfer (Hrsg.) Wien 1987.
Krombusch, G.: Mit Kindern auf dem Weg in die Stille. Arbeitshilfen zu »Komm mit zur Quelle«. Drensteinfurt 1989.

Kruse, W.: Einführung in das Autogene Training. Köln 1992.
Müller, E.: Auf der Silberstraße des Mondes. Autogenes Training mit Märchen zum Entspannen und Träumen. Frankfurt am Main 1985.
Schultz, J. H.: Das Autogene Training. Stuttgart 1976.
Treml, H. u. H.: Komm mit zum Regenbogen. Phantasiereisen für Kinder und Jugendliche. Linz 1991.
Treml, H.: Entspannt lernen. Streßabbau, Lernförderung und ganzheitliche Erziehung, 1991.
Wallnöfer, H.: Gesund mit Autogenem Training. Frankfurt/Main 1988.

LÄSZT SICH GEGEN DEN ZEITSTRESS ETWAS TUN?

Ilse E. Plattner, München

Zeitknappheit und Zeitdruck sind inzwischen für viele Menschen ständige Begleiter geworden, auch die Kinder sind davon betroffen. Genaugenommen ist der Zeitstreß ein gesellschaftliches Problem, das im Laufe unserer sozio-historischen Entwicklung entstanden ist.[1] Jeder und jede einzelne von uns ist gefordert, sich mit den gesellschaftlichen Rahmenbedingungen zu arrangieren, innerhalb derer Schnelligkeit und das »effektive« Nutzen von Zeit eine zentrale Rolle spielen.

Zielsetzung des Werkkreises war, die *Ursachen* von Zeitstreß auf der persönlichen Ebene zu eruieren und bewußt zu machen; nur wer sich bestimmter Dinge *bewußt* ist, kann sie gezielt verändern, sofern er dies möchte. Daraufhin zugeschnitten wurden konkrete *Handlungsmöglichkeiten* für einen streßfreien und *(selbst-)*bewußten Umgang mit Zeit erarbeitet. Ein besonderes Augenmerk galt der Berücksichtigung *kindlicher* Zeiterlebensweisen und deren pädagogischer Relevanz.

Die Gestaltung und das methodische *Vorgehen* im Werkkreis erfolgte durch Informationsvermittlung, Selbsterfahrungsübungen, Kleingruppenarbeiten und Plenumsdiskussionen.

Der *inhaltliche* Aufbau umfaßte folgende Schwerpunkte:

Zeit wird *subjektiv* ganz unterschiedlich erlebt und empfunden, je nach situativen Gegebenheiten; psychologische Wahrnehmungsprozesse spielen dabei eine Rolle. In einer Übung (Wechselspiel von Nichts-Tun und Musikhören) wurde den Teilnehmer(inne)n ihr individuelles Zeiterleben illustriert.

Wie jemand mit Zeit umgeht und welche Probleme er oder sie dabei hat, ist sowohl von *persönlichkeitsspezifischen* Merkmalen, Fähigkeiten und Kompetenzen, *biographischen* Erfahrungen als auch von Anforderungen aus der jeweiligen *aktuellen* beruflichen und privaten Lebenssituation abhängig.

Die TeilnehmerInnen (aus den Bereichen Kindergarten, Schule, Hort, Psychologie, Medizin) machten in Kleingruppendiskussionen vielfältige Ursachen ihrer alltäglichen Zeitprobleme ausfindig.

Fremdbestimmte zeitliche Strukturierungen und Organisationsabläufe, Unvorhergesehenes, das gleichzeitige Erledigen-Müssen von unterschiedlichen Aufgaben, arbeitsintensive Phasen im Jahresryhthmus (etwa Feste- oder Zeugnisvorbereitung) und die Koordinierung von Beruf und Familie verursachen das Erleben von Zeitstreß bei den Werkkreisteilnehmer(inne)n ebenso wie ein unreflektierter Perfektionsan-

---

[1] vgl. dazu ausführlich den Vortrag von Plattner, I.E.: Zeitstreß – Ein Phänomen unserer Zeit, in diesem Band.

spruch, das »Nicht-Nein-Sagen-Können«, zeitliche Fehlkalkulationen, Schwierigkeiten im Delegieren und Prioritäten setzen und das Vor-sich-Herschieben von unangenehmen Arbeiten.
Zeitdruck, Unzufriedenheit mit dem eigenen Tun, Resignation und ein »schlechtes Gewissen« sind die Folge. Die Teilnehmer/innen berichteten, daß ihnen häufig keine Zeit bleibt, um den kindlichen Bedürfnissen nach Gesprächen und Zuwendung gerecht zu werden und das spezifische Zeitbewußtsein von Kindern zu berücksichtigen. Mitunter sind sich Erzieher, Lehrer und Eltern gar nicht der Tatsache bewußt, daß das Zeitempfinden von Kindern ein ganz anderes ist als das der Erwachsenen. Kleine Kinder können aufgrund ihrer kognitiven Fähigkeiten, auch wenn sie bereits die Uhr lesen, noch nicht begreifen, was eine Stunde wirklich bedeutet, und sie haben keine Vorstellung davon, daß die Zeit »vergeht«.
Der gegenseitige Erfahrungsaustausch im Werkkreis ergab, daß Kinder sich den Zeitstrukturen der Erwachsenen anpassen müssen, was oft zu Diskrepanzen in den Interessen, Planungen und Wertigkeiten führt. Ist der und die Erwachsene innerlich ausgeglichen und gelassen, sind auch die Kinder ruhiger, Gereiztheit und Streßerleben hingegen machen auch das Kind »aufgekratzt« und »nervig«.
Die Verantwortung für ein Kind bedeutet aber auch, ihm Zeit zu lassen und ihm Zeit zu widmen. Doch wie läßt sich das realisieren, wenn wir Erwachsene uns den Luxus des Zeithabens anscheinend kaum noch leisten können?
Für die Bewältigung von Streß gibt es keine »Patentrezepte« und uhrzeit-orientierte Zeitplantechniken schaffen meist keine Abhilfe. Vielmehr muß der Umgang mit Zeit auf die individuellen Besonderheiten der/des einzelnen, auch des Kindes, zugeschnitten sein und Spontaneität und Flexibilität gewährleisten. Dazu ist eine *bewußte* und *aktive* Auseinandersetzung mit dem eignen Handeln in der Zeit erforderlich.
Anhand eines von der Werkkreisleiterin entwickelten Fragebogens lernten die TeilnehmerInnen ihr eigenes Zeitbewußtseinsprofil kennen. Der Fragebogen ist so konstruiert, daß die Fragen gleichzeitig Ansatzpunkte eines selbstbewußten Umgangs mit Zeit bewußt machen. Diese Ansatzpunkte wurden ausgiebig diskutiert und auf konkrete Alltagsbeispiele übertragen.
Ein *selbstbewußter* Umgang mit Zeit bedeutet, sich des eigenen Handelns *in der Zeit* bewußt zu sein und auf eigene Gedanken, Gefühle und Bedürfnisse zu hören. Dies setzt voraus, sich in einzelnen Anforderungssituationen immer wieder bewußt zu fragen, »*was* mache ich gerade?«, »wie denke *ich* darüber?«, »was ist *(mir)* wichtig?« und »was *will* ich?«. Vor diesem Hintergrund gelingt es, zielstrebig – weil bewußt – die gestellten Anforderungen zu bewältigen und Zeitstreß zu vermeiden. Ebenso ist ein selbstbewußter Umgang mit Zeit Voraussetzung, um sich mit gutem (!) Gewissen zeitliche Freiräume zur geistigen und körperlichen Entspannung und zum »Nichts-Tun« zuzugestehen – und sich dadurch die Gesundheit, Leistungsfähigkeit und Lebenszufriedenheit zu erhalten.
Vor diesem Hintergrund diskutierten die TeilnehmerInnen Möglichkeiten, im pädagogischen Alltag zeitliche Überforderungen von Kindern zu reduzieren; auch dazu ist

Selbstbewußtsein und Selbstvertrauen notwendig. Konkret bedeutet dies, so zu entscheiden und zu handeln, wie man es selber für richtig befindet – und sich mitunter von den Normen und Verhaltensweisen anderer abzusetzen und beispielsweise nicht ständig etwas »Sinnvolles« tun und mit den Kindern von einer Aktivität zur nächsten unterwegs sein zu müssen.

Ein wichtiges Anliegen des Werkkreises war es auch, das erarbeitete »Zeit-Wissen«, insbesondere zu den Besonderheiten des kindlichen Zeitbewußtseins, an Kolleginnen und Kollegen weiterzugeben sowie es in Elternabenden und Elternberatungsgesprächen zu thematisieren.

Literatur

Piaget, J.: Die Bildung des Zeitbegriffs beim Kinde. Zürich, 1955
Plattner, I.E.: Zeitbewußtsein und Lebensgeschichte. Heidelberg, 1990
Plattner, I.E.: Zeitberatung. Die Alternative zu Zeitplantechniken. München, 1992
Plattner, I.E. Zeitstreß. Für einen anderen Umgang mit der Zeit. München, 1993
Plattner, I.E.: Entsprechen deutsche Sorge- und Umgangsrechtsentscheidungen dem Zeitempfinden des Kindes? In: Zeitschrift für Familienrecht, Nr. 4, 1993, S. 884–886

KUNST FÜR LEUTE, DIE ZEIT HABEN

Rudolf Seitz, München

Wer sich auf Kunstwerke einläßt, muß sich Zeit nehmen, Zeit gönnen, Zeit lassen, notfalls Zeit stehlen.
Das allein ist es aber nicht. Erst die Dialogbereitschaft überwindet die Hürden. Wenn es dann gelingt, das Urteil, die Benennung zurückzustellen, dann besteht die Bereitschaft zum Staunen. Das Kunstwerk kann auf einen zukommen, das Gespräch anbieten. Es sucht sich die Partnerin, den Partner, die antworten.

1. Nachmittag

Sehen – Schauen

- An Lichtbildern wurden Eigenheiten des Sehens, speziell des künstlerischen Sehens deutlich. Dieses Sehen führt zu Reaktionen und Formulierungen, die zwischen »Abstraktion und Einfühlung« (Worringer), zwischen Wiedergabe und Symbol, zwischen Zeichen und gestischer Malerei, zwischen Performance und Installation, zwischen Realität und Surrealität liegen können.
Dabei haben Bildträger und Material, Raum und Bewegung Eigenheiten, die – verbunden mit der künstlerischen Intention – erst zum Werk führen.
Die Betrachterin, der Betrachter machen es mit ihrer Phantasie, ihrer Erlebensfähigkeit, ihrem Wissen und ihrer Erfahrung lebendig. Sie werden zu Mitagierenden und zu möglicherweise Verändernden.
- Seherlebnisse.
»Das magische Auge«. Mit bestimmten Sehetuden ist es möglich, aus computergestalteten Ornamentflächen Räume zu lösen, in denen man dann mit den Augen spazieren gehen kann.
- »Siebdrucke« von Günter Fruhtrunk. An den 28 Originalen, die sehr geometrisch gestaltet sind, konnte die Kraft von Farben erlebt werden. Bei entsprechender Helligkeit und Kontrastwahl entwickeln die Farben eine oft schwer erträgliche Dynamik und Aggression. Sie zwingen uns zu aktivem Sehen, d. h. auf die optische Attacke steuert das Sehzentrum Kontrastbilder, die zu Überlagerungen und zu optischem Flimmern führen.

Kunst für Leute, die Zeit haben

- Japanische Gärten.
An Photos aus Gärten in Tokyo, Kyoto und Nara wurde deutlich, daß hier sehen nicht ausreicht. Das Sichtbare macht sichtbar. Gemeint ist ein Kosmos, der dahintersteht, und der durch die Realität der hochästhetisch gestalteten Gärten erfahrbar wird.

2. Nachmittag

Farben

- Mit gefärbtem Wasser in durchsichtigen Bechern und ca. 1600 verschiedenen Farbplättchen wurden individuelle und gemeinsame Farbklänge gelegt. Begriffe wurden in Farbfolgen und -klänge analog überführt – ebenso Musik, u. a. von Meredith Monk (Book of Days).
- Der Film von Heribert Kansy über Ruprecht Geiger zeigt, wie ein Maler konsequent in seiner künstlerischen Entwicklung zum Porträt *einer* Farbe kommt. Geiger, heute über 80 Jahre alt, malt die Farbe Rot in vielen überraschenden und beeindruckenden Variationen.
- Eine ruhige Farbklangfolge von Bildern von Albers, die aus ineinanderliegenden Quadraten besteht und hauptsächlich Gelbvariationen brachte, unterlegt von der Komposition »Auf der Suche nach Unendlichkeit« (CD Meditation) von Sigi Schwab schuf eine ruhige Insel.
- Das war für den Kontrast auch nötig. Es folgt der Film »Die Wirklichkeit des Karel Appel«, einem ungeheuer eindrucksvollen Actionpainter.

3. Nachmittag

»Wenn ich 5 3 M i n u t e n Z e i t hätte, würde ich gemächlich zu einem Brunnen gehen...« (St. Exupery).

- Einstimmung
Ruhiges Hören der Komposition »Ladakh« von Sigi Schwab. Sie schildert die Geschichte eines jungen Menschen, der immer unruhiger wird. Schließlich geht er nach Ladakh, um Ruhe zu finden. Es gelingt ihm auch dort nicht. Es wird ihm klar, daß er Ruhe nur in sich selbst finden kann. (CD Meditation)
- »*Zeit kennt keine Ufer*« von Marc Chagall. Kunstbetrachtung 20 Minuten lang (still). Im anschließenden Gespräch schilderten Teilnehmerinnen und Teilnehmer zunächst ihre »*Emotionskurve*« während dieser Zeit. Nähe und Ferne, Gepacktsein und Gleichgültigkeit, Überdruß und Neugier, Konzentration und Abschweifen – ein spannungsreicher Bogen. Das Gespräch über das Bild brachte viele beobachtete Details, Wirkungen und Reaktionen (auf den Inhalt), kompositorische, farbliche Beob-

achtungen und schließlich Einzelheiten über den Künstler.
Das dann seitenverkehrt projizierte Bild veränderte den Inhalt total.
- Auf einem Videoband zeigte Pablo Picasso seine unerschöpfliche Variationsphantasie. Er malte auf durchsichtiges Papier, so daß sein Bilddenken und sein Einfallsreichtum, aber auch sein erprobendes Denken unmittelbar zu verfolgen war.
- Lieblingsbilder
Die Teilnehmerinnen und Teilnehmer arbeiteten paarweise zusammen. Sie tauschten die Lieblingsbilder und versuchten zu ergründen, warum vom anderen jeweils wohl gerade dieses Bild ausgesucht worden war. Es waren lebendige Gespräche.
- Den Abschluß bildete ein alter Film über Henri Matisse. Er zeigt den Künstler bei der Arbeit. Man sieht, wie genau er beobachtet und mit dem Stift das Gesehene formulierte und zunehmend abstrahiert. Besonders aufregend waren die Zeitlupenaufnahmen.

Das Seminar sollte zu der Überlegung führen, daß in der Kunst meist weniger mehr ist.

ATEMLOSE ZEIT – HASTE ZEIT:
Atemtherapeutischer Werkkreis –

Anne Schaeffer-Riedl, München

Der Atem ist ein Wahrnehmungsinstrument, ein Seismograph, von unerhörter Präzision. Er registriert Einflüsse von innen und außen, körperlicher, seelischer, geistiger Art. Atemlehre hat Tradition. Unter anderem war Atemlehre im alten China nicht nur Teilgebiet der Medizin, sondern auch Mittel und Weg zur Findung des seelischen Gleichgewichts – der Mitte.
So lesen wir in einem alten, überlieferten Text von Tung Tsung-su: »Ist ein Mensch *zu sehr* erfüllt von Leidenschaften, so kann der Atem den Körper nicht durchdringen; ist er aber *zu* leer, so ist sein Atem unzureichend; gerät er *zu sehr* in Wut, so steigt sein Atem in ihm empor; packt ihn Furcht, so wird sein Atem aufgeregt; arbeitet er *zu* eifrig, so kann er nicht einatmen; ist er *zu* untätig, so ist sein Atem mißvergnügt... Das sind beispielhafte Fälle, in denen der Atem ungünstig beeinflußt wird, jedesmal mangels der Mitte und Harmonie.«[1] Atemstörung ist eine Störung des naturgegebenen Rhythmus; ein Zeichen, daß man aus der Mitte gefallen ist, die im I-GING als »die feste Grundlage allen Tuns« bezeichnet wird.
Heute in unserer atemlosen Zeit ist uns der Zugang zum Einfachsten, zum Naheliegendsten zu unserem eigenen Atemrhythmus weitgehend verloren gegangen. In der pädagogischen Praxis wird weniger die direkte Wahrnehmung und der persönliche Ausdruck ernst genommen und geschult, als die Gedanken, die sich Viele über Vieles machen. Welcher Schüler weiß denn z. B., wo sein eigenes Zwerchfell liegt und wie es funktioniert; wie die vom Zwerchfell ausgelöste Atemdruckwelle durch den ganzen Körper geht, die Muskelkette in Schwingung versetzt und so den im Blut gebundenen Sauerstoff zu jeder Zelle transportiert, damit die Zelle genährt und Energie frei wird. Das Durchweben des Atems im ganzen Leib wird als Lebendigkeit, auch als »Nahrung der Seele« empfunden. (Vgl. klassische Bezeichnungen aus der chinesischen Atemlehre: yan-sen = die Seele nähren)[2]

Wir gehen also an die Arbeit. 27 Teilnehmerinnen sitzen im Kreis auf einem hölzernen Hocker und merken, wie gut man sitzt, wenn man das Gewicht auf die Sitzknochen herunterläßt, den Schultergürtel somit entlastet, die Füße den Boden berühren und der Atem so ungehindert laufen und sogar aufrichten kann. Wir beginnen mit dem Dehnen, kreatürlich, spontan; sich leiblich wahrnehmen, mehr nicht. Der Atemfluß wird dabei angeregt. Die Dehnung provoziert den Einatem. Das ist ein physiologisches Gesetz, welches wir uns zunutze machen. Jeder experimentiert, dehnt die Hand. Was passiert? Kommt der Einatem wirklich? Dehne ich vielleicht zu viel?

Gehe ich von der üblichen Meinung aus, mehr zu tun sei besser? Mein Atem stockt. Dehne ich zu wenig? Der Atem ist unzureichend. Ich spüre ihn nicht. Und schon beginnt, was ich das Spiel um die Mitte nenne. Stimmig ist es, wenn der Atem die Bewegung erfüllt, wenn ich das Weit und Schmal der Atembewegung zulasse; den Atem kommen lasse, gehen lasse und warte, bis er von selbst wiederkommt.
Für den einen Teilnehmer ist es schwierig, den Atem kommen zu lassen. Er holt vorsichtshalber noch ein bißchen Atem dazu. Das kann eine Reihe von Ursachen haben z. B. Angst, Leistungswille… Im Laufe der Atemschulung wird er selbst entdecken, wie der zugelassene Atem ihn entlastet, von der Anstrengung des Holens befreit. Dem anderen fällt es schwer, den Ausatem gehen zu lassen. Er hält ihn unbewußt zurück. Auch das hat seine Ursachen: Zurückhaltung, Reserviertheit, Ausdrucksschwierigkeiten… Er wird sich durch das Entlassen des angestauten Ausatmens frei und gekräftigt fühlen. Der Dritte kann nicht warten, bis der Einatemimpuls von selbst wiederkommt. Er nimmt sich somit seine eigene, natürliche Pause, die Ruhephase. Das unbewußt zur Gewohnheit gewordene Übergehen der Pause erzeugt innere Hast, internen Streß. Möglicherweise kommt es ihm ins Bewußtsein.
Wir arbeiten weiter. Es wird nun Aufgabe der augenblicklichen Atembewegung – diesem Weit – Schmal und Ruhe gewahr zu werden. Wir lauschen mit der Hand. Legen die Hand auf das Sonnengeflecht, die Nierengegend, unter das Schlüsselbein. Ist die Bewegung hier oder dort mehr oder weniger zu spüren? Hat jede Phase das *Ein* – die Inspiration; das *Aus* – die Expiration und die *Ruhe* – das pure Dasein, die jeweils angemessene Zeit? Ist es mein eigener Rhythmus? Dann fühle ich mich sicherlich nicht unter Druck gesetzt, gehetzt und getrieben.
Die Empfindungsfähigkeit steht jetzt im Vordergrund. Wir nehmen also einmal unseren Fuß in die Hand und walken ihn durch. Betrachten ihn nicht als Gegenstand oder Funktion, sondern versuchen zu realisieren, daß wir das selbst im Fuße sind. Ich wende mich also mir selbst zu. Was hat das Anfassen mit Zuwendung bewirkt? »Der Fuß ist größer, wärmer, leichter, mehr da, lebendiger…« sagen die Teilnehmerinnen. Es sind Empfindungen, Wahrnehmungen einer Qualität. In der Leibesgegend, in der ich empfinde, durch Anfassen oder Klopfen von außen entsteht durch meine Zuwendung und Sammlung, mein Hinschauen mit dem Herzen, mit Wärme und Liebe, eine innere Empfindung und eine verstärkte Atembewegung (Durchblutung/Sauerstoffversorgung). Das chinesische Wort für Atem setzt sich interessanterweise aus zwei Zeichen zusammen nämlich aus: »von selbst« und »Herz«.
Die Übung der Sammlung, das Gegenteil von Zerstreut-sein, wird für viele TeilnehmerInnen recht wichtig. Diesen Atemzug *jetzt* kann ich nur wahrnehmen, wenn ich dabei bin, anwesend, gegenwärtig, leiblich präsent. Terese von Avila hat es klassisch ausgedrückt: »wenn Buße dann Buße, wenn Rebhuhn dann Rebhuhn.« Ganz und gar in dem sein, was ich gerade tue, ist wiederum einfacher gesagt als getan.
Wir stehen auf, ein Fuß berührt einen fremden Fuß, noch einen … neugierig, entdeckend, sanft, fest, spürsam. Bin ich wirklich ganz im Fuß – wenn Fuß dann Fuß – oder sind die Gedanken, die vermittelt werden wollen, mächtiger? Oder bin ich zu

aufmerksam; will ich es gar zu recht machen? Halte ich womöglich den Atem dabei an? Und wie ist es sonst? Konzentriere ich mich, arbeite ich beflissen auf Kosten meines Atemflusses. d. h. meiner Lebendigkeit?
Empfinden, sich Sammeln und den Atem zulassen, die drei Fähigkeiten, die nötig sind, damit der Atem seine positive Wirkung auf Körper, Seele und Geist entfalten kann, haben wir kennengelernt. Jetzt gilt es, mit verschiedenen Bewegungsfolgen und Variationen diese Fähigkeiten einzuüben.
Die drei Werktage haben thematische Schwerpunkte. In der Praxis fließen sie jedoch ineinander über. Wie sich *die Hast* auf das körperliche Befinden in bezug zum Atemgeschehen auswirkt, möchte ich noch einmal erläutern: Das Ateminstitut in München liegt im 3. Stock. Darunter hat ein Notar seine Kanzlei. Der fragte mich neulich: »Was machen Sie denn nur mit den Füßen, bei mir wackeln die Lampen; atmet man denn nicht mit der Lunge?« Nun, Luft rein, Luft raus, die sog. »äußere Atmung« ist bekannt. Viel interessanter jedoch ist die Frage nach der sog. »inneren Atmung«. Wie kommt der Sauerstoff ins Blut, wie in die Zelle? In diesem äußerst komplexen Vorgang wird die Energie gewonnen, die der Körper für alle inneren und äußeren Aktivitäten braucht. Grob kann man sagen: Der Sauerstoff muß transportiert werden und dieser Transport bedarf einer Bewegung, einer inneren Bewegung. Nimmt man sich für diesen Vorgang des Zellstoffwechsels keine Zeit, wie z. B. ein Sportler, der gerade eine große Anstrengung vollbringt, dann gibt es die anaerobe Energieversorgung (Glykose oder Vergärung). Es geht schneller, bringt aber weniger Energie. Es ist ein Notfallsystem für unseren Körper, der in jeder Beziehung für Sondersituationen ausgerüstet ist. Wenn man aber andauernd *hastet,* dieses Notfallsystem ständig anzapft, dann wird das innere Milieu sauer. Werden die giftigen Stoffe aber nicht nachträglich unter ausreichender Sauerstoffzufuhr verarbeitet und ausgeschieden, wird die mangelhafte Durchblutung an bestimmten Stellen chronisch. Es sind die überspannten, harten Stellen im Gewebe, die wir vielleicht hier und da spüren.

Nötig ist also: 1. *Bewegungsausgleich in Ruhe und Gelassenheit*
                    Übungen mit unüblichen Bewegungsformen, um eingefahrene Bewegungsmuster/Berufshaltungen auszugleichen
              2. *Entgiftung durch verstärktes Ausatmen*
                    Übungen mit Explosivlauten und impulsivem Ausdruck

1. Tag – Thema: *Das Fließen des Atems*
   1. Die Beobachtung des fließenden Wassers macht die Eigenschaft der Geschmeidigkeit und Biegsamkeit deutlich. Dem Sturm ausgesetzt, bleibt das Biegsame unbeschädigt.
   2. Die Erfahrung *im Fluß zu sein,* den Atemfluß leiblich zu spüren, ist noch etwas anderes. Begleitet der Atem die fließende Bewegung, erfahre ich auch das Hindernis, das Anstoßen an Festgewordenes, erlebe was es in mir auslöst und wie ich damit umgehe.
   3. Die Atemstockung hat ihre Poesie. Ist der *neue* Atemzug eine *neue* Möglichkeit?

2. Tag – Thema: *Der individuelle Rhythmus, das Maß und die Kraft*
 1. In den drei Atemphasen drückt sich die vorherrschende Einstellung aus.
 2. Rhythmusstörungen – Verzögern, Halten, Schieben, Überziehen – können bewußt werden.
 3. Weite verdichtet sich zur Kraft. Die mögliche Auflösung von Festhaltungen setzt Energie frei. Die Kraft steht der Gestaltung zur Verfügung.
 4. Durch das Zulassen des natürlichen Rhythmus entsteht Gelassenheit. Der Rhythmus ist das Ursprüngliche in uns. Wenn er stimmt, sind wir unserer Tiefe, unserem Wesenskern schon sehr nahe. Wir sind dann geneigt, unsere innere Stimme zu hören, den richtigen Augenblick zu erkennen und zu wissen, was jetzt richtig und dran ist.

3. Tag – Thema: *Atem-Alltag und Zeit*
 1. Atemerfahrung ist die Erfahrung des Gegenwärtig-Seins.
 »Ich habe heute sehr viel zu tun, deshalb muß ich mehr Zeit im Gebet verbringen«, sagte Martin Luther. Für uns heißt es: Ich werde mich auf den Hocker setzen, auf den Atem lauschen, bei mir selbst ankommen, Gelassenheit und Überblick gewinnen, um dann aus meiner Mitte heraus handeln zu können.
 2. Übungsmöglichkeiten zum Ausgleich von einseitiger Betätigung, körperlicher, seelischer, geistiger Art werden bekannt.
 3. Wie soll ich üben? Der Leib muß die Übung verstanden haben, d. h. es nützt wenig, ein Buch über den Atem zu lesen und Übungen programmartig und mechanisch nachzumachen. Besser ist es, die Atembewegung von innen entstehen zu lassen und dieser Führung von innen zu gehorchen.
 Möge die Übung gelingen.

Anmerkungen

1 Stiefvater, E. u.I., Chinesische Atemlehre und Gymnastik, 1985³, S. 38
2 ebenda, S. 39

WAHRNEHMUNGSAUFFÄLLIGKEITEN IM VORSCHULALTER

Johanna Stadler, Wien

In diesem Arbeitskreis geht es um Kinder, die den Zeitrahmen ihrer Entwicklung, so wie ihn Eltern und Erzieher erwarten, nicht einhalten: sie krabbeln und gehen nicht dann, wenn es andere Kinder schon tun; beim selbständigen An- und Ausziehen sind sie noch langsam und ungeschickt, wenn Gleichaltrige schon längst kein Problem mehr damit haben; in einem Alter, wo andere ruhig und konzentriert spielen, sind sie unaufmerksam und unruhig. Schließlich zeigen sie bei abstrakten Lernaufgaben und beim logischen Denken Schwierigkeiten, wenn sie eigentlich eingeschult werden sollten.

Dies ist der Zeitpunkt, wo man sich sorgt, denn offensichtlich können die Kinder verschiedene Leistungen, die die Umwelt (Schule!) von ihnen erwartet, nicht erbringen. Bis dahin wartet man ab, läßt Zeit vergehen, denkt sich, daß alles schon kommen wird. Leider kommt es noch immer vor, daß selbst Fachleute ohne genaueres Hinsehen raten, dem Kind einfach nur mehr Zeit zu geben. Zweifellos gibt es Menschen, die sich nur langsamer entwickeln, ohne daß es dafür besondere Gründe gibt. Meist zeigen sie dabei ein harmonisches Entwicklungsprofil. Wenn aber als Grund für eine auffällige Entwicklung Wahrnehmungsschwierigkeiten vorhanden sind, dann bedeutet bloßes Zuwarten, daß sich Probleme verschlimmern und sekundäre Schwierigkeiten, meist im Verhaltensbereich, auftauchen.

An den drei Nachmittagen wurde versucht, mit Hilfe von Beispielen aus der ergotherapeutischen Praxis ein Verständnis für Wahrnehmungsstörungen zu erarbeiten. Dabei wird großer Wert darauf gelegt, die praktischen Schwierigkeiten, denen das Kind im Alltag immer wieder begegnet, zu verstehen. Dadurch kann der Pädagoge erkennen, wo eventuelle Wahrnehmungsschwierigkeiten der Grund für die Probleme des Kindes sein könnten, um dementsprechend einen Fachmann aufzusuchen. Wenn er die Zusammenhänge zwischen Wahrnehmungsleistungen einerseits und kognitiven Fähigkeiten sowie Verhaltenskomponenten andererseits versteht, wird er die besondere Hilfsbedürftigkeit des Kindes im alltäglichen Umgang und im speziellen Förderangebot erkennen.

Was ist Wahrnehmung?

Um die Wahrnehmung als neurophysiologischen Vorgang zu erklären, wird das Modell der Sensorischen Integration nach J. Ayres herangezogen. Unter Wahrnehmung versteht man nicht bloß die Aufnahme von Sinnesreizen, vielmehr beinhaltet sie den

gesamten komplexen Verarbeitungsprozeß von Sinnesreizen. Nur eine intakte Organisation von Reizen kann dazu beitragen, daß ein Mensch zu selbständigem, zielgerichteten Handeln kommt, welches ihm die Bewältigung verschiedenster Umweltanforderungen ermöglicht.
Geordnet und organisiert stellen Reize Nahrung für Geist und Körper dar, sie geben Kraft und Energie für die weitere Entwicklung. Fehlt diese Ordnung, so kann der Körper ähnlich wie bei schlecht verdauter Nahrung aus den aufgenommenen Reizen kein Material, keinen Anstoß für weitere Entwicklungsschritte gewinnen. Wird Nahrung nicht verdaut, erhält der Körper keine Nährstoffe und kann nicht weiterwachsen. Wenn man nicht versucht, die Verdauungsstörung an sich zu beheben, wird sich daran durch das bloße Vergehen von Zeit nicht viel ändern. Nur durch die »Verdauung« von Reizen – die Integration – kommt es vom bloßen Sehen, Hören, Spüren zum bedeutungsvollen Erkennen und Verstehen!

Die Bedeutung der Handlungsfähigkeit

Es ist eine typisch menschliche Eigenschaft, zielgerichtete Interaktionen mit der physischen Umwelt erfassen, planen und ausführen zu können. In dem Wort Inter-aktion steckt das Wörtchen »agere«: tun, handeln. Es ist immer eine Handlung, durch die sich das Kind mit der Umwelt auseinandersetzt, sich an die jeweiligen Erfordernisse anpaßt und sie bewältigt. Dieses Tun ist weder instinktgebunden, noch sind es automatisch ablaufende Reaktionen; auch dürfen wir kindliches Handeln im Folgenden nicht mit motorischen Fertigkeiten und antrainierten Geschicklichkeiten verwechseln. Diese haben bloß mit der motorischen Ausführung einer Handlung zu tun. Menschliches Tun unterliegt aber immer einer Idee und einem Plan. Wir können und müssen in jeder Situation erkennen, *was* zu tun ist, und *wie* die Ausführung zu planen ist. In diesem Sinne ist die Handlungsfähigkeit – Praxie – als eine Brücke zwischen Denken und sichtbarer Bewegung zu verstehen.
Handlungen werden nie per se durchgeführt, ohne daß sie einem Ziel dienen. Dieses Ziel besteht im weitesten Sinne in der Bewältigung einer Anforderung, die die Umwelt an uns stellt. Ein wesentliches Entwicklungsprinzip besteht in der Anpassung an immer komplexer und schwieriger werdende Umweltsituationen. Die dabei gewonnenen Erfahrungen werden gespeichert und können in einer neuen, ähnlichen Situation zur Problembewältigung herangezogen werden. Findet man sich in einer Situation wieder, die in nichts schon gemachten Erfahrungen entspricht, d. h. ergibt das, was die Sinne aufnehmen keinen Sinn, wird die darauffolgende Handlung eine »sinnlose« sein und nicht den Anforderungen der Situation entsprechen. Dyspraxie ist demnach weit weit mehr als eine Bewegungsstörung: sowohl *Verständnis für die Erfordernisse einer Situation,* als auch *Idee und Plan für eine entsprechende Antwort* sind betroffen!

Voraussetzungen zur Handlungsfähigkeit

Wenn wir nach den zugrundeliegenden Funktionen der Handlungsfähigkeit fragen, fragen wir eigentlich, wie es dazu kommt, daß sich ein Kind Umweltwissen aneignet, Konzepte und Vorstellungen entwickelt, die es zu *Ideen* für eine Handlung befähigen, und was es braucht, um die motorische Ausführung zu *planen*.

Die Bereiche der vestibulären sowie der taktil/kinästhetischen Wahrnehmung wurden genau besprochen, inwieweit sie zur Idee, zum Plan und zur Ausführung einer Handlung beitragen. Es ist wohl der Verdienst von Dr. J. Ayres, die umfassende Bedeutung des *vestibulären Systems* für die Entwicklung des Kindes erkannt und Möglichkeiten des therapeutischen Einsatzes entwickelt zu haben. Man versteht in diesem Zusammenhang unter vestibulärer Wahrnehmung nicht bloß die Rezeption Schwerkraftreize über das Vestibulärorgan im Innenohr, sondern das komplexe System von Verbindungen des Rezeptororganes zu verschiedenen Hirnarealen. Als eines der ältesten Sinnessysteme gibt es zahlreiche Verbindungen über die es auf folgende Bereiche Einfluß nimmt: Haltungs- und Gleichgewichtsmechanismen sowie Tonusregulierung zur Aufrichtung und Bewegungskontrolle, Augenbewegungen zur Entwicklung eines stabilen Blickfeldes und ruhiger Augefolgebewegungen, Koordination der beiden Körperseiten (bilaterale Integration), Raumwahrnehmung, akustische Differenzierung und Aufmerksamkeitsregulierung.

Da eine feinmotorische Leistung wie etwa Papierschneiden nicht nur aus einer Bewegung der Finger und der Hand besteht, sondern maßgeblich von Rumpfstabilisierung, Tonusniveau, bimueller Koordination, Visumotorik, Konzentration, etc. abhängt, spielt das vestibuläre System hier für das Kind eine wichtige Rolle.

Beim *taktil/klinästhetischen System* geht es einerseits um die Wahrnehmung von Berührung, Schmerz und Temperatur über die Haut, andererseits über die Wahrnehmung von Muskelanspannung und Gelenksstellung über die Muskel- und Gelenksrezeptoren. Diese geben somit Auskunft über das Ausmaß und die Kraft einer Bewegung sowie die Stellung des Körpers im Raum. Diese Systeme bilden die Basis für ein adäquates *Körperschema*, welches das Kind befähigt, seinen Körper effizient einzusetzen, um Erfahrungen zu machen, Probleme zu lösen, etc. Es ist ein wesentlicher Faktor, der schon den kleinen Säugling dazu *motiviert*, Handlungen zu setzen, seine Umwelt anzugreifen, etwas zu tun. Über die wichtigen *feed-back Mechanismen* werden Bewegungen in Kraftdosierung und Bewegungsausmaß immer adäquater an die Gegenstände angepaßt; somit wird die Bewegung immer harmonischer, komplexere, differenziertere feinmotorische Leistungen können sich entwickeln. Mit einer effizienten Feinmotorik kann das Kind effizienter manipulieren und somit seine Umwelt auf vielfältige Weise explorieren. Schließlich beeinflußt es die *emotionale* Entwicklung sowie die Regulierung von *Wachheits- und Aufmerksamkeitsniveau*.

Das taktil/kinästhetische System ist von Anfang an wesentlich an der Gestaltung von aktiver, zielgerichteter Bewegung beteiligt, die darauf gerichtet ist, sich Wissen über seine Umgebung anzueignen. Versteht man die vielfältige Funktionsweise des taktil/kinästhetischen Systems, so ist es nicht erstaunlich, daß Wahrnehmungsstörungen in diesem Gebiet signifikant häufig mit kognitiven Schwächen, Dyspraxien, Sprachentwicklungsverzögerungen, etc. einhergehen.

Gestörte Handlungsfähigkeit und Verhalten.

Häufig kommen Kinder aufgrund von Verhaltensauffälligkeiten zur Ergotherapie, die entweder direkt mit einer Wahrnehmungsschwäche zusammenhängen (leichte Ablenkbarkeit, Unruhe infolge rascherer Ermüdung) oder aber als sekundäre Probleme anzusehen sind, die sich aus einer verminderten Handlungsfähigkeit und häufig aus einer daraus resultierenden Überforderung ergeben. Kann man sich selbst nicht als kompetenten, selbständig handelnden Menschen erleben, der in der Lage ist, Anforderungen zu bewältigen, so wirkt sich das negativ auf Selbstvertrauen, Selbsteinschätzung und Selbständigkeit aus. Dyspraktische Kinder zeichnen sich häufig durch eine niedrige Frustrationstoleranz aus, sie vermeiden Neuheiten, zeigen keine Lernfreude, können sich schwerer in einer Gruppe zurechtfinden, sind entweder aggressiv oder extrem zurückgezogen und häufig emotional labil. All diese Eigenschaften wirken sich nicht günstig auf die weitere Persönlichkeitsentwicklung aus.

Am Ende des Arbeitskreises wurden Grundprinzipien der ergotherapeutischen Behandlung unter Berücksichtigung der Sensorischen Integration besprochen. Im Vordergrund stand dabei nicht so sehr die Verbesserung einzelner Wahrnehmungsleistungen, sondern vielmehr die Möglichkeit, einem Kind durch Alltagsaktivitäten sowie einfache, kreative Arbeiten Situationen zu schaffen, in denen sich das Kind als handlungskompetent erfahren kann, um somit den Antrieb zur selbständigen Entwicklung, den Drang nach weiterer Kompetenz zu wecken.

ZEIT FÜR DIE NATUR – ZEIT IN DER NATUR
Spielen, Erleben, Träumen

Gisela Walter, Eichenau bei München

In der Natur hat alles seine Zeit und braucht alles seine Zeit: bis ein Samenkorn heranreift, bis aus einer Blüte ein großer, roter Apfel wird, bis aus einem Pflänzchen ein großer Kletterbaum wird, bis das Eis im See auftaut, bis die Ebbe kommt und den Strand wieder freigibt... Diese Zeiten der Natur sind die Jahreszeit und Gezeiten, sie verändern die Natur, beeinflussen unser Leben. So ist es die Natur, die uns lehrt, daß alles seine Zeit hat und wie nötig wir sie brauchen, diese Zeit – zum Leben.
Machen wir in Gedanken einen Phantasie-Spaziergang: Wir gehen über eine Blumenwiese ... hören Wasser plätschern ... gehen weiter, bis wir einen kleinen Bach finden ... lassen uns am Bachrand nieder ... Sind Sie mitgekommen? Nun – dann schauen wir jetzt dem Wasser zu, wie es über die Steine springt, in der Sonne glitzert und uns immer neue Wellenbilder zeigt... Wir hören das muntere Plätschern, das vergnügte Gurgeln, das zärtliche Murmeln... Wir fühlen mit der Hand das kühle, weiche, bewegte Wasser, wir lassen die Wassertropfen von unserer Hand herabkullern und als Sonnenglitzerperlen in das Wasser fallen... Wir beginnen mit dem Wasser zu spielen und mit all unseren Sinnen dieses Stückchen Natur zu erleben – und jetzt ist die Zeit da. Wir haben die Zeit wieder gefunden, nehmen sie und werden ruhig und beschaulich. Wir verschenken unsere Zeit – und sind glücklich dabei.
Kaum zu glauben, wie viele Spielvarianten das Wasser uns bietet, es sind einfache, elementare Spiele: Wir schauen das Wasser an – welche Farbe hat es? Etwa blau? Wie kommen wir nur darauf und malen ein Wasserbild blau? Es gibt so unendlich viele Wasserfarbtöne. Das probieren wir mit Wasserfarben im Wasserglas aus – und plötzlich stehen da über zwanzig buntgefärbte Gläser auf dem Tisch. Es ist das Silberblau des kleinen Baches, das Dunkelgrün des Tümpels im Wald, das Türkis der Lagune, das Hellgrau des Gebirgssees, das Schwarz der Regenpfütze... Und dann gibt es noch das Rosagelb des Märchensees, das Lilagrün des Zauberwassers und natürlich das wunderschöne Rot des Sonnenunterganges im Meer – alles in die kleinen Wassergläser gebannt. Und da sage einer, Wasser wäre durchsichtig oder blau.
Wir schauen wieder das Wasser an – es ist das Wasser draußen im Brunnen. Welche Form hat es? Schauen wir doch diesen Wasserspiegel einmal genauer an. Da gibt es kleine Kräuselwellen, aufspringende Wasserkugeln, wiegende Wellenberge, wilde Wasserwirbel, tanzende Wasserspitzen...
Unsere Hände wollen mitmachen, wir zeichnen Spuren in den Wasserspiegel, ziehen Gräben, malen Kringel, formen Hügel, schaufeln Löcher, werfen Fontänen und lassen Wellen überschwappen...

Die Worte reichen kaum aus, das zu beschreiben, was wir mit dem Wasser gestalten und malen.

Wir schauen wieder das Wasser an – und schließen die Augen. Wir lauschen – und können plötzlich hören, wie das Wasser tanzt, springt, hüpft, sich wiegt, glättet und schließlich still liegen bleibt… Daraus entsteht ein Ratespiel: Die einen schließen die Augen, die andern spielen mit dem Wasser in einer großen Wanne. Als Spielzeug liegen Löffel, Sieb, Gartenschlauch, Trichter, Becher, Quirl, Schwamm, Strohhalm und anderes bereit. Kaum zu glauben, wir können genau hören, wie jemand das Wasser mit dem Becher durch das Sieb ins Becken schüttet. Es klingt anders, wenn viel oder wenig Wasser umgefüllt, ausgegossen, weggekippt oder in Bewegung gesetzt wird. Wie heißt das, was wir hören? Wieder reichen die Worte fast nicht aus, das zu beschreiben, was wir hören.

Höchste Zeit, einmal alle Wasserwörter zu sammeln: rieseln, rinnen, raunen, donnern, toben, tanzen, springen, wiegen, schwappen, träufeln, tröpfeln, gießen, sieden, verdampfen, perlen, fallen, rollen… Die Worte machen es klar: Das Wasser ist etwas sehr Lebendiges.

Es liegt nahe: Wir selbst spielen Wasser, wir sind Wasser und tanzen einen Wasserwellentanz. In jeder Hand ein Bündel wasserfarbene Kreppapierbänder (Längst wissen wir: Wasser ist alles andere, nur nicht mehr nur blau!) – und schon beginnt das Wasser zu tanzen, die (Kreppapier)-Wellen bewegen sich auf und ab, kräuseln, kreisen, wirbeln, schlagen Wogen oder wiegen sanft… Eine passende Musik begleitet unser Wellenspiel.

Aus den Kreppapierbändern entstehen Wasserbilder: Auf einen großen Bogen Papier gebannt, mit Kleb festgehalten, werden die bewegten Momentaufnahmen des Tanzen in Collagen festgehalten, bunt, farbig, bewegt, lebendig.

Im Werkkreis werden auch Sachfragen geklärt. Das Woher und Wohin des Wasser besprochen, das Motto: *Mit dem Wasser, mit dem wir heute spielen, damit plätscherte auch schon Mozart. Es gibt kein neues Wasser!* läßt uns still und nachdenklich werden. Das Thema steht im Raum. Da gibt es bereits für die kleinen Kinder Verschiedenes zu entdecken, zu beachten, zu tun. Tips und Erfahrungen werden ausgetauscht.

Zum Schluß lassen wir die Wellen des großen Ozeans ins Zimmer rauschen – mit Klangmusik, mit Urlaubsgefühlen, mit Sand, Kieselsteinen und Muscheln, mit unglaublichen aber wahren Geschichten von Tiefseefischen und Blumentieren … und dann tauchen Higgelti, Piggelti, Pop und Pu auf, die kleinen Klabautermännchen im selbstgebastelten Figurentheater.

Zusammenfassung: Dies alles sind Spiele für Kinder. Sie können dabei die Spielzeit selbst bestimmen und wollen erfahrungsgemäß ganz viel Zeit dafür haben. Und weil wir im Werkkreis die Zeit wieder gefunden haben, können wir sie den Kindern schenken!

TANZ ALS GEBET – ZEITERLEBEN IM WANDEL DER FORMEN

Maria-Gabriele Wosien, München

Im Tanz, der durch Ursymbole des Raumes strukturiert ist, wird das persönliche Zeitempfinden relativiert und auf das jeweilige Bewegungsmodell eingestimmt. Die in der Zeit gewachsene Biografie des Einzelnen wird sekundär, indem der Tanzende in allgemein menschliche Themen eingebunden wird.
Gemeinsam begangen und betanzt wurden die traditionellen Weg-Modelle Kreis, Halbkreis, Kreuz und Umkehrspirale:

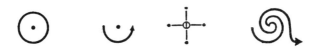

Die aus archaischer Zeit überlieferten Gebärden und Schrittformen waren vorgegeben und wurden von der Tanzgruppe zusammen ausgeführt, so wie es auch bei traditionellen Reigentänzen üblich ist. Dabei führt jeder Tanzende dasselbe etwas anders aus – die Urform wird zur persönlichen Variante, die objektive Zeit der den Tanz leitenden Musik wird zu »meiner« Zeit.
An den verschiedenen Tanz-Modellen kann der Übende jeweils das »eigene« mit dem Bewegungsmodell abstimmen, dabei führt der Übungsweg durch die gemeinsame Wiederholung der Schritte und Gebärden zu *einer* Zeit: hier und jetzt geschieht der Bewegungsvollzug, der sich im Sinne des jeweiligen Themas richtet nach den Rhythmen, dem Takt und der Melodie der Musik.

Die getanzten Themen beinhalteten:
1. *Wiegen und Schreiten:* Das Wiegen ist ein Erlebnis, das tief im Traumzustand wurzelt, das Gehen/Schreiten ist Resultat eines bewußten Lernprozesses der Menschwerdung.
(Raumform: Umkehrspirale).

2. *Sonnen-Meditation:* (Wiegen und Schreiten Variante I):
Die dynamische Mitte sendet aus/zieht an in pulsierendem Rhythmus und schickt den Tanzenden dabei weiter auf den Weg
(Raumform: geschlossener Kreis).

3. *Mondsichel-Tanz:* (Wiegen und Schreiten Variante II):
Der Mond als nächtliches Gestirn reflektiert das Tageslicht der Sonne und ist auch Symbol der Großen Göttin, die über das organische Wachstum regiert.
(Raumform: Halbkreis, der sich zum Kreis wandelt).

4. *Kreuz-Tanz/Sirtaki:* Dieser Tanz ist in der griechisch-byzantinischen Volkskultur als christliches Wegmodell überliefert. Der Tanzende steht in der Mitte des Kreuzes und erlebt sich so im Schnittpunkt der Raum- und Zeitachsen:

5. Die Tradition des *Herzensgebetes* mit der Anrufung der Gottesnamen »Abba-Jesus-Maria-Hosanna-Alleluia«, nach Br. M.-Emanuel, Zisterzienser-Abtei CH-Hauterive.
Weitere getanzte Themen christlicher Glaubenstradition waren das *Kyrie/Gloria* als Trauerprozession einer im Zentrum sich zusammenziehenden Spirale, bzw. als Lobpreis- und Auferstehungstanz; Gebärdentänze zum Thema Trauer und Sehnsucht (*»Im Dunkel unserer Nacht...«/Taize*) und zum Thema Anbetung *(Magnificat/*Taize); schließlich das Gebet des *Vater Unser* mit Gebärden.
Es fand sich noch Zeit die Schritte und Gebärden zu mehreren Tänzen zu notieren. Liedtexte und Musiken zu den Tänzen wurden den Teilnehmer/Innen zur Verfügung gestellt.

1. Wiegen und Schreiten (Beethoven, Klavier Sonate Nr. 4, op. 27, Cis-Moll, Adagio/Mondscheinsonate)
2. Sonnen-Meditation (Bach, BWV 208, Jagdkantate: »Schafe können sicher weiden«)
3. Mondsichel-Tanz (Vivaldi, Konz. f. Laute, D-Dur, Largo)
4. Kreuz-Tanz/Sirtaki (GR)
5/6. Kyrie/Gloria (Misa Criolla)
7. Herzensgebet (Br. Maria-Emanuel, Zisterzienser Abtei, CH-Hauterive)
8. Dans nos obscurites (Taize)
9. Magnificat (Taize)
10. Agnus Dei (Misa Criolla)
11. Señor ten piedad
12. Santo (Misa Popular Salvadoreña)
13. Vater unser (Vivaldi, Konz. f. Piccolo, C-Dur, Largo)

Tanz als Gebet – Zeiterleben im Wandel der Formen

Ausführliche Beschreibungen zu den Tänzen Nr. 2–3–13 finden sich in: *Sakraler Tanz. Der Reigen im Jahreskreis,* Kösel, München 1993 (4);
Zu den Tänzen 5–6–7–8–9–11 in:
Tanz als Gebet. Feiert Gottes Namen beim Reigen, Veritas, Linz 1992(2);
zu dem Tanz Nr. 4 in:
Tanz – Symbole in Bewegung, Veritas, Linz 1994

Tänze:
- Gloria a Dios en las alturas
y en la terra paz
a los hombres que ama el Señor.
Te alabamos, Te adoramos
glorificamos.
Te damos gracias por Tu immensa
gloria.
Senor Dios, Rey celestial,
Dios Padre todopoderoso.

  Ehre sei Gott in der Höhe
und auf Erden Friede
den Menschen, die Gott liebt.
Wir loben Dich, wir beten Dich
an, wir verherrlichen Dich.
Wir sagen Dir Dank ob Deiner
großen Herrlichkeit.
Herr und Gott, König des Himmels,
Gott, allmächtiger Vater.
(Misa Criolla)

- *Agnus Dei (Misa Criolla)*
Cordero de Dios que quitas
los pecados del mundo.
Ten compassion de nosotros.
Danos la paz.

  Lamm Gottes, Du nimmst hinweg
die Sünden der Welt.
Erbarme Dich unser.
Gib uns den Frieden.

- Abba-Jesus-Maria-Hosanna-Alleluia.(Herzensgebet von Br. M.-Emanuel, Zisterzienser Abtei CH-Hauterive/FR)

(Meine Seele preist die Größe des Herrn)

- Señor ten piedad (2x), de tu pueblo Señor, Señor ten piedad.
  La sangre de Abel escucha el Señor. El llanto del pueblo despierta en Moisés.
  El grito que nace de nuestras entrañas, con mil artimañas, lo quieren callar.
  Señor, la injusticia nos duele y oprime ponte a nuestro lado, somos los humildes.
  Las botas y tanques aplastan con saña, a quien da su cara por todos, Señor.
  Hab' Erbarmen, Herr … mit Deinem Volk, Herr. Herr, hab' Erbarmen.
  Der Herr hört das Blut Abels. In Moses erwacht die Klage des Volkes.
  Den Schrei, der in unserem Innersten geboren wird, mit tausend Betrügereien sollen sie ihn zum Schweigen bringen.
  Herr, die Ungerechtigkeit schmerzt und unterdrückt uns. Stell' Dich an unsere Seite, wir sind die Armen.

- Die Stiefel und Panzer zermalmen mit Grausamkeit den, der sein Gesicht für alle gibt. (Misa Popular Salvadoreña)
  Santo (6x) es nuestro Dios. Señor de toda la tierra.
  Santo, santo es nuestro Dios.
  Santo (6x) es nuestro Dios. Señor de toda la historia.
  Santo santo es nuestro Dios.
  Que acompaña a nuestro pueblo, que vive en nuestras luchas,
  del universo entero el único Señor.
  Benditos los que en su nombre el Evangelio anuncian:
  la buena y gran noticia de la Liberación.

  Heilig … ist unser Gott. Herr über die ganze Erde.
  Heilig, heilig ist unser Gott.
  Heilig … ist unser Gott, Herr über die ganze Geschichte.
  Heilig, heilig ist unser Gott.
  Er begleite unser Volk, er lebe in unseren Kämpfen,

Tanz als Gebet – Zeiterleben im Wandel der Formen

des ganzen Universums einziger Herr.
Gesegnet seine, die in seinem Namen das Evangelium verkünden:
die frohe und große Botschaft der Befreiung.
(Misa Popular Salvadoreña)

- Vater unser, der Du bist im Himmel,/ geheiliget werde Dein Name,/ Dein Reich komme, Dein Wille geschehe, wie im Himmel also auch auf Erden,/ gib uns heute unser tägliches Brot,/ und vergib uns unsere Schuld, wie auch wir vergeben unseren Schuldigern,/ und führe uns nicht in Versuchung,/ sondern erlöse uns von dem Übel,/ denn Dein ist das Reich/ und die Kraft,/ und die Herrlichkeit,/ von Ewigkeit/ zu Ewigkeit/ Amen.//

*(Jauchze Erd und Himmel, sing ihm alle Welt,
unserm Gott dienet gern, freuet euch im Herrn.
Alleluja, Alleluja, freuet euch im Herrn)*

HERAUSGEBER/IN

Rothbucher, Heinz, Hofrat, Prof., Dr. phil.,
Geb. 1939 in Teisendorf/Bayern; Psychotherapeut, Leiter des Ausbildungsforums des Salzburger Landesverbandes für Psychotherapie; seit 1973 Univ.-Lektor am Institut für Erziehungswissenschaften der Universität Salzburg; seit 1979 Direktor der Pädagogischen Akademie Salzburg. Seit 1994 Honorarprofessor an der Universität Salzburg. Arbeitsschwerpunkte: Fragen der Zusammenarbeit von Psychologie und Pädagogik, alternative Schulmodelle, Fragen der Psychohygiene des Lehrers.
Veröffentlichungen (Auswahl):
Zahlreiche Beiträge in Fachzeitschriten für Psychologie, Pädagogik und Religionspädagogik; Aspekte einer Lehrerbildung im Spannungsfeld von Wissenschaft, Gesellschaft und Schule (Hg.), 1988; Herausgeber des Berichtbandes der Päd. Werktagung Salzburg.

Seitz, Rudolf, o. Prof.
Geb. 1934; seit 1974 Professor an der Akad. der Bildenden Künste München; bis 1988 Präsident der Akademie; Lehrstuhl für Kunsterziehung (Theorie) und Kunstpflege. Vorsitzender des Kuratoriums der Internationalen Pädagogischen Werktagung. Arbeitsschwerpunkte: Ästhetische Erziehung im schulischen und außerschulischen Bereich, ästhetische Elementarerziehung.
Veröffentlichungen (Auswahl):
Kinderatelier, 1986; Materialkiste (hg. m. H. Beisl), 1986; Schule der Phantasie, 1989; Schöpferische Pausen, 1993; Senioren sind kreativ! (hg. m. G. Forchheimer);

Donnenberg, Rosemarie, geb. 1934. Studium der Pädagogik, Psychologie und Mathematik; Erwachsenenbildnerin, Geschäftsführerin der Int. Päd. Werktagung, Päd. Mitarbeiterin im Kath. Bildungswerk, Salzburg, und Studienleiterin im Bildungshaus St. Virgil, Salzburg.

AUTOREN/INNEN

Achenbach, Gerd B., Dr. phil.
Geb. 1947; Philosoph; Vorstand der Gesellschaft für Philosophische Praxis. Arbeitsschwerpunkt: Philosophische Praxis.
Veröffentlichungen:
Das Prinzip Heilung (gem. m. Th. H. Macho) 1985; Philosophische Praxis, 1987; zahlreiche Aufsätze in Anthologien und Zeitschriften.

Betz, Felicitas
Geb. 1926; Märchenerzählerin und Referentin in der Erwachsenenbildung in Deutschland, Österreich und der Schweiz. Arbeitsschwerpunkte: Erzählseminare: Märchentexte in Klang übersetzen, d. h. »erzählen«; meditative Arbeit mit Märchen.
Veröffentlichungen:
Heilbringer im Märchen, 1989; Die Seele atmen lassen, 1992 (3); Märchen als Schlüssel zur Welt, 1993 (7).

Blanke, Sylvia, Dr. disc. pol., Erziehungswissenschaftlerin, Psychotherapeutin
Geb. 1946; eigene Praxis für Psychotherapie und Lebensberatung in Köln, Fortbildungen für MitarbeiterInnen in Kindergärten, Horten, Tagesstätten und Sonderkindergärten und in der Behindertenhilfe. Arbeitsschwerpunkte: Einzel- und Gruppenpsychotherapie, psychologische Beratung.
Veröffentlichungen:
Beziehungen zwischen Erziehern und Kindern 1991 (2), In Fachpublikationen: Der Zusammenhang von Beziehung und Erziehung – Die Ausbildungsstätte als Lernfeld nutzen, 1994.

Boulad, Henri, SJ, Master of Psychology, Exerzitienmeister
Geb. 1931; Jesuit; Caritas-Direktor Ägypten, Caritas-Präsident für Nordafrika und Gesamt-Nahost, Vizepräsident der Caritas Internationalis in Rom. Arbeitsschwerpunkte: Caritas-Arbeit in 23 Ländern, Referent auf zahllosen internationalen Kongressen (auch im spirituell-kirchlichen Bereich), umfassende Vortragstätigkeit in Europa.
Veröffentlichungen (Auswahl):
Alles ist Gnade. Der Mensch und das Mysterium der Zeit 1992 (2); Der mystische Leib. Kosmischer Zugang zur Eucharistie, 1993; Dimensionen der Liebe. Persönliche Aufzeichnungen, 1993 (2); Die Vernunft des Herzens. Wohin die Seele strebt, 1993 (3); Im Licht der Hinwendung, 1994, Jesus in diesen Tagen, 1994.

Bucher, Anton A., Univ. Prof., Dr. phil.
Geb. 1960; seit 1993 o. Univ.-Prof. für Katechetik und Religionspädagogik an der Universität Salzburg. Arheitsschwerpunkte: Anthropologie des Kindes, religionspsychologische Forschungen und religionspädagogische Fragestellungen.

Veröffentlichungen (Auswahl):
Symbol – Symbolbildung – Symbolerziehung, 1990; Bibel-Psychologie? 1992. In Fachpublikationen: Gott ist ein Mensch für mich, 1991; Wirksames und verantwortungsbewußtes Lernen, 1991; Kinder als Theologen?, 1992.

Donnenberg, Josef, Univ.-Prof., Mag. phil., Dr. phil.
Geb. 1930; 1967 Gründer des Sbg. Literaturforums »Leselampe«, 1973 Mitbegr. und Mithg. der Sbg. Literaturzeitung »Salz«; seit 1983 Professor am Institut für Germanistik in Salzburg. Arbeitsschwerpunkte: Didaktik der deutschen Sprache und Literatur, Lehreraus- und -fortbildung, Literatur des 19. und 20. Jh.s, Österreichische Literatur.
Veröffentlichungen (Auswahl):
Pose, Possen und Poesie. Zum Werk H. C. Artmanns (Hg. und Mitverf.) 1981; Schriftenreihe: Deutsche Sprache und Literatur im Unterricht (Hg.), 1978ff; Lesebuch »Lesezeichen 1–4« (Hg.), 1986; Dialog der Epochen (Mithg. und Mitverf.), 1987; Gerhard Amanshauser: Gegen-Sätze (Hg.), 1993.

Funke, Günter, Theologe und Existenzanalytiker
Geb. 1948; eigene Existenzanalytische Praxis in Berlin; Lehrbeauftragter der Technischen Universität; Vorlesung an der Lessing-Hochschule. Arbeitsschwerpunkte: Existenzanalyse und Logotherapie in Einzel- und Gruppenarbeit. Lehrausbildner der Gesellschaft für Logotherapie und Existenzanalyse.
Veröffentlichungen (Auswahl):
Freiheit zwischen Gelingen und Gefährdung, Tagungsbericht, 1988. In Fachpublikationen: Sinnfrage und Friedensfähigkeit, 1986; Aufsätze zu Logotherapie und Existenzanalyse.

Heid, Helmut, Univ.-Prof., Dipl.-Hdl., Dr.rer.pol.
Geb. 1934; o. Professor für Allgemeine Erziehungswissenschaft der Universität Regensburg; Arbeitsschwerpunkte: Wissenschaftstheorie der Pädagogik, insbesondere Normenprobleme, erziehungswissenschaftliche Ideologiekritik, Wechselbeziehungen zwischen Bildungs- und Beschäftigungssystem.
Veröffentlichungen (Auswahl):
In Fachpublikationen: Werterziehung in der Schule, 1989; Problematik einer Erziehung zur Verantwortungsbereitschaft, 1991; Chancen – im Bildungs- und Beschäftigungssystem, 1991; Ökologie als Bildungsfrage?, 1992; Was leistet das Leistungsprinzip? 1992.

Jaeger-Gerlach, Susanne, Existenzanalytikerin,
Geb. 1946; Theologin; Psychotherapeutin in eigener Praxis; nebenberufliche Dozentin in der Krankenpflege- und Gerontotherapeutenausbildung; Teilzeit-Krankenhauspfarrerin. Arbeitsschwerpunkte: Existenzanalytische Psychotherapie; Unterricht, Fortbildung und Supervision im Klinikbereich auf dem Hintergrund der Existenzanalyse.

Krappmann, Lothar, Univ.-Prof., Dr. phil.
Geb. 1936; Honorarprofessor am Fachbereich Erziehungs- und Unterrichtswissenschaft der Freien Universität Berlin. Mitarbeiter am Fachbereich Entwicklung und Sozialisation des Max-Planck-Institutes. Arbeitsschwerpunkte: Sozialisation in Familie und Schule, Kinderspiel und Kinderfreundschaften und ihre Auswirkungen auf die Entwicklung, außerschulische Pädagogik.
Veröffentlichungen (Auswahl):
Soziologische Dimensionen der Identität, 1993 (8); Das Bildungswesen in der Bundesrepublik Deutschland (Mitautor) 1994 (4). In Fachpublikationen: Sozialisation in der Gruppe der Gleichaltrigen, 1991; Über die Zukunft der Kindheit, 1991; Entwicklungsfördernde Aspekte in Freundschaften, 1993.

Kreusch-Jacob, Dorothée, Pianistin, Kinderbuchautorin
Geb. 1944; Rundfunk- und Schallplattenaufnahmen; freie Tätigkeit in Projekten zum Thema Musiktheater, Improvisation, Lyrik, Museumspädagogik. Arbeitsschwerpunkte: Musikpädagogische Arbeit mit Kindern und Erwachsenen, Kinderspielaktionen; Rundfunksendungen für Kinder.
Veröffentlichungen (Auswahl):
Der fliegende Trommler, 1990; Tanzlieder, 1990; Da hüpft der Frosch den Berg hinauf, 1991; Lieder von der Natur 1991; Der Bärendoktor 1992; Das Musikbuch für Kinder, 1992; Ich schenk dir einen Regenbogen. Liedergesamtausgabe, 1993; Keine Angst vor falschen Tönen, 1993; Musikerziehung, 1994.

Krüll, Marianne, Dr., Soziologin
Geb. 1936; akademische Rätin an der Universität Bonn; Schriftstellerin. Arbeitsschwerpunkte: Familienforschung, Familiensoziologie, Sozialisationstheorie, Erkenntnistheorie, Frauenforschung.
Veröffentlichungen:
Wege aus der männlichen Wissenschaft (Hg.), 1990; Die Geburt ist nicht der Anfang, 1991; Freud und sein Vater, 1992; Feministische Soziologie – Eine Einführung (gem. m. B. Brück), 1992; Im Netz der Zauberer – Eine andere Geschichte der Familie Mann, 1993;

Liegle, Wolfgang, Dipl.-Theol., Dipl.-Päd., Prof.
Geb. 1938; Hochschullehrer für Theologie, Philosophie und Pädagogik mit Schwerpunkt Pädagogik der frühen Kindheit an der FH Reutlingen. Schriftleitung der Zeitschrift »Welt des Kindes«.
Veröffentlichungen:
Anregungen I: Zur pädagogischen Arbeit im Kindergarten (Mitautor); Anregungen II: Zur pädagogischen Ausstattung im Kindergarten (Mitautor).

Löscher, Wolfgang, Rektor
Geb. 1935; Leiter der Kindergärten, Horte und Tagesheime der Landeshauptstadt München. Arbeitsschwerpunkte: Pädagogik der Sinne, musikalische Früherziehung, Feinmotorik, Wahrnehmungsförderung.
Veröffentlichungen (Auswahl):
Sand und Wasser, 1980; Hör-Spiele, 1982; Riech- und Schmeckspiele, 1983; Der Wind, das himmlische Kind. 1986; Vom Sinn der Sinne, 1994.

Nagel-Moratelli, Michaela, Mag. phil.
Geb. 1965; klinische Psychologin und Psychotherapeutin in Ausbildung; Tätigkeit an der Station für Heilpädagogik und Psychosomatik an der Univ.-Kinderklinik Wien; Arbeitsschwerpunkte: Autogenes Training und Katathym-Imaginative Psychotherapie mit Kindern, Jugendlichen und Erwachsenen, Beratung bei Schulschwierigkeiten.

Plattner, Ilse E., Dr. phil., Dipl. Päd.
Geb. 1958; mehrjährige wissenschaftliche Tätigkeit in der Streß- und Krisenbewältigungsforschung; seit 1990 eigene Praxis für Zeitberatung in München. Arbeitsschwerpunkt: Zeit-, Streß- und Organisationsberatung.
Veröffentlichungen:
Zeitbewußtsein und Lebensgeschichte. Zeitberatung. Die Alternative zu Zeitplantechniken, 1992; Zeitstreß. Für einen anderen Umgang mit der Zeit, 1993.

Pross, Harry, Univ.-Prof., Dr. phil.
Geb. 1923; em. o. Professor für Publizistik und Kommunikationstheorie an der Freien Universität Berlin. Arbeitsschwerpunkte: Kommunikation – Kultur – Politik in ihren Abhängigkeiten, insbesondere durch Medienpolitik; Signalökonomie und Kulturwandel.
Veröffentlichungen (Auswahl):
Buch der Freundschaft, 1991; Protestgesellschaft. Von der Wirksamkeit des Widerspruchs, 1992; Memoiren eines Inländers 1923–1993, 1993.

Schaeffer, Anne, Dr. phil., Master of Arts
Geb. 1934; Atemlehrerin; seit 1975 Arbeit und Ausbildung bei Prof. Ilse Middendorf, Berlin; 1987 Gründung und Leitung des Instituts für Atemlehre in München. Arbeitsschwerpunkt: Ausbilung im »Erfahrbaren Atem«, Grund- und Aufbaukurse in Atem und Bewegung.

Stadler, Johanna, Mag. phil.
Geb. 1963; Lehrtherapeutin an der Akademie für Ergotherapie im AKH Wien; selbständige Tätigkeit als dipl. Ergotherapeutin in freier Praxis, Bereich Pädiatrie. Arbeitsschwerpunkt: Begutachtung und Therapie von Wahrnehmungsstörungen bei Kindern mit Lern- Sprach- und Verhaltensauffälligkeiten nach den Therapiekonzepten von Ayres (Sensor. Integration) und Affolter.
Veröffentlichungen:
in Fachpublikationen.

Steffen, Hartmut, Univ.-Prof., Dr. med.
Geb. 1939; Psychotherapeut; Familientherapeut; Kinder- und Jugendpsychotherapeut in eigener Praxis. Lehrauftrag an der Universität Mainz im Fach Systemische Familientherapie. Arbeitsschwerpunkte: Familientherapie. Partnertherapie; Träume in der Familientherapie, Tod, Sterben und Übergang; Trauerarbeit in der Familie.
Veröffentlichungen:
In Fachpublikationen: Familientherapeutische Aspekte der Sprachtherapie (Handbuch der Sprachtherapie); Beiträge über Familienpsychotherapie (Handbuch der Kinderpsychotherapie); Arbeiten über Psychosomatik im Kindes- und Jugendlichenalter; Das Selbstverständnis des Familientherapeuten.

Walter, Gisela, Dipl.-Päd.
Geb. 1948; Redakteurin, Dozentin an der Fachhochschule für Sozialpädagogik; Fortbildungsreferentin für Erzieherinnen und Lehrer, Spielpädagogin, Kinderspielanimateurin. Arbeitsschwerpunkte: Umsetzung pädagogischer Ziele und Werte in konkrete, handlungs- und erlebnisorientierte Aktionen mit Kindern in Kindergärten, Vorschulen, Familien und Kinderspielgruppen.
Veröffentlichungen:
Fröhliche Kinderzeit, 1990; Neue Kinderlieder (Hg.), 1992; Das große Weihnachtsbastelbuch, 1992; Kinder spielen Theater, 1993; Die Elemente im Kindergartenalltag: Wasser, 1991; Luft, 1992; Erde, 1992; Feuer, 1993.

Wosien, Maria-Gabriele, Dr. phil.
Geb. 1940; Tanzpädagogin; Schriftstellerin; Seminare in Sakralem Tanz in Europa. Arbeitsschwerpunkt: Fortbildungen in Sakralem Tanz, Veröffentlichungen zu diesem Thema.
Veröffentlichungen:
Tanz im Angesicht der Götter, 1985; Der Weg des Tänzers (hg. m. B. Wosien), 1988; Tanz als Gebet. Feiert Gottes Namen beim Reigen, 1990; Sakraler Tanz. Der Reigen im Jahreskreis, 1993 (4), Tanzsymbole in Bewegung, 1994.